# 学校重要事件

1978 年 10 月 12 日，复校后首届开学典礼

财政部顾问兼学院党委书记、院长戎子和在复校后首届开学典礼大会上讲话

1978 年 10 月，复校后首届新生开学典礼合影留念

1996 年 6 月 6 日，中央财政金融学院更名为中央财经大学庆祝大会

2009 年 9 月 8 日，沙河校区启用仪式暨 2009 级开学典礼

2012 年 4 月 24 日，举行教育部、财政部、北京市人民政府

共建中央财经大学协议签字仪式

2016 年 3 月 6 日，沙河校区图书馆启用仪式

# 校门变迁

**1978 年复校时的校门**

**1989 年校门**

1994 年校门

1996 年学校分部（清河）校门

1999 年学校西山分部校门

1999 年学院南路校区校门

2007 年学校上庄校区校门

2009 年沙河校区校门

# 老建筑

老教学楼（建于 1953 年）

友谊楼（建于 1953 年）

第一教室（建于 1953 年）

大礼堂（建于 1953 年）

水塔（建于 1958 年）

北一平房（建于 1965 年）

# 新建筑

学院南路校区图书馆（建于 1986 年，改造于 2004 年）

学院南路校区校训石（建于 1989 年）

学院南路校区主教楼（建于 1989 年）

学院南路校区主教楼（改造于 2000 年）

学院南路校区运动场（建于 1991 年）

学院南路校区"吞吐大荒"雕塑（建于 2000 年）

学院南路校区中财大厦（建于 2007 年）

学院南路校区学术会堂（建于 2009 年）

沙河校区东区宿舍楼群鸟瞰图

沙河校区东区主教学楼（建于 2009 年）

沙河校区大学生活动中心（建于 **2009** 年）

沙河校区西区教学楼（建于 **2012** 年）

沙河校区东区体育场（建于 2014 年）

沙河校区图书馆（建于 2016 年）

# 校庆活动

1999 年 10 月 16 日，建校 50 周年庆祝大会

2009 年 10 月 17 日，建校 60 周年庆祝大会

2019 年 10 月 19 日，建校 70 周年纪念大会

迎 70 周年校庆"龙马奋进"全球师生校友健步走活动启动

建校 70 周年中外大学校长论坛

"与祖国同行"——建校 70 周年文艺晚会

（注：本校史搜集的图片均来源于中央财经大学校史馆馆藏及中央财经大学宣传部、新闻中心）

中央财经大学"双一流"建设文化传承与创新系列丛书

# 中央财经大学史

## （1978~2019年）

History of Central University of
Finance and Economics（1978-2019）

《中央财经大学史》编写组◎编著

经济管理出版社
ECONOMY & MANAGEMENT PUBLISHING HOUSE

图书在版编目（CIP）数据

中央财经大学史（1978~2019 年)/《中央财经大学史》编写组编著 . —北京：经济管理
出版社，2020. 4
ISBN 978-7-5096-7065-1

Ⅰ . ①中… Ⅱ . ①中… Ⅲ . ①中央财经大学—校史—1978-2019 Ⅳ . ①G649. 281

中国版本图书馆 CIP 数据核字（2020）第 037767 号

组稿编辑：郭丽娟
责任编辑：魏晨红
责任印制：黄章平
责任校对：张晓燕

出版发行：经济管理出版社
　　　　　（北京市海淀区北蜂窝 8 号中雅大厦 A 座 11 层　　100038）
网　　　址：www. E-mp. com. cn
电　　话：（010）51915602
印　　刷：三河市延风印装有限公司
经　　销：新华书店
开　　本：720mm×1000mm/16
印　　张：18
字　　数：294 千字
版　　次：2020 年 6 月第 1 版　　2020 年 6 月第 1 次印刷
书　　号：ISBN 978-7-5096-7065-1
定　　价：98. 00 元

# 序

中央财经大学与新中国同龄，始建于1949年11月6日。她是新中国中央人民政府直接创建的第一所财经院校，是新中国财经院校的首府。她历经中央税务学校、中央财政学院、中央财经学院、中央财政干部学校、中央财政金融干部学校、中央财政金融学院等发展阶段，1996年更名为中央财经大学。长期以来，学校形成了鲜明的办学特色，为国家经济建设和社会发展培养了14万余名各级各类高素质人才，被誉为"中国财经管理专家的摇篮"，成为全国财经类大学的一面旗帜。创办之初由国家财政部主管，中央财经学院时期由国家高等教育部管理，长期由国家财政部和中国人民银行管理。2000年由国家财政部划转教育部管理。中央财经大学是教育部直属的，由教育部、财政部和北京市共建的大学，是国家"双一流"建设、"211工程"建设和首批"优势学科创新平台"项目建设高校。

"文革"期间，我国高等财经教育遭到毁灭性挫折，全国18所高等财经院校只剩一所半。粉碎"四人帮"后，我国社会主义革命和社会主义建设进入了新的发展时期。实现四个现代化，提出了培养大批懂现代经济、现代科学技术的管理干部的迫切需要。经国务院批准，1978年3月，中央财政金融学院率先恢复。复校40多年来，学校顺应时代和国内外大势抢抓机遇，与新中国同行，与改革开放同步，砥砺奋进取得丰硕成果，其发展进程也正是一个不断探索和完善管理制度、践行办校理念、培育和广纳大师的历程。

编写组正是循着这条脉络布局谋篇，力图从人才培养、科学研究、社会服务、文化传承与创新、国际交流合作等维度全面展示。40多年来发生的人、事、物数以万计，这部校史无法一一列举与涵纳，我们所能做的，就是将具有典型意义的每一件事进行有机排列，从而构筑中央财经大学40多年历程的骨骼、血肉与样貌，进而融入"忠诚、团结、求实、创新"的校训和"求真求是，追求卓越"的办学理念，以型塑其性格与魂魄，最终将一个富有鲜明个性和盎然生命力的中央财经大学呈现给读者。

与所有的历史研究一样，《中央财经大学史》（1978~2019 年）力图"以信立本，以达为要，以雅传世"，为我们重现从 1978 年中央财政金融学院复校到更名为中央财经大学以来那一幕幕波澜壮阔的历史画卷。这部倾注了编写组心血的书稿，虽难免挂一漏万，但借助这些质朴的文字，我们相信读者能够了解中财大人敢为人先、艰苦奋斗、铸就辉煌的办学历程，这也是本书编写组的使命与荣耀。

中央财经大学历经复校的艰辛，至今日扬帆致远。无数前辈和日夜值守的"中财大人"是这部历史的主角，虽角色不同、分工有别、责任各异，但正是代代中财大人缔造、谱写和演绎了这部历史。荡荡江河水，巍巍中财情。建设"双一流高校"的东风渐起，乘风破浪会有时，直挂云帆济沧海！愿中央财经大学在全体中财大人的同心戮力、龙马奋进下，续写新的华章！

《中央财经大学史》编写组

2019 年 12 月

# 目　录

# 第一章 学校恢复与逐渐发展的最初十年
## （1978~1987 年）

中央财经大学与新中国同龄，始建于 1949 年 11 月 6 日，是中华人民共和国中央人民政府直接创办的第一所高等财经院校。学校创办之初由财政部主管，历经华北税务学校、中央税务学校、中央财政学院、中央财经学院、中央财政干部学校、中央财政金融干部学校、中央财政金融学院，直至中央财经大学等发展阶段。

学校从建立之初到"文化大革命"期间停办的详细情况在《中央财经大学六十年史（上编）》（以下简称《上编》）中已有过描述。为与《上编》衔接，使读者对复校前学校停办前后的历史有所了解，本章首先对这期间的情况作简单介绍。其次在此背景下，详细阐述在这一历史转折的重要时期，各级领导重视学校的恢复与建设，学校师生员工攻坚克难、积极办学的艰难而辉煌的历程。

## 第一节 学校停办与复校前后的有关情况

"文化大革命"期间，各行各业都处在大变动之中，高等教育也不例外。许多高校或停办、或合并、或转型，高等学校规模大幅度压缩，财经院校也在撤停之列。

### 一、停办前的中央财政金融学院

1960 年，中央财政金融学院成立，与中央财政金融干部学校一套教职人员，两个牌子，一地办学。学校主要是为财政、银行部门培养高级专门人才（学制四年），并为各地财政、银行中专学校培养师资。到"文化大革命"时期停办前，中央财政金融学院共招收了五届学生，培养了 1700 多名高级财经专门人才。

## 二、"文化大革命"爆发与学校停办

"文化大革命"期间，国家和人民遭受了严重挫折和损失，中央财政金融学院也不可避免，成为"文革"重灾户之一，在发展过程中惨遭破坏和打击。

从 1966 年 6 月开始，中央财政金融学院因为"文化大革命"导致全院停课，而且 1962 级 280 名毕业生、1963 级 313 名毕业生延迟到 1968 年分配工作，1964 级 432 名毕业生于 1968 年 12 月分配工作。

1969 年国庆前夕，一些高等学校被裁并，一批设在北京、上海、广州、长春、郑州等大中城市的高等学校被外迁；更多的高等院校则以办五七干校、实验农场、分校、进行教育革命实践等名义，在农村建立"战备疏散点"，将大批师生员工及部分家属下放农村。在高等学校外迁和裁并过程中，我校大批校舍被占，大量图书、仪器等设备被毁坏或散失。由于战备需要，学校大部分教职工和 1965 级学生被疏散到河南省淮滨县马集公社。1969 年 9 月，经国务院讨论并通知财政部，决定停办中央财政金融学院，学校建筑面积 44000 多平方米的房屋拨给北京市一轻局使用并负责管理维修。

由于学校停办，1969~1973 年，学校先后对 400 余名教职工的工作进行了重新安置分配。根据财政部有关文件，也先后将 173 卷建校以来的档案移交到财政部。其中包括中央税务学校 2 卷、中央财经学院 3 卷、中央财政干部学校 50 卷、中国人民银行总行干部学校 27 卷、中央财政金融干部学校 14 卷、中央财政金融学院 77 卷。

1971 年 1 月，国务院教科组邀请参加全国计划会议的各省（市、自治区）和中央 22 个有关部门负责人座谈全国高等学校调整问题。根据会议讨论意见，国家计委、国务院教科组汇总了 29 个省（市、自治区）的调整方案，向国务院提出《关于高等学校调整问题的报告》。各地对高等院校的调整意见是：工科院校一般予以保留；农科、医科、师范院校多数拟保留，少数拟改为中等专业学校或合并；综合性大学一般拟先保留下来；政法、财经、民族院校拟多撤销一些。修改后的上述调整方案，经 4 月召开的全国教育工作会议讨论，确定将全国原有的 417 所高等学校保留 309 所、合并 43 所、撤销 45 所、改为中等专业学校 17 所、改为工厂 3 所，另增设 7 所。在 1971 年撤并高等学校的过程中，全面改变了高等学校原有的布局。北京市原有高等学校 46 所准备撤销 15 所、合并 2 所、迁出 13 所，北京只保留 16 所。到 1976 年全国只有高等学校 392 所。

### 三、"文革"结束后高等教育恢复正轨

"文革"结束后，随着国家关于教育问题的一系列指示、文件发布，以及各类相关会议的举行，高等教育逐步走向正轨，许多高校得以陆续恢复。

#### （一）科学和教育工作座谈会等会议召开及一系列指示和文件发布

1977 年 8 月 4~8 日，中共中央副主席邓小平主持召开科学和教育工作座谈会，应邀参加的有 30 多位著名科学家和教育工作者。8 日，邓小平作了《关于科学和教育工作的几点意见》的讲话。他在讲话中指出："我们国家要赶上世界先进水平，从何着手呢？我想，要从科学和教育着手。"他讲了 6 个方面的问题，在谈到关于教育制度和教育质量问题时，他明确提出："今年就要下决心恢复从高中毕业生中直接招考学生，不要再搞群众推荐。"8 月 19 日，《人民日报》刊登教育部理论组文章《教育必须大干快上》。文章说：建设社会主义现代化强国，迫切需要大批又红又专的人才，这就要求教育大干快上。各级各类学校发展速度要加快，发展规模要扩大，教育质量要提高。10 月 12 日，国务院批转教育部《关于一九七七年高等学校招生工作的意见》。文件规定：凡是工人、农民、上山下乡和回乡知识青年、复员军人、干部（年龄放宽到 30 周岁）和应届毕业生，只要符合条件都可报考。从应届毕业生中招收的人数占招生总数的 20%~30%。考生应具有高中毕业或相当于高中毕业的文化水平。招生办法是：自愿报名，统一考试，地、市初选，学校录取，省、市、自治区批准。考试分文、理两类，由省、市、自治区拟题，县（区）统一组织考试。录取新生时，优先保证重点院校。政治审查主要看本人表现。在此以前，教育部曾于 6 月 29 日至 7 月 15 日在太原市召开高等学校招生工作座谈会，提出继续采取前几年"群众推荐"的招生办法，并试招应届高中毕业生 4000~10000 人直接上大学，约占全国招生总数的 2.5%。后来，

根据中共中央副主席邓小平关于改革高等学校招生制度的指示精神，8 月 13 日至 9 月 25 日，教育部再次召开高等学校招生工作会议，讨论制定了上述文件。根据文件的规定，当年招生工作于第四季度进行，新生于 1978 年 2 月前入学。当年，全国有 570 万青年报考，高等学校共招收新生 273000 人（包括 1978 年第一季度增招的新生 6200 多人）。

**（二）全国科学大会召开**

1978 年 3 月 18~31 日，中共中央在北京召开全国科学大会。大会制订了《一九七八～一九八五年全国科学技术发展规划纲要（草案）》。

**（三）关于真理标准讨论**

1978 年 5 月 11 日，《光明日报》发表特约评论员文章：《实践是检验真理的唯一标准》。全国陆续开展关于真理标准的讨论。

**（四）中共十一届三中全会召开**

1978 年 12 月 18~22 日，中共十一届三中全会在北京召开。全会重新确立马克思主义的思想路线、政治路线和组织路线，结束了 1976 年以来党的工作在徘徊中前进的局面，开始全面地、认真地纠正 "文化大革命" 中及其以前的 "左倾" 错误。全会坚决批判了 "两个凡是" 的错误方针，充分肯定了必须完整地、准确地掌握毛泽东思想的科学体系；高度评价了关于真理标准的讨论，确定了 "解放思想、开动脑筋、实事求是、团结一致向前看" 的指导方针；作出了把工作重点转移到社会主义现代化建设上来的战略决策。中共十一届三中全会召开后，国务院一次就批准和增设高等学校 169 所，全国高校由 1977 年的 409 所增加到 598 所，到 1981 年，全国共恢复和新建高等学校 704 所。[①]

**（五）全国高等财经教育会议召开**

1979 年 8 月，经国务院批准，教育部会同财政部、中国人民银行、外贸部、商业部、全国供销合作社和国家统计局在北京联合召开了全国高等财经教育会议。教育部部长蒋南翔到会讲话。会议是在党的十一届三中全会决定把全党工作重点转移到社会主义现代化建设上来，并提出对国民经济进行调整的背景下召开的。会议根据 "实践是检验真理的唯一标准" 这一马克思主义基本

---

① 上海市教育科学研究院智力开发研究所. 新时期中国教育发展研究（1983~2005）[M]. 上海：上海社会科学院出版社，2006：443.

原理，总结了 30 年来高等财经教育的经验教训。会议认为，中华人民共和国成立后的 17 年，高等财经院校和综合大学经济系，为国民经济各部门、高等和中等财经学校以及财经研究机构输送了近 10 万名干部，为我国解放初期的经济恢复以及其后几个五年计划时期的经济发展做出了贡献，成绩是主要的。但是，从新中国成立后的历史现状来看，高等财经教育的发展道路很曲折。中华人民共和国成立初期，党对财经教育高度重视。1954 年召开了第一次全国高等财经教育会议，形势比较好。1958 年出现曲折，许多院校停办。1962 年国民经济调整以后，有一定好转。"文革"期间，根本否定财经科学，18 所财经院校撤销了 16 所，只剩下"一所半"（辽宁财经学院、湖北财经专科学校），高等财经教育几乎陷入绝境。中共十一届三中全会后，高等财经教育迅速得到恢复，到此次财经会议召开时，高等财经院校已经增加到 22 所。这些院校中 11 所分属中央有关业务部门领导，其余由省、市和自治区领导。22 所院校共设有专业 39 种、131 个专业点。此外，全国综合性大学已设有财经类专业 20 种、52 个专业点。全国财经专业在校生为 18190 人（含专科生），占全国高等学校在校生数的 2.1%。[①]

中央财政金融学院就是在上述背景下由停办到恢复办学，并逐渐发展起来的。

## 第二节　学校恢复与建设

十年"文化大革命"，中央财政金融学院是重灾区，1969 年被迫停办。据校报记载，停办前的学校面积 200 多亩，校舍建筑面积约 44000 平方米。以图书馆为例，停办前学校图书馆藏书 48 万余册，财经类图书较为丰富和齐全，其中不少是历史珍本和已绝版的图书。此外还有全套的报刊和杂志，仅报刊资料合订本一项就有几千种、近 10 万册，中外财经文献 12 万册，中外工具书 18000 册。1966 年初的统计数据显示，当时校内师生员工 2000 余人，人均图

---

书 240 册，在北京地区高等学校中平均占第 2 位。

在十年"文化大革命"中，学校被迫撤销，校址改为北京卷烟厂。多年积累的图书资料几乎丧失殆尽，复校时只剩 15 万册，造成了不可弥补的损失。因为没有房子，即使很少的图书资料也不能上架借阅，发挥不了应有的作用。学校撤销时的 409 位教职工流散到全国各地，不少教师被迫改行。

粉碎"四人帮"后，我国社会主义革命和社会主义建设进入了新的发展时期。新时期的总任务提出，要在 21 世纪内把我国建设成为四个现代化的社会主义强国。实现四个现代化，关键是科学技术的现代化。各方面都提出了培养大量的专门人才，提出了培养大批懂现代经济、现代科学技术的管理干部的迫切要求。因此，恢复中央财政金融学院，就自然提上了教育工作的日程。

1978 年 3 月，国务院批准恢复中央财政金融学院，随之复校工作启动。复校之初的条件极其困难，校舍收不回来，没有教师，缺少干部，摆在筹备组面前最急迫的任务就是调配教师、干部和修建教室。1978 年从北京市和全国各地调回教师、干部、职工 230 人。没有教室，学生就在临时搭建的木板房中上课。从外地调回的教师和干部没有住房，就住澡堂、棚子，很多同志租住农民的房子。在全体教职员工的共同努力下，克服了重重困难，当年复校当年招生，使停办多年的中央财政金融学院重新恢复了生机。中央财政金融学院从复校到校舍退还与建设，再到更名，经历了艰难曲折的特殊历程。经过一段时间的努力，学院的建设目标越来越清晰，这对于学校的进一步健康发展发挥了重要的指导与促进作用。

## 一、中央财政金融学院复校

李先念副主席、国务院其他领导同志对中央财政金融学院的复校工作非常重视和关怀。"恢复中央财政金融学院"的建议最早是由国务院财贸组姚依林主任在 1977 年 9 月 15 日召开的全国银行工作会议上提出的，并得到了李先念副主席的同意。11 月 15 日，财政部向国务院报送《关于恢复中央财政金融学院的请示报告》。

1978 年 1 月 30 日，财政部以当年第 1 号文向教育部发出急件《关于报送恢复中央财政金融学院情况的补充说明的函》。2 月 22 日，教育部向国务院报送《关于同意恢复中央财政金融学院的报告》。25 日，方毅副总理在报告上批示："拟同意，请李（先念）副主席、（纪）登奎、（余）秋里、王震、谷牧同志批示。"李先念等几位领导均圈阅。3 月 16 日，教育部向财政部发出通知：根据国务院领导同志的批示，同意在北京恢复中央财政金融学院。该院设置财政、金融、国际金融、会计、统计等专业，学制三年，在校学生规模2000 人；面向全国招生，实行财政部和北京市双重领导，以财政部为主。3 月29 日，财政部给北京市革委会发送《关于共同做好恢复中央财政金融学院筹备工作的函》。4 月，北京市市委书记郑天翔同志批示"同意恢复财院，另建烟厂"。与此同时，财政部成立恢复中央财政金融学院筹备处，确定由姜明远、张焕彩、高文明、卢峰章、曹桂芬 5 人组成恢复中央财政金融学院筹备处领导小组。7 月 1 日，中央财政金融学院的校牌正式挂出。8 月 4 日，财政部党组会议研究决定：中央财政金融学院学制改为 4 年，当年财政、金融、会计3 个专业招生 120 名。中央财政金融学院在原址恢复，烟厂迁出另建。8 月 27日，《光明日报》第三版刊登了中央财政金融学院正式恢复的报道。10 月 12日，中央财政金融学院复校后首届新生开学典礼举行。典礼在学院当时仅有的正规教室——第一教室举行，主席台由三屉桌组成，台下师生坐马扎。时任财政部部长张劲夫、副部长姚进、中国人民银行总行行长李葆华、副行长陈希愈以及北京市委教育工作部、中国财经出版社、财政科学研究所、金融研究所、总行科教局的负责人参加了典礼，张劲夫、李葆华、戎子和讲了话。这标志着学校得以正式恢复。

从此，中央财政金融学院开始走上了全面恢复的第一个十年发展时期。这一时期学校的主要任务是：迅速恢复原有学科专业，以国民教育为主，兼顾干部教育，主要为财政金融部门培养急需的管理人才，同时为财经院校培训师资。

## 二、中央财政金融干部学校恢复

1979 年 10 月 25 日，财政部批复同意"中央财政金融干部学校"挂牌。中央财政金融干部学校与中央财政金融学院两校为一套人马，两块牌子。

1983 年 7 月 10 日，财政部部长王丙乾签发了《关于成立中央财政管理干部学院的决定》，中央财政金融干部学校更名为中央财政管理干部学院。中央财政管理干部学院是适应新时期干部教育经常化、正规化、制度化的要求，是为全国财政、税务部门和建设银行培养在职干部的一所成人高等院校，设置财政、税务、会计和基建财务信用四个专业，1984年招收财政专业学员100人，此后逐年增加招收专业和扩大招收人数。

### 三、学校办学条件逐步恢复和改善的曲折历程

1978年复校后，一方面抓紧向北京卷烟厂催要校舍；另一方面抓紧基本建设，解决师生的校舍困难问题。从复校到1987年7月召开的学校第一次党代会这段时间里，办学条件异常困难。学校党委一方面认真做好师生员工的思想工作，号召大家克服困难，从大局出发，为国家、为学校分忧，为四个现代化建设多做贡献；另一方面，切实加强收回校舍工作和开展基本建设，努力改善办学条件和师生员工的生活条件。

据校友回忆，作为复校后的头几届学生，1978级同学的大学生活是坐在马扎上开始的，而1979级、1980级同学则是在木板房里开始了自己的大学生活。1979级学生于敏在毕业典礼上发言时谈到这段时间的学校生活时感慨万千："我们经历过木板房内的暑热和寒冷；我们曾为收回校舍而呐喊；我们没有因为学习环境的恶劣而放弃对知识的探索和对人生真谛的追求，我们圆满地完成了党和人民交给的学习任务。"

#### （一）领导关心重视学校建设

党中央和财政部、中国人民银行总行的领导关心支持中央财政金融学院的恢复和发展。中央财政金融学院的恢复，始终牵动着各级领导的心，从中央到国家部委，从省市到基层，从行政部门到教育领域，从企业、社会到学校，各级领导都倾注了大量心血，通过指示、批阅、文件、调研、协调等多种方式共同助力推动学校的建设与发展。

1979年2月24日，学校党委书记、院长戎子和给邓小平、李先念同志写信，反映学院校舍问题，要求烟厂按照北京市委早已做出的决定，迅速归还房产。邓小平同志圈阅，李先念同志阅后批示："（林）乎加同志阅，建议按原规定办。"

1979年10月，学生给邓小平副主席写信反映校舍问题。11月1日，邓小平在信上批示："任重同志，似可由国务院派人协同市委调查处理，如何，请酌。"同日，王任重副总理在信上批示："请国栋、吴波同志派人与北京市委

的负责同志到财院调查处理。能让出的房子立即让出，并让烟厂限期搬开，处理结果报小平同志。"

**（二）校舍逐步退还**

"文革"期间，学校的财产毁于一旦。不动产（土地、房屋等）除学校留守人员使用的友谊楼外，全部移交北京市一轻局办的北京卷烟厂，宿舍也大部分移交烟厂。动产除财政部、北京市财贸学校各要了一些外，大部交给了北京卷烟厂。

由于没有学生宿舍，1978年复校后只好在北京招收走读生。1978年底，经交涉，占原学生宿舍北楼的一轻局党校搬走，1978级学生到第二学期才住上宿舍，不再走读。为了不中断1980年的招生，使200名新生按期入学，学校抓紧催促烟厂退还部分原学生宿舍楼，但无效果。学校党委书记、院长戎子和给邓小平、李先念等中央领导同志写信要求有关部门将烟厂迅速搬走，解决学校恢复问题。戎子和在出席1980年全国五届政协第三次会议时，就中央财政金融学院要房问题作了书面发言。1980年7月11日和9月10日，学校还因1980级新生无宿舍，不能按时入学问题两次向北京市政府递了紧急报告；8月20日还给党中央书记处递了报告。最终促成了10月28日，国务院郑思远、毛联珏、袁晋修三位副秘书长召集财政部、北京市政府、北京卷烟厂和学校的负责人赵秀山等共17人，在中南海假山会议室开会，解决学校新生入学住宿和退还全部校舍的问题。11月7日，学校和北京卷烟厂在北京市经委签订了《关于北京卷烟厂退还中央财政金融学院校舍的协议书》。"协议书"中在具体退房上，只提到一个半月后退还教学楼二三层，1981年2月20日前退还原学生宿舍东楼一层南头20间和大礼堂西的南平房东头6间。这个协议只解决了学校当年的大困难，遗憾的是没有解决1980年新生的住宿问题和烟厂何时全部搬走的日期问题。也正因如此，造成1980级新生入学推后了两个多月，到11月20日才入学。男生在寒冷的大礼堂住宿过冬。新生入学后，在简易的木板房内上课。当时木板房教室不够用，还实行过每个木板房教室上下两班轮流上课的"二部制"。学校因校舍问题而使新生推迟报到的事件引起了媒体的广泛关注。1980年9月10日，《人民日报》刊登了财院关于1980级新生推迟报到的声明。9月19日，《新观察》记者金盾就烟厂归还学院校舍问题进行了调查，并写出了《中央财金学院三观察》一文。9月21日，《中国青年报》就中央财政金融学院 1980 级新生因校舍问题推迟报到发表题目为《无法无天和有法有天》的评论文章。9 月 30 日，《人民日报》《中国青年报》《光明日报》《北京日报》同时刊登了《新华社》《光明日报》上《中国青年报》几位记者联合写的报道财院校舍问题的《记者来信》。

1981 年春，学生才陆续从木板房搬到教学楼上课。1981 年 2 月底，烟厂退还了财院原学生宿舍东楼一层南头 20 间和南平房东头 6 间，这时 1980 级男生才入住宿舍楼。

1984 年 5 月 12 日，财政部副部长陈如龙、北京市副市长张百发和财政部人事教育司、北京市建委、北京市一轻总公司、北京卷烟厂以及学院领导在学院培训中心会议室就"北京卷烟厂迁建将校舍归还财院的问题"召开会议，共议定了 7 项问题。会上，张百发副市长明确表示"争取 1986 年底，保证 1987 年上半年完成烟厂的迁建，将校舍全部归还中财院"。6 月 25 日、7 月 26 日、8 月 17 日，院长陈菊铨、副院长李国青、基建处副处长张学分别与北京卷烟厂厂长刘金玉、供销科科长焦家棣、烟叶科科长吕文表等在北京卷烟厂会议室就落实 5 月 12 日《关于北京卷烟厂归还中财院校舍的会议纪要》问题进行商谈，并就腾交教学楼一层西半部教室、五金库和两处临建库房及占地问题，加速烟厂主体工程出图时间问题达成 5 点协议。8 月 6 日，北京市人民政府对第六届全国政协委员戎子和、乔培新、项克方、楼福卿、陈希愈、杨纪琬向六届全国政协二次会议提出的第 983 号提案《关于为促使中央财政金融学院的顺利发展，保障在校生的身体健康，转请北京市人民政府督促北京卷烟厂加速搬迁工作案》给予答复。8 月 17 日，学校与北京卷烟厂签订了《中央财政金融学院 北京卷烟厂关于落实归还校舍会议纪要的协议》。9 月 4 日，北京市人民政府对第六届全国人民代表大会代表许步劭就学校校舍等问题向六届人大二次会议提出的第 2458 号建议《退还学校校舍被占的意见》给予答复。

1985 年 1 月 25 日，《关于北京卷烟厂归还中财院校舍的会议纪要》经财政部副部长陈如龙和北京市副市长张百发圈阅后印发。6 月 6 日，学校与烟厂签订了烟厂向学校移交一、二、三号宿舍楼的协议，进一步解决了财院的校舍问题。

1986 年 3 月 12 日，副院长钱中涛参加了北京卷烟厂举行的迁厂工程开工典礼，标志着烟厂正式开始迁出财院。

1987 年 2 月 21 日，北京市副市长张百发在北京卷烟厂工地召开现场会。会上，钱中涛副院长提出烟厂家属宿舍搬迁问题，张百发明确表示："要按协议办。这里建的宿舍楼就是为搬迁用的，不是为解决困难户用的；人家是学校，你在那里住不合适，这一点烟厂要与职工讲清楚。"6 月 1 日，北京市副市长张百发和财政部副部长陈如龙主持召开北京卷烟厂搬迁工作会议，会议研究决定：6 月 30 日前学校和烟厂双方办完产权移交手续，撤销烟厂在财院门口的厂牌；烟厂 12 月底搬迁完毕。6 月 15 日，张百发和财政部党组成员陈如龙同志来校与师生见面，就烟厂搬迁、全部归还校舍问题发表讲话，再次重申烟厂"到年底全部、彻底、干净上新厂"，参加会见的还有北京市委教育工作部、国家教委、财政部、北京市建委、北京市烟草公司的领导。6 月 27 日，张百发再次来校召集厂、校领导、干部开会，检查落实迁厂还校情况。6 月 30 日，学校与北京卷烟厂交接联合办公室共同协商了电话总机交接问题，并签订了协议书。至此，学校同烟厂签订了迁厂还校协议书，北京卷烟厂向学院退还校舍的漫漫十年之路才算告一段落。12 月 28 日，在学校召开了北京卷烟厂归还中财校校舍情况汇报会，张百发、陈如龙、北京市建委、北京市烟草公司、国家教委、财政部及学校和北京卷烟厂领导参加了会议。会上通报了 12 月 26 日烟厂厂区已全部退还中财院的情况。张百发副市长就烟厂职工家属搬迁问题和归还厂区遗留问题作了指示。

### （三）加强校园基本建设

党的十一届三中全会以来，党和政府非常重视教育事业的发展，十分关心知识分子的生活，教职工的住宅建设取得了很大成绩。自学校恢复办学以来，财政部先后批准进行了多幢家属宿舍楼新建工程，有效缓解了教职工的住房困难。学校通过一系列基本建设，为教学、科研提供了基本的工作场所，师生的物质、文化生活条件得到改善和提高。

1979 年 3 月 31 日，财政部批准学校 1979 年基建计划，基建面积为 15500 平方米，投资 160 万元。为了尽快解决教师员工的房舍困难，学校投入大量资金兴建宿舍楼，保障师生的生活。11 月 15 日，新建职工宿舍 1 号楼破土动工，总面积 7516 平方米。

至 1981 年 7 月，新建 2 号宿舍楼（现 5 号楼）完工验收交付使用，60 户教职工搬进新房。同年秋，新建 1 号宿舍楼（现 4 号楼）相继完工验收交付使用，74户教职工搬进新房。两幢新宿舍楼共解决134户教职工住房问题，加上旧房调整43户，总计解决177户。1981年10月6日，财政部批准学校1981年新建"教授宿舍楼"（现6号楼）3000平方米。

1982年9月22日，新建3号家属宿舍楼（现6号楼）竣工验收交付使用，共分配家属宿舍54套。

1983年4月9日，财政部批复学校《关于总体规划设计方案的报告》：学院应占有土地面积24.8万平方米，减去已占有的土地面积13.3万平方米，可以征用土地11.5万平方米；应有校舍建筑面积12.8万平方米，减去现有校舍建筑面积5.6万平方米，从1983年到1990年需新建校舍7.2万平方米。4月20日，学校基建处正式成立，全面负责学校的基本建设。

1984年5月10日，根据财政部批准学校1990年在校生达到4000人规模的教育事业发展规划和北京市人民政府、财政部关于北京卷烟厂全部归还学校校舍的决定，学校院务会讨论决定在校党委的统一领导下组成基建规划委员会，以便更好地把学校建设的总体规划落到实处。5月20日，学校体育场地翻修扩建工程全部完工。新修的体育场总面积约4000平方米，内有篮球场4个、排球场4个、羽毛球场1个，此外，还有小活动场地，并设有各种体育器材，至少可供120人同时进行篮球、排球、羽毛球以及体操、田径等各种体育活动。1987年5月，新建宿舍塔楼破土动工，总面积8203平方米。

学校除新建师生宿舍楼之外，还兴建图书馆、教学楼，改善教学和科研条件。1984年9月5日，图书馆主楼建造工程破土动工，总面积6477平方米，于1986年12月30日竣工并交付。1986年8月23日，教学综合楼建造开工，总面积10862平方米，并于1989年8月29日正式交付使用。1987年3月，图书馆配楼建造破土动工，总面积4064平方米，并于1988年6月30日按期完工，交付使用。1987年11月25日，财政部批准学校的办学规模，建筑总面积为111354平方米，其中待建面积36700平方米。

此外，学校注重美化环境，绿化校园，为师生提供良好的生活学习环境。1986年4月21日，成立学校绿化领导小组，指导和组织绿化工作。从此，学校的绿化工作有条不紊，蒸蒸日上，屡获表彰。1987年3月9日，首都绿化委员会在人民大会堂举行表彰动员大会，中央财政金融学院被授予北京市1986年度绿化红旗单位。1987年9月，在海淀区美化校园的检查评比中，获得全区第 1 名。

通过各方面的努力，到 1987 年 7 月，学校基本建设投资 1270 万元，新建工程 10 项，大小维修工程近 200 项。已新建成列入国家基建计划的各类建筑 10 幢，其中，家属宿舍四幢 14048 平方米、学生宿舍两幢 6420 平方米、学生食堂一幢 2001 平方米、单身宿舍一幢 3973 平方米、变电室一幢 200 平方米、图书馆主楼一幢 6477 平方米，并全部投入使用。同时，1986 年开工在建教学综合主楼 10862 平方米。学校还陆续添置了一些现代化的教学设备，在教学手段现代化方面迈出了第一步。复校以来，师生员工的生活条件不断改善，有近 80% 的教职工住房条件得到了不同程度改善，学校还开办了托儿所、招待所、服务公司，努力扩大服务范围，方便师生员工。

#### 四、"全国重点财经院校"发展目标的确立

1978 年复校后，任务是培养改革开放和经济建设所需要的财经管理专门人才。由于"文革"期间学校停办，校舍被占，难以开展正常办学，相当一部分精力用于校舍的收复，对学校的发展目标缺乏整体考虑。经过近十年的建设与发展，1986 年，学校党委依据对当时形势的分析研判和自身条件，研究提出了学校发展的总目标："在不断提高教学、科研和管理水平的基础上，用十年左右的时间，把学校办成重点培养中高层次财政金融专门人才的，有关专业协调发展的，具有自己特色的全国重点财经院校。"1987 年 7 月，在中国共产党中央财政金融学院复校后第一次代表大会上的工作报告中，又提到了学校今后三年的基本任务是"全面完成学院发展总目标规定的前三年，即到 1990 年的各项任务，为把学院办成全国重点财经院校打下基础"，并号召全体党员"振奋精神，同心同德，为把中财院建设成高水平的社会主义大学而努力"！

# 第三节　学科与专业

学科与专业是人才培养的前提和基础，没有学科与专业，人才培养就没有方向、没有内容，也没有载体。复校后，中央财政金融学院在本专科、研究生

等各层次都逐步加强学科与专业建设，以满足人才培养的需要。

## 一、学科发展

1978 年复校初期，中央财政金融学院只有经济管理 1 个学科门类，学科门类少、专业面窄。这种状况与综合性大学无法相比，即使在财经类院校中学校学科也是最少的。各个科系实际上是在财政、金融、会计老三系和基础部、政治理论教学部、经济管理教学部的基础上发展起来的。20 世纪 80 年代中期到 90 年代中期，在保持财政税务、金融保险、会计、投资学等传统学科优势地位的基础上，学校先后设立了国民经济管理、经济信息管理、经济法、管理信息系统等本科专业。为了设立经济管理、经济信息管理、新闻学专业，组织到南京大学、武汉大学、华中理工大学、国家计划经济委员会、中国财经报社等高校和国家部委、其他社会单位调研。

1982 年 2 月 23 日，教育部批准学校为具有学士学位授予权的普通高校。由于办学条件不足等原因，学校一直未申报举办研究生教育。1982 年 8 月 27 日，财政部转发教育部通知，下达学校 1983 年财政学、货币银行学 2 个硕士点计划招收研究生 6 人。学校从此获得硕士学位授予权。1983 年，国家第 2 批学位授权学科审批（1984 年 1 月 13 日发文），批准学校硕士学位授权学科 3 个：财政学、货币银行学、会计学。此后，硕士点逐步有所增加。

## 二、专业设置

"文革"前夕，中央财政金融学院设有财政、金融、国际金融、会计 4 个本科专业以及国际保险、银行会计 2 个专业，在校本科生 1579 人。从学校 1966 年停止招生、1969 年 5 月被停办撤销、1972 年在校员工彻底遣散，到 1978 年 3 月批准原地复校，同年招生时，已 12 年未招收本科学生。

从 1978 年复校到 1987 年，学校的专业建设一直处于恢复发展阶段。专业设置由 1978 年的财政、金融、会计 3 个专业，发展到 1980 年的财政、基建财务与信用、金融、国际保险、会计 5 个专业，再发展到 1983 年的财政（包括税收专门化）、基建财务与信用、金融、国际金融、国际保险、会计（包括银行会计专门化）6 个专业，1984 年的财政、基建财务与信用、金融、国际保险、会计、税务、外国财务会计 7 个专业和专门化。截至 1985 年，学校共有财政、基建财务与信用、金融、国际保险、会计、税务、外国财务会计、经济管理8个本科专业和专门化。1987年，学校增设经济信息管理专业和保险专业，增加到10个本科专业和专门化。

# 第四节　人才培养

中央财政金融学院恢复办学之际，正处在改革开放初期，国家急需财政金融干部以及各方面大量的建设人才。为了适应国家经济发展需要，在异常艰难的条件下，学校通过专、本、研多层次，普通高等教育与成人高等教育等多类型，以全日制、函授、夜大、干部专修科短期培训班等多形式办学，以财政金融类专业为主搞好教育教学，迅速培养国家急需的财经人才。

## 一、本、专科教育恢复与发展历程

1978年暑期，中央财政金融学院参加了高校统一招生，由于当时学校没有学生宿舍，无法实现面向全国招生。9月22日第一次录取了129名北京地区走读新生。该批新生均为本科生，其中，财政专业44名，金融专业43名，会计专业42名。10月5~6日，1978级新生报到。12日，举行复校后首届新生开学典礼。16日，1978级学生正式上课。当年12月，按照北京市的布置，为北京市代办扩招班，招收本科生55人，其中财政专业28人、金融专业27人。扩招班学生1979年1月来校报到上课，分别编为财政1978（2）班、金融1978（2）班，并利用寒假重点补了第一学期的课程。

1978级同学杜胜熙回忆道，作为中央财政金融学院复校后的首届本科生，同学们是坐在马扎上开始大学生活的。在老师的辛勤教导和各级领导的亲切关怀下，同学们在艰苦的环境中团结一心，克服困难，努力学习，刻苦钻研，德智体方面都取得了很大进步；逐步树立了正确的政治方向，掌握了坚固扎实的基础知识和专业知识，锻炼了实际工作能力，也为改善学校的教学环境贡献了力量。

1979年，面向全国7个省市招收财政、金融、会计专业本科生202人。

1980年，面向全国10个省市招收财政、金融、基建财务信用、国际保险、会计专业本科生201人。1981年，由于招新生的宿舍没有解决被迫停招。

1982年2月，根据国务院学位委员会、教育部《关于做好应届本科毕业生授予学士学位准备工作的通知》，学校获得学士学位授予权。2月23日，校务会决定成立学士学位评定委员会。3月19日，学校校务会议讨论通过财政系、金融系、会计系学士学位评定委员会分会组成人员名单。7月8日，学校1982届毕业生毕业典礼在学校礼堂隆重举行。本届毕业生是复校后的第一届毕业生，共178名（包括北京市扩大招生55名）。会前，财政部部长王丙乾、副部长陈如龙、中国人民银行总行行长吕培俭、北京市委大学工作部副部长来汉宣等领导同志接见了全体毕业生并合影留念。吕培俭、陈如龙、来汉宣同志在典礼上讲话。陈如龙副部长勉励毕业生成为具有革命理想的财政金融工作者，并以老财院院长、书记的名义殷切希望毕业生继续勤奋地学习，永不自满，不断前进。校党委副书记、副院长姜明远在7月14日出版的院刊《中央财政金融学院》上赋诗一首《赠毕业同学》："十年浩劫摧散，四年复校云聚。喜看今朝新苗，倍感前程万里。"8月10日，北京市政府正式批复，同意学校为北京市扩招的1978级学生和学院暑期1978级本科生一起毕业分配工作，待遇和工龄与1978级本科生一样。11月8日，财政部〔（82）财人字第176号〕在教育部备案，决定从1983年起，在4所部属院校开设税务专门化和银行会计专门化，共招生150人。其中，学校财政系税务专门化招生30人，会计系银行会计专门化招生20人。12月24日，财政部〔（82）财人字第207号〕确定中央财政金融学院的发展规模为：校内在校生4000人，其中本科生3000人、研究生300人、干部专修科600人、干部短期培训班100人；校外函授生3000人。1982年，学院在全国11个省市实际招收本科生200人。

1983年，学校共招收本科生241人，分别来自北京、河北、内蒙古、辽宁、江苏、浙江、福建、广东、四川、陕西、甘肃、新疆12个省（市、自治区），招生专业为财政（包括税收专门化）、基建财务与信用、金融、国际金融、国际保险、会计（包括银行会计专门化）6个专业，其中，国际金融专业为新增专业。同年，学校招生进行了改革，本科招生在同一分数段中，优先录取语文、数学基础好的和中学时代的"三好学生"或者有较多实践经验的考生；涉外专业除要求外语成绩外，还要兼顾语文、数学成绩和其他条件。同时，从 1983 级学生开始试行学年学分制。

1984 年 4 月 11 日，财政部［(84)财人教字第 48 号］通知，同意学校增设税务专业。学校申请增设的西方财务会计专业，可在会计专业开设外国财务会计专门化，学制 4 年，并从本年开始招生。1984 年下学期，根据《北京市高等学校、大学分校人民奖学金实施细则试行办法》的精神和有关规定，经校党委研究决定，在学校 1983 级 240 名本科学生中首次评选人民奖学金。人民奖学金的评定工作是在往年"三好学生"、优秀学生干部评选基础上进行的，符合"三好学生"、优秀学生干部条件者方能参加人民奖学金的评定。此次共评选出一等人民奖学金获得者 6 名、二等人民奖学金获得者 5 名。人民奖学金的评定旨在促使学生努力学习，发奋进取，自觉做又红又专的合格人才。

1985 年，根据教育部《关于在高等学校试办助教进修班的通知》精神，经报财政部批准，学校从本年起举办"财政专业助教进修班"，该班学制 1 年半。后来全国财经院校财政史教师的领军学者大都参加过此班的学习。

1987 年 3 月 19 日，财政部教育司［(87)财教司字第 3 号］批准学校增设经济信息管理专业和保险专业，从 1987 年秋季开始招生。本年学校共毕业学生 503 人，其中本科生 237 人（授予学士学位 229 人）、专科生 240 人、委托培养本科生 5 人。本年是学校复校后第一届国际金融专业本科生毕业，共有学生 20 人。本年共招收新生 525 人，其中本科生 494 人（分别来自北京等 23 个省、市、自治区）。另外，本年还招收财政、金融两个助教进修班 72 人，新生总计达 597 人。9 月 8 日，《人民日报》对学校的迎新工作进行了报道。经财政部批准学校从本年起招收本科会计教师班和税收师范班。11 月 25 日，财政部［(87)财教字第 146 号］批复，同意学校办学规模变更为：本科生 3000 人，研究生 500 人（含与财政科学研究所研究生部联合办学 200 人），函授生 3000 人（含夜大 400 人）。12 月 21 日，国家教委［(87)教师管办字 169 号］批复，同意学校 1988～1989 学年举办会计学、财政、货币银行三个助教进修班。会计助教班招生 20 名、财政助教班招生 10 名、货币银行助教班招生 10 名。12 月 25 日，财政部［(87)财教字第 15 号］批复：你院原定办学规模 4000 人，其中包括干部专修科 1000 人，现在由于管理学院已迁往石景山区办学，所以经研究同意你院办学规模变更为本科生 3000 人，研究生 300 人，另有函授生 3000 人。12 月 31 日，财政部教育司［(87)财教司字第 193 号］

批复学院［中财院党字（87）12 号］，原则同意关于中央财政管理干部学院同中央财政金融学院分开的实施方案。

在这一时期，学校在本科生教育方面特别强调务实。一是在学校的课程设置上强调务实，教师根据实际情况为学生自编教材，从而为学生打下了良好基础，学生毕业分配到工作岗位以后，一般工作上手快，适应能力强，很受接收单位的欢迎；二是十分重视专业实习。复校之初，学校特别规定，实习、参观是教学的重要组成部分。学校规定四年中实习两次，即一次是学年实习，在北京市进行；一次是毕业实习，在外地先进省市进行，选择所学专业对口的实习单位，而且要求学生实习前有计划，实习后有总结。这样就加强了理论与实际的联系，使学生既有机会接触到国家预算编制、财税金融政策制定等宏观工作，又能深入了解基层财税金融部门的具体运行情况。学校经常邀请一些部门的负责人来作报告，介绍国家最新出台的经济政策背景和准确含义，很好地拓宽了学生的宏观视野、促进了大局意识和务实精神的形成及其专业技能的提高。

虽然 1978 年已经开展了各项复校工作，但是学习条件极其艰苦，没有宿舍，没有桌椅，即使在这样的艰苦条件下，学生们仍保持着端正的学习态度，认真刻苦，不仅专业理论扎实，动手能力强，而且还具有高度的社会责任感和历史使命感以及积极向上的进取心，他们毕业以后为社会主义现代化建设，尤其为我国的经济建设做出了很大的贡献。学校这种务实的本科生教育，使本科生教育一直保持着较好的教育水准，不仅专业知识丰富，而且对技能性学习工具，如外语等学科也保持了同样的学习热情。

## 二、学位与研究生教育的建设与发展

1982 年 8 月 27 日，财政部［（82）财人字第 14 号］批准学校开设财政学、货币银行学两个硕士点，学校的研究生工作开始起步。

1983 年 6 月，学校招收首批硕士研究生 6 人，其中，货币银行学专业 3 人，财政学专业 3 人（委托代培 1 人）。中央财政金融学院迎来了复校后的首批 6 名硕士研究生，这是一件让广大师生欢欣鼓舞的事情，这意味着学校的研究生教育可以再续新篇、再谱新曲了。

1984 年 1 月 13 日，国务院学位委员会下达第二批博士和硕士学位授权学科、专业名单，中央财政金融学院财政学、货币银行学、会计学三个专业获得硕士学位授予权，这也是学校第一批硕士学位授权点。

1986年7月9日，学校举行1986届研究生、本科生毕业典礼。财政部副部长陈如龙到会并讲话。本届毕业生共199人，其中，本科生193人（190人授予学士学位），研究生黄济生、郭亚洪、张学林、王广谦、陈昭、唐美霞6人为学校首届硕士毕业生，全部授予硕士学位。7月28日，国务院学位委员会下达第三批博士和硕士学位授权学科、专业名单，学校国民经济计划和管理专业获得硕士学位授予权。

## 三、干部教育培训

早在20世纪五六十年代，学校就通过举办各种形式的干部培训班、专业进修班和干部专修科等从事在职人才培养工作。自1978年复校以来，学校认真贯彻党的十一届三中全会精神，在完成教学、科研任务的同时充分发挥现有师资力量，积极为中央、国务院各部、全国财政、税务、银行部门和北京市培训财会干部。

中央财政金融干部学校挂牌时，工作人员少，工作任务重，条件异常艰苦。但广大教职工在学校党委的领导下，精神饱满，意气风发，不怕困难，勇于奋斗，没有条件创造条件也要把工作做好。学校利用校内外一切可行的条件，实行多层次办学。当时校园被北京卷烟厂所占，没有校舍，只好在校外租房办学，经多方联系，学校在五棵松地铁旁两个部队招待所辗转租房办学，非常艰难。虽然办学条件艰苦，但是阻挡不住学院建设学校、培育人才的热情。从1980年初到1986年，学校举办了各种类型的干训班。举办的干训讲习研修辅导班，为社会各界培养了大批人才，尤其是为财政金融行业提供了很好的智力支持。学校的干部教育培训工作得到了社会各界以及机关领导的重视与肯定。

1980年3月5日，第一期"全国地、市级财政局长训练班"在北京市教育行政学院举行开学典礼并于当日正式开课。财政部副部长姚进参加了开学典礼并讲话。6月16日，学院举行财政系统中专校长训练班开学典礼，财政部副部长陈如龙出席并讲话。

1981年4月2日，全国银行中心支行行长和处级干部训练班在北京南口总行干校开学，为期三个半月的干训班的教学工作主要由中央财政金融学院承担。本年该干训班共举办两期，第二期干训班于 1981 年 12 月 24 日结业，总行行长李葆华，副行长李飞、刘鸿儒，以及各司局负责同志均参加了结业典礼。该班此后持续开展。1981 年 7 月，第一期全国地市级税务局长训练班开班。据统计，1980~1982 年，学校共举办各种类型的干部培训班和短训班 37 期，培训学员 3764 人。其中，各省（市、自治区）财政厅（局）教育处长培训班 1 期，36 人；各省（市、自治区）地市级财政税务局长培训班 7 期，535 人；各省（市、自治区）财政中专校长培训班 1 期，36 人；全国地级市中心支行行长培训班 4 期，365 人；外语会计培训班 2 期，93 人；中外合资会计培训班 1 期，90 人；工业会计培训班 11 期，814 人；行政事业会计培训班 4 期，250 人；基建财务会计培训班 4 期，245 人；企业管理培训班 2 期，1300 人。

经财政部与世界银行商定，1982 年起在中央财政金融学院设立国际经济管理培训中心，由世界银行组织派遣教师任课，为我国培训经济管理人员，从各有关系统抽调中级领导干部参加。1983 年 3 月 29 日，由联合国开发计划署和世界银行联合出资、世界银行执行、财政部实施的《〈经济管理与项目计划〉培训项目》经过半年的磋商后达成协议并正式签字生效。该培训项目旨在培训国民经济与国际经济事务和企业管理方面的干部和管理人员，提高干部和管理人员的经济工作和经济管理水平。为保证培训项目计划的实施，学校专门成立了培训中心办公室，负责组织教学和学生的管理工作。首届开发银行预备班于 1983 年 4 月 18 日开课，5 月 3 日正式开学，由世界银行经济发展学院专家授课，6 月上旬，第一期讲习班"工业与开发银行讲习班"举行结业典礼，财政部人事教育司副司长兼国家项目主任杨春一、世界银行经济发展学院项目协调人杨叔进、外国专家汉德森教授、哈吉尔教授、中国投资银行副行长耿耕山以及学校领导赵秀山、陈菊铨、赵春新出席了结业典礼，并向学员们颁发了结业证书。6 月 20 日，第二期讲习班"财务管理讲习班"进行开学典礼。8 月 29 日，第三期讲习班"教育规划与管理讲习班"进行开学典礼。10 月 17 日，第四期讲习班"地区开发与项目计划讲习班"开学。1983 年后的 4 年，国际经济管理培训中心在学校又举办多期讲习班，共培训中级干部约 400 人。

## 四、函授与夜大学

1978 年复校后，学校在发展全日制普通高等教育的同时，也恢复了成人高等教育。1982 年学校开始举办函授教育，1987 年成立了北京夜大学，成人高等教育由此转入以函授教育、夜大学为主要办学形式的新的发展时期。

1980 年，国务院正式批发的《国务院批转教育部关于大力发展高等学校函授教育和夜大学的意见》（国发〔1980〕228 号）指出"发展高等教育应贯彻两条腿走路的方针"，函授教育是我国教育事业的重要组成部分，是高等学校应该对国家承担的基本任务之一。当时，中央财政金融学院刚刚恢复，没有办过函授教育，既没基础，也没经验，但学校在党的十一届三中全会和六中全会精神的鼓舞下，提高认识，统一思想，鼓起干劲，克服困难，开始积极筹办函授教育。

1982 年 3 月 6 日，财政部〔(82) 财人字第 31 号〕向教育部报告中提到，经研究认为，根据中央财政金融学院师资力量和教学条件拟同意举办函授教育，设财政、企业财务会计、金融三个专业，面向华北、西北两个大区招生。为了加强领导，保证教学任务的完成，学校设立函授部并报请教育部核复。1982 年，学校函授部首届招生，共招收 1982 级函授生 1200 多名。在北京、石家庄、太原、内蒙古等地设立了四个函授站，第一学期分别于当年 9 月 17 日至 10 月 12 日开学。

1983 年 1 月 24 日，教育部〔(83) 教成字 002 号〕《关于公布普通高等学校举办的函授部和夜大学名单的通知》，正式批准学校举办函授专科教育。4 月 11 日，财政部〔(83) 财人字第 54 号〕批复，学校成立函授部（与中央财政金融干部学校办公室合署办公）和培训中心办公室两个处级机构。4 月 21～23 日，学校在北京召开有招生任务的省（市、自治区）财政厅（局）人事教育处处长会议，研究部署有关函授招生工作事宜。经过协商，确立了领导体制，进一步落实了组织，建立了办事机构；明确了学校与联合办学主管部门的分工和职责以及函授站的工作职责；有招生任务的省（市、自治区）财政厅（局）设置了本地区函授站，经厅（局）领导确定选配了站长和办事人员。学校相继开设了石家庄、北京和太原函授站。5 月，学校建立承德、大同函授站。7 月 5 日，学校决定成立呼和浩特函授站，负责全区学员的管理工作。函授站设在内蒙古财政学校内。函授站受自治区财政厅和学校双重领导，人员编制由财政厅决定，经费独立使用（1982 年开始招生）。8 月 9～14 日，学校在北京召开第一次函授站站长工作会议。会议听取了各地函授报名招生考试情况汇报，研究讨论并确定了各地区的录取分数线；磋商了开学日期和开学的准备工作等。16日，北京函授站函授新生在学校礼堂举行开学典礼。副院长陈菊铨、中直机关管理局副局长寿照明和北京市一轻局领导出席大会并讲话。这是学校获准举办函授教育后首次招收的函授学生，在北京和河北、山西、内蒙古等省会城市所在地共招收财政专业和工业企业财务会计专业函授生1274人。9月22日，内蒙古呼和浩特函授站举行开学典礼，副院长赵秀山同志出席典礼并讲话。9月，建立了张家口函授站。

1984年3月5日，与陕西省财政厅签订了《中央财政金融学院、陕西省财政厅关于建立西安函授站的协议书》，协议自1984年3月15日起生效。4月，与中国建设银行北京分行共建北京分行函授站；同月，建立吉林通化函授站。

1985年5月2日至6月6日，中国银行委托学校举办"中国银行项目评估讲习班"，第一次采用世界银行为我国举办培训班的内容和方法进行培训。7月，首届函授生毕业典礼分别在北京、石家庄等函授站举行。有1224名函授生毕业，取得了大专毕业文凭。9月20日，与天津市财政局签订《关于建立中央财政金融学院天津市函授站的协议》。根据协议，学校在天津市建立函授站。当月，还建立了秦皇岛函授站、银川函授站。

1986年5月29日，建立中国建设银行内蒙古分行函授站。

1987年1月12日，与新疆维吾尔自治区财政厅签订协议，在新疆乌鲁木齐市建立中央财政金融学院新疆函授站（第一次在新疆地区招收财政税收专业函授生100名）。2月2日，国家教委［（87）教高三字001号］批准学院举办夜大学专科。4月，学校夜大学在北京首次招生，共招收财务会计、金融专业学生255人。6月5日，学校与河北省沧州地区税务局签订协议，在河北省沧州市筹建函授站。8月，学校函授部在新疆、银川、太原等地共招收1987级函授、夜大学学生1380人，其中函授专科1123人、夜大专科257人。

总之，复校以来，在学校党委的领导下，在全体教职员工的共同努力下，学校的成人教育事业不断发展，培养了大批专业人才，适应了改革开放对提高财经人才专业素质的要求。

## 五、有计划地进行教学管理改革

复校以后，学校临时党委始终把贯彻党的教育方针、提高教学质量作为重要工作来抓。明确了学校的中心任务，就是为社会主义现代化建设培养合格人才。通过制订教学计划、编写和更新教材，建立健全各项管理制度，改进教学方法，加强师资队伍的建设，不断改进和加强思想政治工作等一系列措施，教学质量逐步提高，使学生在德智体几方面得到了全面发展。特别是1984年以来，学校党委组织广大师生认真学习中共中央关于经济体制改革、教育体制改革和科技体制改革的三个决定以及邓小平同志关于教育要"面向现代化、面向世界、面向未来"的指示，进一步明确教育在社会主义现代化建设中的地位和作用，端正了办学指导思想，提高了广大教职员工教书育人、管理育人、服务育人的自觉性，明确了学校的中心任务就是培养"有理想、有道德、有文化、有纪律"的社会主义新的建设人才。

复校以来，在教学改革和提高教学质量方面做了大量工作。重视和加强了对学生能力的培养，倡导启发式教学，克服灌输式和填鸭式教学方法。一是采取措施压缩课时，本科生总授课时数平均压缩了15%；二是认真贯彻理论联系实际的方针，增加实践环节，恢复了中间实习制（学生入学两年后开展一次实习），有的专业课采用了现场教学，以提高学生解决实际问题的能力；三是努力采用一些现代化的教学手段；四是淘汰旧课，开设新课，更新教学内容，使学生尽量获取更多更新的知识；五是采取了多种考试方法；六是根据培养新型人才的要求，修订各专业的教改方案，并开始试行。这些措施的实施，提高了教学质量，受到学生的欢迎。在搞好教学方法和教学内容改革的同时，学校还初步进行了教学制度改革，实行学年学分制和奖学金制，同时加强了教学管理制度建设，使之更加科学化、合理化。大力开展师资培训工作，进一步完善教师工作量制度和教学情况检查制度。这些改革措施，在调动广大师生教与学积极性的同时，更为学校今后进一步进行教学改革提供了宝贵经验。

## 第五节　科学研究

开展科研工作既是提高教学质量、培养人才的需要，又是发展学术、产出科研成果的重要措施。复校以后，教师们克服住房简陋、写作条件差、资料缺乏等实际困难，在努力完成教学任务的同时，积极开展科学研究。编教材，撰写科学论文，参加全国和部门、地区的专题科学讨论会，深入基层调研，接收、整理原财院的图书、资料，开辟阅览室、资料室和文印室打印科研材料等，这些都是当时重要的科研活动，尤以教材建设为重点。例如，截至1981年，全校已完成400多项科研成果，其中有150多项在全国性报刊或全国性会议上发表。学生的科研积极性也很高，创办了《学经济》等油印小报，交流科研心得体会。1982年上学期，学院各系、教研室、研究所的教师积极承担科研任务，共提出科研项目134项，其中教材讲义36项、专著3项、论文74项、参考资料2项、译著7项、工具书9项、专题讲座2项、业务讨论1项。1982年，完成科研成果282项，超计划1倍多，同比增加55%，学报发行5期，各种学术讨论会、交流会、报告会20次，推动了学校教学发展，活跃了学术氛围。1983年，全校共提出145项科研项目，其中，教材讲义40项、专著8项、论文78项、译著4项、调查报告4项、资料汇编3项、工具书7项、讲座1项。1985年5月21日，会计系教师潘省初与清华大学副教授叶焕庭合作，共同研制了能源规划（MARKAL 模型）矩体/报告发生器（MMG/MBG 研制技术报告），该软件系统在清华大学通过了国家科委技术鉴定。

教师们在全国财经教材建设方面发挥了重要作用。1981年8月上旬，赵春新、姜维壮、叶振鹏等在北戴河参加财政学教材讨论会，林犹恭在青岛参加拟定基建财务全国通用教材大纲讨论会，沈克俭在庐山参加会计检查教材编写讨论会；8月中旬，韩璧、胡中流、郭光跃、张竹君、蔡惠卿在大连参加预算、税收全国教学大纲讨论会，董孟婉、祁永彪、姚梅炎在大连参加财经院校教材编写讨论会等。1982年3月10日，由中国人民银行总行主持，中央财政金融学院等四所财经院校参加的财经院校数学编写组在北京召开会议，审定第一批完稿教材。学校还鼓励教学科研人员走向社会、承担国家和科研机构的重点研究课题，积极参加社会上各种学术活动。到1987年7月，学校有近百名教师和科研人员参加了各种学术团体的活动，不少同志担任学术团体的领导职务。同时，教师们还积极参与学术研讨交流。如1981年8月上旬，俞天一参加中国金融学会在烟台举办的"外国中央银行学术讨论会"，对当前外国中央银行的情况进行了学术交流，霍稻全在大连参加企业管理讨论会等。学校还多次邀请外国专家来院讲学、交流，也多次派人出国进修、考察或访问，这些措施对于学校提高教学水平和科研水平起到了积极作用。

1978年复校后，学校为了突出科研工作，设立了科学研究所。借鉴兄弟院校研究所的科研事业发展经验，财经研究所向学校党委提出创办中央财政金融学院学报的建议，后经学校领导同意并向北京市报刊登记审批部门申报，1981年获得北京期刊登记证915号的正式批文，正式创办《中央财政金融学院学报》。《中央财政金融学院学报》是中央财政金融学院学术委员会主办的学术性刊物，编辑者是"中央财政金融学院学报编辑部"，出版者是"中央财政金融学院科研处"，主编是姜明远同志，发行人是陈嘉亮同志。学报编辑部事实上与财经研究所、科研处是捆在一起筹建的，是"一套人马三块牌子"。1981年《中央财政金融学院学报》试刊后，开始在国内公开发行。当时《中央财政金融学院学报》的征订、收费、发行、赠阅等经常性业务，由财经研究所承担。1984年7月，科研所调整为财政经济研究所，还建设了财经研究所资料室。从1979年开始，不定期地将本所的一些论文、译文编辑出版成《财政金融研究资料》，打造科研成果发布平台，及时为校内教师提供科研信息，频繁同兄弟院校和财经研究机构开展学术交流与内部资料交换。

学校重视科研管理工作，制定规范，实施奖励，科研逐步走上正轨。为促进学校科研工作更好地开展，鼓励和调动教师、科研人员从事科研的积极性和创造性，从1983年6月起，学校开始进行评选奖励优秀科研成果的工作。该项工作在校评审委员会领导下进行，首轮评选科研成果的范围是，凡1978年复校以来出版的专著、论文、教材、工具书、资料汇编、调查报告、译文、其他出版发行的科研成果以及因保密原因未能公开发表但具有一定学术价值的研究成果。同时，从1983年开始，对科研成果进行登记和管理，为今后评选奖励科研成果打下了一定的基础。

总之，自1978年复校后，学校认真贯彻"百花齐放，百家争鸣"的方针，进一步解放思想，活跃了学术空气，初步形成了学术争鸣的良好气氛，调动了广大教师和科研人员进行科学研究的积极性，学校科研工作取得了可喜的成绩。据统计，从1978年复校至1987年7月，学校共完成科研任务1042项，其中公开出版印刷的专著36项、教材94项、译著7项、论文790篇。复校后，创办了《中央财政金融学院学报》，公开发行了《财政金融研究资料》《教学研究资料》两个内部刊物，为教学科研人员提供信息和发表科研成果的园地。这些科研成果，为提高教学质量、解决国家现代化建设中的一些理论问题和实际问题都产生了积极的作用。

# 第六节　师资队伍建设

教师是学校办学的关键因素。中央财政金融学院复校后，师资力量奇缺，财政部、中国人民银行等主管部门及学校自身都高度重视师资问题。

## 一、复校阶段的教师队伍建设方式

1978 年，财政部发文确定中央财政金融学院的教职工编制为 700 人。但在复校的前几年，教职工人数远未达到这个规模，当然，相应的学生规模也没有达到这样大的师资需求。在师资队伍成长与发展过程中，主要通过召回原有教职工、新招录教职工以及发挥社会各界精英人士的力量等方式，共同搞好师资队伍建设，保证教育教学质量。

## 二、教师队伍发展与建设历程

1978 年 6 月 13 日，财政部［(78) 财政字第 13 号］批复：部党组于 1978 年 5 月 29 日研究确定，中央财政金融学院规模为在校学生 2000 人，干部培训 500 人，教职工编制按有关规定为 700 人（学院 628 人，干校编制 72 人），其中，工勤人员 174 人。15 日，财政部［(78) 财政字第 15 号］向国务院报送《关于中央财政金融学院从京外调人的请示报告》。30 日，余秋里副总理批示："原则同意，调往外地的教员应尽可能调回一部分，要加以选择为宜。请李副主席、登奎、方毅同志批。"李先念副主席、方毅等领导均圈阅。10 月 12 日，复校后的首届 1978 级新生开学典礼时，教职工实为 138 人。

1979 年 10 月 4 日，学校开展复校后第一次职称评定工作。第一批提升或确定副教授 5 人，提升或确定讲师 54 人。

1980 年 1 月 25 日，财政部［(80) 财政字第 2 号］核定批准，中央财政金融学院教职工编制为 744 人（不包括科研、保育人员）。

1981年上半年，学校教职工增至436人。到1981年底，经过三年的努力，教学工作已基本稳定，教学质量逐步提高，教学管理日益加强，建立了一支能很好地完成教学任务的教师队伍，制定了本科三届学生五个专业的教学计划并不断改进完善，大部分课程采用了自编或统编教材，任课教师中老教师占半数以上，他们教学经验丰富、教学效果优良。

1982年，学校教职工编制限额总数为497人，其中校本部426人（教师201人，职工225人）。1982年，根据教育部相关文件精神，学校开始试行教师工作量制度。

1983年1月14日，财政部［(83)财人字第6号］下达学校1982年人员编制限额和1983年人员编制计划。1983年人员编制计划中，教职工编制总数为424人，其中校本部353人（教师166人，职工187人）。

1984年1月12日，中央财政金融学院复校后首届职工代表大会隆重开幕。校党委副书记、院长陈菊铨向大会致祝词。6月5日，复校以来首期青年职工培训班开学。青工培训班旨在提高广大青年职工的政治思想素质和科学文化水平，做好本职工作，更好地完成自身所肩负的历史重任。7月4日，财政部［(84)财人字第99号］下达学校1984年人员编制计划。1984年学校教职工编制总数为665人，其中校本部561人（教师259人，职工302人）。

1985年3月11日，财政部［(85)财人字第20号］下达学校1985年人员编制计划。1985年学校教职工编制总数为961人，其中校本部831人（教师384人，职工447人）。此后学校教师人数逐年增长。4月25日，学校首次召开从事教育工作30年以上教工表彰大会，同时颁发1984年度教学改革和管理改革奖。表彰了于文霞等97名从事教育工作30年以上的教职工，同时向1984年在教学改革和管理中做出显著成绩的钱中涛等5名同志颁发"教学改革和管理改革奖"。该年9月10日是我国第一个教师节，学校开展活动进行热烈庆祝。

在复校后的前十年时间里，学校的教师人数增长了10倍，高级职称人数增长了34倍，教师队伍迅速成长和壮大起来。值得一提的是，在这一时期，当时许多经济研究领域的专家都在学校有过授课经历。他们给这一时期的学校带来了学术力量，也带来了对于教育的赤诚之心，正是有了以他们为代表的献身中国教育事业的人们，学校复校后的教育工作才更有精气神，也引起社会更多的关注。即使由于校舍问题难以解决，物质生活条件困苦艰难，但是这些困难无法阻挡学界精英献身教育的热情，无法阻挡有志青年报考中央财政金融学院的决心。学校积蓄自身的发展力量，前行在社会主义财经类大学新模式的探究之路上。

# 第七节　学校领导与内部组织机构

复校后，学校逐步理顺管理体制，加强组织机构建设。复校伊始，上级主管部门即任命了中央财政金融学院临时党委书记，随后成立临时党委，后成立正式党委，领导学校开展各项工作。学校党委由书记1名，副书记若干名，委员若干名组成。上级主管部门还委派院长、副院长主持学校行政工作。同时，学校还成立了学术委员会，负责学术事务。

## 一、领导任职基本情况

1978年6月6日，国务院〔(78) 国政字第22号〕批复：同意戎子和同志兼任中央财政金融学院院长（时任财政部顾问）。11月30日，中央〔(78) 干通字第1058号〕任命戎子和为中央财政金融学院临时党委书记。12月4日，学校召开全体党员大会，宣布临时党委成立。教务处党总支和各处、系、室党支部也相继成立。12月8日，戎子和主持召开复校后第一次院务会议，讨论研究了扩大招生、房子、落实政策、清理档案等问题。

1979年1月2日，中共北京市委（京发〔1979〕16号）通知，市委决定成立中央财政金融学院临时党委，党委成员由6名同志组成，除中央已批准戎子和同志任党委书记外，姜明远、张焕彩、李光耀、高文明、黄岭松5名同志为党委委员。2月6日，财政部政治部通知，根据市委教育工作部电话通知，同意赵秀山同志任中央财政金融学院临时党委副书记。6月11日，财政部〔(79) 财政字第13号〕批复：经1979年6月5日部党组会议讨论决定，批准任命姜明远同志兼任中央财政金融干部学校校长。29日，财政部政治部书面通知：经部党组决定、中共北京市委同意，增补姜明远同志为中央财政金融学院临时党委副书记。

1980 年 1 月 5 日，学校决定建立中央财政金融学院学术委员会筹委会，主任委员：姜明远，副主任委员：张焕彩、李光耀，委员：崔敬伯、崔书香、李宝光、刘光第、孙昌湘、张玉文。6 月 7 日，财政部党组讨论决定，在戎子和同志病休期间，学校工作由财政部副部长陈如龙同志主持。

1981 年 3 月 30 日，陈如龙参加学校党委会并宣布：经部党组决定，赵秀山同志调离学校，学校工作由姜明远同志负责。6 月 3 日，北京市委教育工作部［(81) 文教字第 66 号］批复：同意增补陈菊铨、张序九为学校临时党委委员。8 日，财政部［(81) 财人字第 66 号］批复：经商得北京市委同意，部党组决定，任命陈菊铨同志为中央财政金融学院党委副书记兼副院长。11 月 19 日，经院务会讨论决定，正式成立中央财政金融学院学术委员会，并报财政部备案，主任委员：姜明远，副主任委员：张焕彩，委员：崔敬伯、李宝光、崔书香、刘光第、张玉文、孙昌湘、赵春新、王延辅、姜维壮、祁永彪、鲍学曾。

1982 年 6 月 9 日，财政部［(82) 财人字第 85 号］批复，同意学校学位评定委员会（第一届）由 13 人组成，主席：姜明远，副主席：陈菊铨，委员：孔中、王廷辅、刘光第、刘宗时、祁永彪、张玉文、陈嘉亮、赵春新、姜维壮、郝国华、黄岭松。9 月 28 日，财政部副部长陈如龙、人事教育司副司长杨春一、处长香德才参加学校处级领导干部会。会上，陈如龙同志传达了是年 8 月 31 日财政部［(82) 财人字第 130 号］文件："经部党组研究，同意姜明远同志不再担任财院党委副书记、委员、副院长以及中央财政金融干部学校校长职务，调部另行安排。" 31 日，财政部副部长陈如龙、顾问姚进、杨春一、香德才以及赵秀山同志参加学校处级领导干部会。会上，陈如龙同志传达了财政部 8 月 28 日《关于调赵秀山同志回你院工作的通知》［(82) 财人字第 131 号］和《关于姚进顾问到你院指导工作的通知》［(82) 财人字第 132 号］，宣布："经部党组研究决定，调赵秀山同志回财院工作，任党委副书记、副院长职务。在戎子和同志不在学校期间，由赵秀山同志负责主持学院的全面工作。""为加强学院的各项建设工作，经部党组研究，决定派顾问姚进同志到学院帮助赵秀山同志抓紧健全院级领导班子的工作。"

1983 年 1 月 5 日，财政部［(83) 财人字第 3 号］批复：经部党组研究，并商得北京市委大学工作部同意，提任刘宗时、赵春新同志为副院长、临时党委委员；李国青同志为副院长；徐忠廉同志为临时党委委员。8 月 22 日，国务院〔(83) 国任字 186 号〕通知财政部：国务院 1983 年 8 月 17 日任命陈菊铨为中央财政金融学院院长。

1984 年 1 月 16 日，财政部〔(84) 财人字第 3 号〕批复《关于组建中央财政管理干部学院的实施方案的请示报告》〔(83) 财院字第 051 号〕：中央财政管理干部学院党委书记、院长由中央财政金融学院的书记、院长分别兼任。并同意另配专职的副书记、副院长各一人。2 月 27 日，财政部〔(84) 财人字第 21 号〕通知，经部党组讨论决定，任命张光三同志为中央财政金融学院临时党委副书记（列陈菊铨后）。4 月 18 日，财政部〔(84) 财人字第 61 号〕批复，经部党组讨论决定，王庚舜同志兼任中央财政金融学院副院长。19 日，财政部〔(84) 财人字第 62 号〕通知，经部党组讨论决定，陈菊铨同志（中央财政金融学院院长）兼任中央财政管理干部学院院长，王庚舜同志任中央财政管理干部学院副院长。

1985 年 11 月 16 日，财政部〔(85) 财教字第 20 号〕通知，经商得北京市委同意，部党组讨论决定，陈菊铨同志任中央财政金融学院党委书记，免去其中央财政金融学院院长兼中央财政管理干部学院院长职务。16 日，财政部〔(85) 财教字第 21 号〕通知，经商得北京市委同意，部党组讨论决定，对学校领导班子调整如下：王庚舜同志任党委副书记，免去其中央财政管理干部学院副院长兼中央财政金融学院副院长职务；钱中涛同志任副院长兼中央财政管理干部学院副院长；赵春新同志留任副院长兼中央财政管理干部学院副院长；王柯敬同志任副院长兼中央财政管理干部学院副院长；景致同志任副院长兼中央财政管理干部学院副院长。因年龄关系，张光三同志不再继续担任学院副书记职务，刘宗时、李国青 2 位同志不再继续担任学院副院长职务。12 月 21 日，财政部〔(85) 财教字第 42 号〕通知：经部党组讨论决定，增补钱中涛同志为中央财政金融学院临时党委委员。

1987 年 7 月 13 日，财政部〔(87) 财人字第 42 号〕批复：经商得北京市委同意，部党组于 1987 年 7 月批准，任命姜永贤同志为学院副院长。7 月 13~14 日，中央财政金融学院第四次暨复校后第一次党员代表大会召开。会议听取并审议了中共中央财政金融学院临时委员会和纪律检查筹备组的工作报告，选举产生了中共中央财政金融学院委员会和纪律检查委员会。党委委员由23人组成；党委常委有刘志华、王庚舜、李玉书、钱中涛、王柯敬、景致、王万有；刘志华任党委书记，王庚舜、李玉书任党委副书记。纪律检查委员会由7人组成，王庚舜任书记。财政部党组成员陈如龙到会祝贺。8月8日，财政部〔（党字）第12号〕批复，经商得北京市委同意，同意学校选举结果。

## 二、学校内部组织机构设置

组织结构健全是学校取得良好办学质量的前提和基础。教学科研部门是具体承担人才培养与科学研究的机构，各处室职能部门是为教学科研服务的管理机构，其他校内团体组织是助力教育教学活动的必要助手。建立健全学校内部组织机构是中央财政金融学院复校初始阶段的重要任务之一。

### （一）教学科研与管理组织机构变化发展

1978年5月25日，中央财政金融学院向财政部报送《中央财政金融学院组织机构人员编制（草案）》〔（78）财院字第2号〕。其中，机构设置：党委系统设有党委办公室、组织部、宣传部、武装部、团委、工会6个部门，人员编制30人；行政系统设有院长办公室、人事处、教务处、行政处、基建处、联络处、图书馆7个部门，编制273人；教学系统设有政治理论教研室、基础课教研室、财政系、金融系、会计统计系、研究所6个单位，编制325人。全校共设置19个单位部门，编制人数628人。中央财政金融干部学校教职工编制72人，其中干部和教师48人，工勤人员24人。

1979年5月5日，中央财政金融学院临时党委通知：经1979年5月3日党委会批准，自即日起建立学校共青团临时委员会。6月11日，财政部〔（79）财政字第13号〕批复：经1979年6月5日部党组会议讨论决定，同意学校机构作如下调整：党委办公室、院长办公室合署办公，一套人马，两块牌子；科学研究所、科学研究处合署办公，一套人马，两块牌子；基建处并入行政处，对外保留基建处的名义；联络处撤销；增设计划统计教研室，为院直属处级单位；原普通课教研室改为文化基础课教研室，为院直属处级单位；图书馆由科级单位改为院直属处级单位。

1980年9月，在财政部直属院校图书馆馆长会议上，学校图书馆被确定为"财政部院校财经文献中心"。

1982年8月14日，国务院［国发（1982）113号］同意并转发了7月30日国务院经济研究中心给国务院的报告，将学校列为该中心的一个参加单位。

1984年1月9日，学校正式成立电教科，开始实施电化教学。1月14日，学校召开首届工会会员代表大会。经过民主选举，正式建立了中央财政金融学院工会委员会。工会全委会上研究决定设组织、宣传、财务、福利、文体、女工6个部门和1个办公室。7月5日，财政部［（84）财人字第100号］批复学校，教学、科研机构设置：财政系、基建经济系、金融系、会计系、经济管理系、经济信息系、马列主义教研室、基础课教学部、经济管理培训中心、财政经济研究所、图书馆；行政管理机构设置：院办公室、人事处、教务处、科研处、总务处、基建处、财务处、外事处、保卫处；党委办事机构设置：党委办公室、组织部、宣传部、统战部、青年工作部、武装部。武装部和保卫处实行两块牌子，一套班子；青年工作部与团委合署办公，统战部与党委办公室合署办公。其中，基建经济系、经济管理系、青年工作部、统战部、外事处、保卫处为新增机构，原经济管理公共课教学部撤销。1984年9月，学校教务处成立高教研究室。高教研究室的主要职责是制订本科教学计划、开展教学检查，并开展相关教育研究工作。高教研究室的成立，为开展院校研究和发展规划制定奠定了组织基础，成为学校发展的重要推动力量。12月4日，学校研究生会正式成立。

1985年3月30日，学校党委、院长联合办公会议讨论确定系里专职党政干部设置为：每个系设1个行政副主任、1个总支副书记、1个团总支书记，每百名学生设1个辅导员（党总支副书记、团总支书记可兼任辅导员），此外设1个教务干事、1个行政干事，有专职副主任就不必设办公室主任，副主任双肩挑的，今后要逐步走向专职。基础部设1个秘书兼教务干事；政教设1个秘书兼行政干事；科研所设1个秘书。教务干事兼秘书可为科员或科级干部，团总支书记在任职期内当科级干部使用，行政干事可为科员或办事员。

1986年1月17日，财政部［（86）财教字第5号］批复，同意学校增设保险系、税务系、研究生处、老干部处4个处级机构，同时筹建经济信息系。2月24日，校党委印发（86）财院党组字第4号通知：为了适应形势发展的需要，进一步加强学校学生的思想政治工作和管理工作，经党委研究决定，撤销党委青年工作部，成立学生工作部。3月14日，学校税务系召开成立大会，国家税务总局副局长牛立成、北京市税务局局长左善及财政部、税务学会和学校领导参加了大会。5月16日，学校与中国人民保险总公司就办好保险系、发展保险教育事业签订协议书。根据协议，保险系要在教学改革中不断提高教学质量，努力培养合格的保险专业人才；中国人民保险总公司将在各方面给予保险系充分的协助和支持。6月4日，财政部〔(86)财教字第66号〕批复，同意成立电化教学部，为处级单位，并从即日起启用新印章。原电教科撤销，人员、设备全部划归电化教学部。10月22日，财政部教育司〔(86)财教司字第111号〕决定在学校建立"财政部院校图书资料中心"，其主要职责是协助财政部教育司开展部属院校的图书资料建设工作；促进部属院校图书馆之间的协作；作为部属院校对外联系的窗口，负责同中国图书进出口公司等国内外出版界、书商的联系，承担有关图书的展览、订购等业务。中心暂设在学校图书馆。

1987年3月28日，财政部教育司〔(87)财教司字第31号〕通知，为了加强对"财政部院校图书资料中心"的领导，发挥其职能作用，决定成立"财政部院校图书资料中心"工作委员会。其组成人员为：财政部教育司司长杨春一任主任委员，副院长王柯敬任副主任委员，委员由5所院校图书馆馆长（副馆长）5人组成，图书馆副馆长张学任委员兼秘书长，顾问由中南财大原图书馆馆长沈平担任。中心的具体工作暂由学校承担。

**（二）依托学校的其他学术组织建设与发展**

1979年11月26日，张玉文参加中国人民银行分行行长会议，讨论恢复国内保险业务问题，中国保险学会同时成立，张玉文当选为理事。12月，戎子和、姜明远、张焕彩、李光耀等分别主持和参加了"中国金融学会""中国珠算学会"的成立大会和"中国财政史编写会"。在中国金融学会成立大会上，戎子和当选为顾问，张焕彩当选为理事；在中国珠算学会成立大会上，姜明远当选为会长。

1980年1月6日，"中国财政学会""中国会计学会"正式成立，戎子和当选为"中国财政学会"会长，姜明远当选为常务理事；张焕彩当选为"中国会计学会"第一届理事会副会长，孔中当选为理事兼副秘书长。

1985年2月5日，财政部〔(85)财人字第9号〕《关于确定珠算协会代管单位的通知》确定：由中国科协领导，挂靠在财政部的中国珠算协会的办事机构，5 年来都是由学院代财政部管理，今后仍维持不变。并确定了珠算协会的编制，珠协处级以下干部由学校审批，处级以上（含处级）干部由学校提出建议报财政部审批。

### 三、积极开展行政管理改革

中央财政金融学院复校以来，注重管理水平的提升，制订了一系列管理改革的方案、意见和办法，积极进行管理制度方面的各项改革，取得了一定的效果和经验。学校先后制定了关于实行系主任负责制、人员定编、基金管理等 10 项改革措施，并根据学校情况加以贯彻执行。在进行管理改革过程中，学校进一步明确和划分了各部门的职责范围和各级各类人员的岗位责任，注重制度建设，管理水平和工作效率有了一定的提高。在后勤服务部门，首先对食堂、招待所、印刷厂进行了以经济承包为主要内容的改革试点。这些单位经过改革，服务态度、服务质量和工作效率有所改进。尤为重要的是，这些单位的试点改革为学校进一步进行管理改革积累了经验。

# 第八节　对外交流与合作

复校后，学校在教育教学逐渐步入正轨的同时，注重加强国际交流与合作。通过引进外教加强师资力量，通过举办讲习班、外派留学生等加强人才培养，邀请国外著名专家学者前来讲学、讲座、作报告，国内外相关机构之间也经常开展访问及其他交流与合作事宜。

### 一、师资交流

1982 年 8 月 17 日，财政部［(82) 财人字第 143 号］批复，同意聘请美籍人士克莱顿·爱德华·杜布任英语教师，9 月 22 日，与其签订了半年的工作合同。这是学校复校后首次聘任外教。

1985 年 6 月 26 日，财政部［(85) 财人字第 61 号］批准学校聘请 5 名外籍文教专家任教，其中 4 人任英语教师，聘期 1 年；1 人任财经英语教师，聘期 6 个月。

根据我国政府与联合国开发计划署达成的关于"加强中国在经济管理方面的培训能力"的项目文件，经世界银行经济发展学院专家考核、学校研究，同意肖琛、李胜赴美进修，进修时间至 1988 年底。1987 年 9 月 2 日，经财政部［(87) 财教字第 75 号］批准，并按照与日方朝日新和会计社、三合·等松青木监查法人、太田昭和监查法人等机构的协议约定，会计系教师桑振宇、基础部教师蔡彩时以及研究生李玉环、王季明赴日实习会计业务一年。

## 二、报告与讲学

1984 年 2 月 21~22 日，世界银行负责经济与研究事务副行长安妮·克鲁格一行三人在北京国际俱乐部就"一九八三年世界发展报告"进行了两天讲座，学院金融系和科研处的有关同志参加了听讲。8 月，聘请的四位外国文教专家里马·芬奇、奈杰尔·萨顿、丹尼斯·萨顿和道格拉斯·希金斯分别到职，四位专家来学校讲授西方经济学、西方银行业务、英语精读、写作、会话、听力等课程。10 月 19 日，学院副院长刘宗时会见了来校作学术报告的荷兰埃因霍温技术大学教授索宁博士。科研所、金融系、财政系部分教工及研究生班全体学员参加了报告会。

1985 年 4 月 1 日，世界银行经济发展学院苏曼·贝里先生和夫人及先期到京的高级讲师温英翰先生，为了落实在北京举办的国民经济管理讲习班教学事宜，到京会晤财政部、国家经委和学院有关领导。副院长赵春新与他们进行了工作会谈。4 月 20 日，英国伦敦劳合社代表团来华访问。劳合社理事穆瑞先生为学院保险专业全体本科生、研究生和教师共 150 余人作报告。劳合社主席米勒先生率代表团全体正式成员出席报告会。11 月 8 日，经外交学会安排，比利时知名人士访华团团员、前财政总监、布鲁塞尔大学教授柯内士先生来学校讲学，介绍了比利时财政、预算的管理体制。

## 三、国际交流与合作

1982 年 9 月 24 日，世界银行经济发展学院高级经济专家杨叔进和亚洲地区协调人布鲁斯来学校参观，副院长陈菊铨同志会见了来宾并介绍了学校的历史和现况。

1985 年 9 月 28 日至 10 月 15 日，院长陈菊铨率领的"中央财政金融学院赴世界银行经济发展学院考察团"一行 4 人赴美对世界银行经济发展学院进行了访问。这次访问，除了对双方培训合作项目发展计划进行讨论外，还顺访了 5 所美国著名学府，会见了 20 多位知名学者以及诺贝尔奖获得者、耶鲁大学经济系托奔教授，共同探讨了学术交流事宜，为今后教师进修、校际交流开辟了新途径。10 月 19 日，世界银行经济发展学院院长威洛比先生和夫人来学校参观，陈菊铨、赵春新会见了来访客人。双方回顾了 3 年来的成功合作，并就今后的合作方式交换了意见。10 月 23 日，由世界银行出版局、财政部教育司、中国财政经济教育出版社联合举办、学校承办的世界银行图书展览在民族宫举行开幕式。院长陈菊铨，副院长刘宗时、赵春新出席了开幕式。12 月 11 日，世界银行经济发展学院副院长德·鲁西格南先生和中国项目协调人杨叔进先生在来华进行项目评估期间，到学校与陈菊铨、钱中涛、赵春新等领导会谈。双方就陈菊铨访问世界银行经济发展学院的成果、学校派遣出国进修人员的情况、培训同声翻译人员情况等交换了意见。

1986 年 1 月 18 日，世界银行语言服务处专家海伦女士、弗兰斯先生来学校主持为世界银行培训项目挑选学校和上海财经学院同声翻译培训人员的考试和录取工作。2 月 19 日，学校被录取的 4 名同声翻译培训人员唐跃华、伊松、纪虹、高文君赴美国华盛顿世界银行语言服务处接受英语同声翻译培训。7 月 3 日，赵春新、王柯敬会见了日本国三合·等松青木监查法人国际部长江越真、驻京办事处代表近藤义雄。双方就派遣研究生赴日实习事宜达成一致意见。7 月 11 日，世界银行项目评估局萨都卫先生来学校，同赵春新就"经济管理培训项目"执行情况进行了会谈。12 日，世界银行经济发展学院副院长德鲁西格南及部分评估团成员来学校访问。8 月 13 日，加拿大渥太华大学校长迪奥里奥先生和该校外事办主任海诺尔先生来学校访问。11 月 1~15 日，王柯敬率团访日，与日本朝日新和会计社签署派遣研究生赴日实习协议。4 日，学校研究所研究人员冯予蜀同志应邀前往美国东西方研究中心参加有关"关税及贸易总协定"学术合作研究。7 日，学校代表与日本国三合·等松青木监查法人代表通过友好会谈达成关于日方接纳中方派遣研修生事宜，并于 11 月 21 日签署了《关于派遣和接纳会计研修生的备忘录》。备忘录包括 5 个要项，主要包括：自 1987 年开始日方连续 3 期接纳我方派出的研修生或青年教师，每期期限一年，人数为2人；派出的研修生事先必须与日方的代表接触，并接受面试取得日方的认可；日方对研修生在日旅费及停留期间的住宿费和日常生活费可全部负担，但赴日旅费需由我方负担等。

1987年2月26日，加拿大肯考地亚大学副校长怀特先生一行4人来学校访问。钱中涛会见了他们，并就学术交流合作问题进行了详细讨论。这是对1986年10月17日钱中涛访问肯考地亚大学的回访。7月14日，与美国蒙特雷国际关系学院本着建立友好关系、促进双边合作的愿望，达成聘请英语教师协议，并于当日签订《蒙特雷国际关系学院与中央财政金融学院协议》。根据协议，蒙特雷国际关系学院派出4名英语教师组成的外国专家小组并提供给该小组每位成员从美国到学校的旅费，保证派出教师尽最大努力完成教学任务，提供1名常驻北京的主任，负责两院及专家小组的联络；学校负责提供每位教师住宿并支付相应的月薪等。

# 第九节　学校党的建设与思想政治工作

党的建设在学校发展与人才培养中具有方向性作用。针对当时出现的思想混乱、派性严重、队伍涣散的现实，学校临时党委在中共财政部党组和北京市委的领导下，端正思想和政治路线，落实知识分子政策，努力调动教职工的积极性。

## 一、恢复党政机构，调整领导班子

在思想领域进行拨乱反正的同时，学校党政机构先后多次进行恢复、调整。中央财政金融学院临时党委于1978年建立。从建立到1987年7月召开第一次党代会期间，主要开展了如下工作：学习和贯彻十一届三中全会以来的路线、方针、政策，拨乱反正，平反冤假错案，实现了工作重点的转移，初步进行了管理改革和教学制度、教学内容、教学方法的改革，提高了教学质量和管理水平，加强了思想政治工作，进行了整党，加强了党的思想建设和组织建设，党的组织更加坚强，为开创学校工作的新局面打下了基础。

## 二、平反冤假错案，落实党的政策

1977 年 8 月，邓小平同志召开科学和教育工作座谈会，并作了《关于科学和教育工作的几点意见》的讲话，充分肯定了我国知识分子的地位和作用，还特别提出了调动教育工作者积极性和尊师重教的问题。1978 年 3 月，在全国科学大会开幕式上的讲话中，邓小平同志又明确提出知识分子的"绝大多数是工人阶级和劳动人民自己的知识分子"，是"工人阶级自己的一部分"，"要在短短的二十多年中实现四个现代化，大力发展我们的生产力，当然就不能不大力发展科学研究事业，大力发扬科学技术工作者和教育工作者的革命积极性"。之后的中共十一届三中全会确立的思想、政治和组织路线，对落实知识分子政策更具有明确的指导意义。

复校以后，按照中央有关指示精神和北京市委的部署，学院临时党委克服种种困难，边复校建校，边落实党的各项政策，调动广大干部和知识分子的积极性。学校党委平反了"文化大革命"造成的大量冤假错案，对于在"文革"中受到不同形式的迫害和冲击的 100 多名干部、教师、职工和学生，按不同情况分别作了平反。对在"文革"中被抄家（外单位抄的）现在学校工作的教职工，学校党委会同有关单位，经过核实查找，大多已按照党的政策得到较为妥善的解决。对"文革"前的历史旧案也实事求是地进行了复查。在落实知识分子政策方面，批判了"两个估计"，清除"左"的思想影响，在党内外进行了知识分子政策的再教育，进一步明确了知识分子是工人阶级的一部分，是办好学校的依靠力量。逐步树立了尊重知识、尊重人才的风气，广大知识分子的积极性得到了发挥。随着国家形势的好转和学校工作的进展，知识分子生活条件和工作条件也逐步得到改善。在落实统战政策上做了不少工作，在党内进行了统战政策的再教育，帮助统战对象解决了一些实际困难。学校台属大部分恢复了与在台亲属的通讯联系，有的回大陆探亲访友，为祖国统一做贡献。

## 三、加强思想建设，重建各级组织

1978 年复校以来，学校党的思想建设和组织建设不断加强。在党的思想建设方面，学校党委以党的十一届三中全会以来中央一系列文件、决议以及中央领导同志重要讲话作为统一思想的重要武器，组织全体党员干部特别是中层以上党员干部认真学习，不断增强对党中央的信任、拥护与热爱，提高了全校广大党员特别是党员干部在思想上、政治上自觉和党中央保持一致，也保证了学校党组织团结一致，保证了党的路线、方针、政策的贯彻执行。在党的组织建设方面，复校后着手重建各级党的组织，到1987年7月召开第一次党代会时，共建成5个党总支、33个党支部。1982年、1984年、1987年进行了三次基层支部的改选，同时结合支部改选进行了整顿，多数党支部都有明显进步。复校后，根据工作需要，学校提拔和调配了98名系、处级干部，进一步证明了这些干部大多数是朝气蓬勃、奋发向上的。在党的发展工作方面也有了新进展。1978年复校至1987年7月，共发展新党员259名，优秀知识分子入党难的问题得到解决，学生中党员比例太少的问题，开始引起重视。至1987年学校召开第一次党代会时，全校共有党员527名，其中教职工382名、学生145名。

1987年7月13日，中共中央财政金融学院委员会复校后第一次代表大会隆重召开，大会的主要任务是总结复校以来学校的党建工作，确定下一届党代会期间的任务，选举新的院党委会和纪律检查委员会。101名代表参加会议，共同总结学校复校九年来的工作，共商今后发展大计。在会上，陈菊铨同志代表临时党委作了工作报告。报告回顾了学校复校以来教学和行政管理工作、师生员工的思想政治工作、党的思想建设和组织建设等方面的工作。大会指明了学校此后三年的基本任务：在党的十一届三中全会精神的指引下，进一步贯彻党的教育方针和中央关于教育体制改革的决定，坚持四项基本原则，加速教育改革，提高教学质量，加强党的建设，开展社会主义精神文明建设，改善思想政治工作，为把我校办成全国重点财经院校打下基础。校纪律检查筹备组做了书面报告。大会选举产生了新一届校党委和纪律检查委员会，通过了原则批准临时党委工作报告和纪律检查筹备组工作报告的决议。大会的召开，对加强和改进学校党的工作、深化改革、实现我校发展战略目标都具有重要的意义。

## 四、改进师生思政，倡导教书育人

思想政治教育是人才培养不可或缺的重要环节。复校以来，师生员工思想政治工作逐步得到改进。学生除了坚持上好马列主义理论课外，还进行了形势与政策教育，开设了共产主义思想品德课。为了加强学生思想政治工作，成立了学生工作部，坚持配备专职辅导员和兼职班主任制度。坚持开展"创三好"和社会实践等活动。从1985年开始，坚持一年级学生入学后到部队的学军活动，开展了"大学生形象"讨论，开展与学生家庭联系的工作，使学生的思想政治工作活泼多样。复校以来，共表扬"三好标兵"68人次，"三好学生"193人次，优秀学生干部219人次，先进班集体8个，学生中入党积极分子达到407人。学校注意加强教职工的思想政治工作，在不断提高教师的思想政治水平和业务工作能力的同时，着重抓了大力推动教书育人、管理育人和服务育人活动。不但加强了学生的思想政治工作，还有利于教师、干部、职工全面理解、把握党的教育方针，提高为人师表的自觉性。学校还注重表扬先进，树立榜样，1985～1987年，共计表扬校级先进工作者86人次，校级教书育人先进工作者26人次。

### 五、重视社团建设，开展多彩活动

社团建设在人才培养中也具有重要作用。复校后，中央财政金融学院非常重视各类社团建设。1980年，学校召开共青团中央财政金融学院第一次代表大会；1983年9月22日，共青团中央财政金融学院又隆重召开第二次代表大会。

1981年，中央财政金融学院第一届学生代表大会召开；1983年10月27日，中央财政金融学院第二届学生代表大会召开。1983年8月17～24日，中华全国学联第二十次代表大会在北京举行，来自全国29个省（市、自治区）的665名代表参加了会议。大会选举产生了新的学联机构，学校当选为全国学联第二十届委员会委员单位，这是学校学生生活中的一件大喜事。

1984年12月4日，中央财政金融学院研究生会成立，标志着学校研究生事业的发展，其主要任务是贯彻"自我教育、自我管理和自我服务"的精神，开展各项适合研究生特点的活动。1985年5月23日，在原学生会《学经济》编辑部的基础上，学校第一个综合性大型学生学术团体——经济研究会正式宣告成立。经济研究会通过举办多项活动增强学生的学术交流、研讨，活跃学生学术氛围。12月27日，学校第三届团员代表大会和学生代表大会闭幕。大会听取和审议了第二届团委会、学生委员会工作报告，选举产生了第三届团委会、学生委员会委员。

1986年10月25日，中央财政金融学院社团联合会正式成立。1987年5月，学校团委组织举办了复校后首届文化节，文化节内容有座谈会、文化沙龙、围棋游艺赛、书画展、篮球赛、录像招待会、历史知识竞赛、文艺汇演等，中央电视台在《午间新闻》中作了详细报道。

# 第十节　学校受表彰与获奖及其他重要事件

复校后，学校在恢复和重新起步阶段，教学科研及其他各项活动迅速开展起来。通过师生的共同努力，各方面都取得了很好的成绩。在人才培养、教材建设、科学研究、师资队伍、文化体育等方面都获得了一些奖励。

## 一、主要受表彰与获奖情况

1980年11月，在北京市召开的大专院校思想政治工作会议上，财政系张庆兰被评为先进辅导员。会计系1979级学生崔立中被评为北京市三好学生，并出席了北京市"创三好"表彰大会。财政1979级被评为北京市"先进集体"。

1982年3月28日，机要通讯员张治源被北京市人民政府授予"1981年度北京市劳动模范"称号。8月，学校女子桥牌队队员和兄弟院校的2名队员代表北京市高校参加了北京市第六届运动会，荣获桥牌亚军。当年，金融系1979级王广谦同学被评为"北京市三好学生"；财政系基建财务与信用1980班被评为"北京市先进集体"。

1983年6月，学校被评为1982年北京市高校"丙级组"体育先进单位。

1984年4月2日，姜维壮、潘启华、顾有章被评为北京市教育系统1983年度先进工作者。

1986年2月，财经研究所青年研究人员冯予蜀获美国东西方研究中心助理研究员奖。9月，文化基础公共课教学部张铁钢同志被中共北京市委教育工作部、北京市高等教育局、北京市教育工会评为北京市高教系统1986年教书育人、服务育人先进工作者。

1987年9月，学生男、女排球队参加了1987年北京市高校排球联赛乙组比赛，分获第二名（男）、第一名（女），并获"精神文明队"称号，双双晋升为北京市高校排球甲级队。10月23日，国务院农村发展研究中心举办1987年暑期委托调查获奖优秀成果表彰大会。1986级研究生谢卫、王国华、计金标、睦龙4位同学的调查报告《沿海发达地区信用社体制改革的目标》获1987年暑期农村改革与发展专题委托调查二等奖。11月，刘光第的论文《计划经济的货币化是我国经济体制改革主线》、俞天一的论文《关于中央银行如何管理货币和信用的意见》、陈嘉亮的论文《我国财政分配与工农商品交换比值剪刀差关系初探》、李天民的教材《管理会计学》、魏振雄的专著《中国记账方法》荣获北京市哲学社会科学和政策研究优秀成果二等奖。11月，闫庚尧的教材《机关应用文》（档案出版社1985年出版）获北京市高等学校哲学社会科学中青年优秀成果奖。

## 二、1978~1987年期间其他重要事件

1981年6月12日，《中央财政金融学院学报》试刊第1期。1982年1月9日，《中央财政金融学院学报》正式发刊。院报是在校党委直接领导下，面向全校宣传学校思想政治工作的进展和经验，报道学校教学、科研活动的经验和成果，反映师生员工学习、工作、生活的新面貌，以期在今后的工作中起到宣传、激励、鼓舞、推动的作用。

1983年9月16日，财政部同意将《中央财政金融学院学报》改为双月刊。

1984年10月1日庆祝中华人民共和国成立35周年，上午学生参加天安门游行，晚上200多名师生在天安门广场国庆联欢晚会第十小区，与兄弟院校的师生和人民解放军干部、战士一起载歌载舞，在欢快的集体舞和精彩的文艺节目中，度过了愉快的国庆之夜。礼花开放在国庆的夜空，振兴中华的豪情洋溢在青年师生的心中。

1985年7月，学校第一部电视专题片《中财院在前进》问世。12月17日，在学校礼堂召开"授予杨叔进博士名誉教授称号大会"，党委书记陈菊铨向杨叔进博士颁发了名誉教授证书，杨叔进博士致答谢词并作了学术报告。学

校师生1050人参加了大会。这是学校第一次授予名誉教授称号。当年，《中央财政金融学院学报》开始对外发行。

1986年4月19日，学校制发《中央财政金融学院总体规划设计》及《中央财政金融学院发展战略与十年发展规划研究提要》。5月10日，学校第四届运动会暨复校后第一届运动会胜利召开。

1987年2月，学校参加了北京市经济体制改革委员会和北京市青年经济研究会组织的"中国社会主义经济机制研究"课题的研究，该课题列入国家"七五"社会科学重点研究项目。

回顾学校从1978年复校到1988年北京卷烟厂搬走的10年办学历程，我们可以看到，尽管当时学校的办学条件异常艰苦，老师很艰苦，学生很艰苦，领导压力也很大，但全校干部和教职工在党中央、国家部委和北京市及学校各级领导的指导和支持下，面对困难，一直保持积极乐观的态度，自强不息，艰苦奋斗，历经坎坷却从不气馁，困难虽多仍斗志昂扬，在艰苦的办学环境中锐意创新，培养了一大批国家经济建设急需的财经人才，开创了学校事业发展的新局面。

# 第二章 建设全国一流财经院校
## （1988～1995 年）

1987 年 12 月底，随着北京卷烟厂卷烟车间搬走，烟厂厂区已全部退还学校。经过与北京卷烟厂长达近 10 年的沟通协商，中央财政金融学院基本解决了与北京卷烟厂的校舍纠纷，学校终于可以安下心来一心一意办学，全力为国家经济建设和社会发展培养财经管理领域急需的精英人才。回顾学校办学历史，可以说 1988 年是一个关键转折点，尽管当时办学条件还异常艰苦，但由于没有外部干扰，学校终于可以全盘考虑教育发展，全面规划校园建设，学校办学由此真正步入正轨。在这一发展阶段，学校将建设全国一流财经院校确定为主要奋斗目标，全校上下齐心协力、艰苦奋斗、积极进取，各项办学工作日益规范和完善，人才培养、科学研究、社会服务和国际交流等方面的工作不断取得新进展、新成绩，办学水平和办学实力稳步提高，社会影响力不断扩大。

## 第一节 紧密结合财经办学特色确立学校办学目标

学校的健康、快速发展离不开明确的办学目标的正确指引。回顾学校的办学历史，在不同发展阶段，学校决策者能够在上级主管部门的正确领导下，解放思想，审时度势，把握机遇，开拓创新，找准办学定位，制定符合学校实际的发展目标，指引学校稳步发展。

## 一、学校发展的背景

在学校这一发展阶段，国际局势发生了重大变化，东欧剧变、苏联解体。1989 年春夏之交，我国也发生了政治风波。学校在全院开展了坚持社会主义道路的教育。按照党中央"两手抓，两手都要硬"的指示精神，加强师生的政治思想工作，开展了多种形式的教育活动，坚持了正确的舆论导向，特别是通过党员评议，加强了对党员的党性教育，增强全体党员的政治责任感，坚定走社会主义道路的信心，提高执行党的基本路线的自觉性，使广大党员和师生员工进一步认识到党中央领导的正确性。在取得共识的基础上，学校党委要求全院师生员工齐心协力，自觉维护安定团结的政治局面，与此同时，学校还结合实际，加强社会治安的综合治理，开展校园精神文明建设，营造了良好的育人环境。1992 年 1 月 18 日至 2 月 21 日，我国改革开放的总设计师邓小平同志在武昌、深圳、珠海、上海等地发表了重要讲话。邓小平同志指出，"改革开放的判断标准主要看是否有利于发展社会主义社会的生产力，是否有利于增强社会主义国家的综合国力，是否有利于提高人民的生活水平""计划和市场不是社会主义和资本主义的本质区别"，等等。邓小平同志的"南方谈话"科学地总结了党的十一届三中全会以来改革开放和现代化建设的基本实践和基本经验，进一步阐明了改革开放的重大意义，阐述了建立社会主义市场经济理论的基本原则，从理论上深刻回答了长期困扰和束缚人们思想的许多重大认识问题，把改革开放和现代化建设推向了新阶段，对中国 20 世纪 90 年代的经济改革与社会进步起到了关键的推动作用。学校的改革以邓小平同志的"南方谈话"和党的十四大精神为指导，全面贯彻党的基本路线，全面加强党的领导，坚定社会主义办学方向，全面贯彻党的教育方针，有效地建立起主动适应国民经济和社会发展需要的办学机制，充分调动广大教职工的积极性和创造性，不断增强办学活力，全面提高教育质量、科研水平和办学效益，为社会主义现代化建设服务，培养社会主义建设者和接班人。

## 二、1988~1995 年学校确定的办学目标

1989 年 10 月 17 日，国务院副总理田纪云为中央财政金融学院建校四十周年题词"努力为四化建设培养合格人才"。党和国家领导人对于学校的殷切

期望为学校的发展指明了方向。

1989年10月17日，国务委员、财政部部长王丙乾为学校建校四十周年题词"发扬忠诚、团结、求实、创新的校风"。在题词中所提到的"创新"一词折射出学校在人才培养理念的变化。

1993年6月，中国共产党中央财政金融学院第二次代表大会根据形势发展和学校办学实际，对学校办学目标做出了调整，提出今后的办学目标是，"把我院建设成为在国内外有较大影响的高质量、高水平的全国一流财经院校"。并要求在之后几年内，进一步提高教学质量，提高科研水平，创办重点学科，培养尖子人才，使学校办学的整体实力上一个新台阶。

可以说，学校在不同发展阶段确定的明确且符合实际的办学目标，凝聚了全校师生的共识，引领学校一步步提高办学能力和办学水平，不断提高办学质量，为实现后来确定的建设高水平研究型大学的宏伟奋斗目标奠定了坚实的基础。

# 第二节　教育教学发展

1993年11月，党的十四届三中全会召开，大会通过了《中共中央关于建立社会主义市场经济体制若干问题的决定》，勾画出社会主义市场经济体制的基本框架，即社会主义市场经济体制由市场主体、市场体系、宏观调控体系、收入分配制度和社会保障制度"五大支柱"构成，并制定了总体实施规划。我国社会主义市场经济体制的建立和发展对高等财经教育提出了新的要求，学校认真学习和贯彻《中国教育改革和发展纲要》，大胆吸收世界经济、文化和科技的新成果和我国社会主义建设的新成就，突破计划经济体制下办学的旧模式，按照建立社会主义市场经济体制的实际需要，调整专业设置，推动教育教学快速发展，使学校培养的人才具有更强的适应能力。

## 一、实行弹性学制和完全学分制，建立健全教学管理制度

衡量一所大学办学水平的根本标志是学生的培养质量。学校在办学过程

中，认真贯彻党的教育方针，从育人为中心，坚持高标准严要求，以质量求发展，努力推进教育教学改革，不断提高教学质量。

为进一步提高人才的培养质量，学校积极创新本科教学管理，在本科教育中实行了学分制管理和主辅修教育制度。从1994年9月秋季开学起，学校取消了留降级，实行了弹性学制，允许学生提前毕业或延长学习时间，学习期限最短3年，最长6年。1994级本科新生全面实行"完全学分制"，允许学生跨系、跨专业、跨年级选修课程。选修课的比重大大提高，学生选课的余地大了，教学管理制度改革向前迈进了一大步。

在对学生成绩管理方面，实行了绩点学分制，从质和量两方面对学生进行考核。学校制定了一整套学分制教学管理制度，并对学生的各项管理制度相应进行了修订。学校实行新的本科生教育模式的优势主要体现在：学分制加大了激励机制，调动了学生学习的主动性和积极性，也调动了教师增加教学精力投入和开设新课的积极性。其直接的效果就是使学校的本科生教学质量得到了提高，课程设置与教学内容也更加适应社会需要，实践教学和创新能力培养对学生自身以及就业都有较大帮助，在学校学到的专业知识和技能使学生获得了可持续发展的能力。

## 二、加大教学改革力度，不断提高教育教学质量

教学改革是学校这一时期改革的核心。按照主动适应社会主义市场经济发展的需要，符合人才培养规律的要求，采取措施建立充满活力的教学机制和科学管理机制。在人才培养目标上，由原来主要为政府部门培养人才转变为主要为社会主义市场经济和企业培养应用型人才。教学改革的重点是加快学科专业改造，优化专业结构，通过"改造、更新、拓宽、增辅"，即改造老专业、更新教学内容、拓宽专业面、增加新专业、实行主辅修制度，不断提高教育教学质量。

下大力气深化教学内容、教学方法和手段的改革。教学内容体系的改革重点，一是加快了专业教学内容的更新速度，淘汰陈旧、过时的课程，教学中及时地反映当今世界经济、文化和科学技术领域最新的成果以及我国改革和建设的最新经验和成果；二是紧紧围绕培养目标，优化教学内容体系和课程结构，加强基础课，拓宽领域，打通相关专业的基础课，增强学生的适应能力和竞争能力。进一步完善学分制，适当减少必修课，增加选修课。学校重视德育、外

语、数学、应用文写作、计算机等基础课教学，重视社会实践教学环节建设，强调理论教学联系社会实际，使学生的基础知识、基本技能不断增强，分析问题、解决问题的能力不断提高。

认真抓好教学方法的改革，推进教学手段的多样化。广大教师积极改革教学方法，实行了启发式、讨论式、案例教学和模拟实验等许多好方法，重点培养提高学生的素质和能力。增加了对教学设备的经费投入，积极推广计算机辅助教学，充分利用和发挥电化教学手段的作用，为提高教学质量创造了更好的条件。学校还采取了一系列措施，不断完善教学管理，如定期开展教学检查和学生评教，实行同行和各级领导干部听课制度，对新教师和新开课教师实行试讲考核制度，对毕业生进行教学质量跟踪调查等。

在全面提高教学质量的基础上，学校着重抓好重点专业的发展工作，开展教学改革，使一些专业的教学质量达到或接近国内一流水平。在1989年度和1993年度北京市优秀教学成果评奖中取得了好成绩。

## 第三节　精心培育国家急需的经济管理人才

1988年后，学校为适应国家建设和经济发展需要，不断增加招生专业数量，扩大办学规模，提高教育质量，本科生和研究生教育均得到快速发展。这一发展阶段，学校的办学规模实现了飞跃发展。到1995年，学校招生人数突破1000人，当年招收学生1170人。这一发展阶段，学校主动适应社会主义市场经济体制的要求，不断完善办学体系，建立起高质量、多学科、多层次、开放式的教学体系，形成了博士研究生、硕士研究生、本科生、成人教育、"专升本"、"双专业"、专科生、"高等专业证书"等多层次的办学体系，精心培育国家急需的财经管理高级人才。

### 一、增设新专业和硕士点，扩大办学规模

#### （一）本科教育

1988年10月15日，财政部教育司［（88）财教司便字第159号］转发国

家教委《关于对报送的普通高等学院社会科学本科专业名称调整意见的批复》［(88) 教高一字 014 号］，对学校若干本科专业名称进行了调整审定："经济管理"审定为"国民经济管理学"，"财政"审定为"财政学"，"税收"审定为"税收"，"金融"审定为"金融学"，"国际金融"审定为"国际金融"，"保险"审定为"保险"，"会计"审定为"会计学"，"审计学"审定为"审计学"，"基本建设财务与信用"审定为"投资经济管理"，"国际保险"审定为"国际保险"。

1989 年 6 月 30 日，财政部下发《关于同意你院八八级经管专业改为国际企业管理专门化的批复》［(89) 财教司字第 106 号］，同意学校 1988 级国民经济管理专业改为该专业下设的国际企业管理专门化。

1990 年 2 月 15 日，财政部下发《关于同意你院增设国有资产管理专门化的批复》［(90) 财教司字第 14 号］，同意我校在财政专业增设国有资产管理专门化，从 1990 年开始招生。

1991 年 1 月 12 日，财政部下发《关于下达部属院校第四批博士和硕士学位授权学科、专业及博士指导教师名单的通知》［(91) 财教司字第 16 号］，我校投资经济专业获得硕士学位授予权。

1993 年 12 月 17 日，国务院学位委员会下发《关于下达第五批博士、硕士学位授权学科、专业名单的通知》（学位〔1993〕39 号），学校国民经济计划与管理专业获得博士学位授予权，国际金融专业获得硕士学位授予权。

1994 年 3 月 3 日，学校印发了《关于使用新专业名称的通知》（院发〔1994〕22 号）。根据国家教委《关于做好普通高等学院现设本科专业名称整理工作的通知》（教高厅〔1993〕11 号）要求，学校的专业名称整理工作已经完成。通知公布了新的专业名称和使用要求："财政学"仍为"财政学"，简称"财政"；"农业财政与信用专门化"仍为"农业财政与信用专门化"，简称"农财"；"国有资产管理专门化"仍为"国有资产管理专门化"，简称"资管"；"税收"更名为"税务"，简称"税务"；"投资经济管理"更名为"投资经济"，简称"投资"；"金融学"更名为"货币银行学"，简称"银行"；"国际金融"仍为"国际金融"，简称"国金"；"保险"仍为"保险"，简称"保险"；"国际保险"更名为"国际保险专门化"，简称"国保"；"会计学"仍为"会计学"，简称"会计"；"外国财务会计专门化"仍为"外国财务会计专门化"，简称"外会"；"审计学"仍为"审计学"，简称"审计"；"国民经济管理学"仍为"国民经济管理学"，简称"经管"；"国际企业管理专门化"更名为"国际企业管理"，简称"国企"；"管理信息系统"更名为"经济信息管理"，简称"经信"。通知还规定，学校现有各专业除国保、国企两专业以外，均从本学期开始使用新专业名称，使用范围包括在校各年级；国保、国企两专业在校各年级仍按原专业名称使用，新专业名称从1994级新生开始使用。4月1日，学校印发《关于设立保险专业国际保险专门化的决定》（院发〔1994〕32号）。根据国家教委颁发的《普通高等学院本科专业目录》（教高〔1993〕13号），学院"国际保险专业"被并入"保险专业"。根据我校的实际情况，经校学术委员会和校务会研究决定，设立保险专业国际保险专门化，自1994年开始招生。10月14日，财政部下发《关于核定下达本科专业设置限额的通知》〔（94）财人干字第153号〕，核定学校本科专业设置限额在"八五"期间为16个，"九五"期间为30个。今后，在不超过核定限额的前提下，根据社会主义现代化建设的需要和拓宽专业面的要求，增设和调整专业，以优化部属普通高校的专业结构。10月26日，财政部下发《关于同意你院增设经济法和管理信息系统专业的批复》〔（94）财人干字第142号〕，同意学校增设经济法和管理信息系统两个专业（见学院大事记记载）。

1995年6月22日，国家教委与财政部下发《关于在部分高等学院试办注册会计师专业方向的通知》（教高〔1995〕10号），被批准为第二批试点院校，开办注册会计师专业方向。于9月正式开办并面向全国招收首批本科生50人。9月，中央财政金融学院首次招收经济法专业本科生45人，首次招收管理信息系统专业本科生45人。结束了学院单一的经济管理学科的办学历史，学院进入了全新的发展阶段。

1996年，专业设置有财政学、税务、投资经济、货币银行学、国际金融、保险、会计学、审计学、国民经济管理学、国际企业管理、经济信息管理、经济法、信息管理系统。其中，财政学下设农业财政与信用专门化、国有资产管理专门化；保险下设国际保险专门化；会计下设外国财务会计专门化、注册会计师专业方向。

**（二）研究生教育**

20世纪80年代初国家恢复学位制度后，学校开始招收财政、金融、会计、国民经济计划与管理等专业硕士研究生。1993 年，国际金融专业开始招收硕士研究生。1993 年以后，开始招收税务专业硕士研究生。

## 二、人才培养取得了优异成绩

### （一）本科生培养取得硕果

在这一发展阶段，学校的本科生教育质量得到了社会的公认，培养的学生政治素质高、专业基础好、竞争能力强，深受用人单位好评，获得了社会高度赞誉。

在 1989 年国家税务局首次举行的国家公务员招考中，税务专业 89 届学生夺得笔试总分第一、第二、第四、第五名。在 1995 年 9 月国家税务总局公务员考试中，学校学生又夺得总分第一名，综合考试成绩高出第二名 90 分。这一时期，学校通过国家公务员考试和通过直接选拔方式被中央国家机关录用的毕业生比例，在高校中一直名列前茅。

在历年的毕业生双向选择面试中，我校毕业生以扎实的专业基础和务实的作风获得用人单位的普遍赞誉。在 1992 年全国高校 40 多万在校生参加的"浪潮杯"《大学生看中国》征文比赛中，全国有 10 人获一等奖，其中北京市 2 名，1 名为我校学生。一批批中财学子活跃在国家经济建设和社会发展的各个领域，涌现出一大批财经管理英才与业务骨干，他们为我国社会主义建设和改革开放事业做出了重要贡献。

### （二）研究生教育产生广泛影响

1988~1995 年，学校的研究生在校生数量虽然处于逐年递增的状态，但与其他重点大学相比，研究生在校生规模是非常少的，规模比较小。但研究生培养质量保持了高水平，取得了显著的教学成绩。这一批研究生刻苦求学，积极钻研，大多已成为所在领域的中坚力量，成为学校的骄傲。

在 1987 年 10 月 23 日国务院农村发展研究中心举办的暑期委托调查优秀成果表彰大会上，1986 级研究生谢卫、王国华、计金标、睦龙 4 位同学的调查报告获二等奖。

1990 年 4 月，会计系 1988 级研究生陈忠明同学在全国首届会计知识大赛中代表国家机关队参赛，并夺得第三名。

虽然学校的研究生在学术领域还略显稚嫩，但是其中也不乏真知灼见，得到了社会以及学术界的肯定与认可。1988年，研究生王国华的论文《论税收运行与宏观经济调控目标的实现》获得"全国第三届财经院校研究生经济理论研讨会"优秀论文奖；1989年，税务系1989级研究生许永现同学参加了江苏省财政信用理论研讨会，他的《论财政信用系统结构的若干问题》一文获得优秀奖；1990年，在第五届全国财经院校研究生经济理论研讨会上，税务系1988级研究生吕术业的论文《论我国收入分配不公的类型与税收调控的范围》和经管1988级研究生唐健的论文《完善承包责任制的对策思考》荣获优秀论文奖；1992年，1990级研究生马续田在由《大学生》杂志社发起的"大学生看中国"征文比赛中，荣获一等奖，并参加了在人民大会堂举行的颁奖大会。

这些研究生们所获得的奖励，反映出学校研究生教育已经具有较高的水准，这其中既有学生自身努力的成分，也与教师们的辛勤栽培与教诲是分不开的。

### 三、学校获得博士学位授予权，建立起完整的人才培养体系

1993年12月，经国务院学位委员会批准，中央财政金融学院国民经济计划和管理专业获得博士学位授予权，实现了学院博士点"零的突破"。闻潜教授、侯荣华教授成为学校第一批博士生指导教师。这一消息的传来让师生倍感振奋，学校没有自己培养博士生的历史终于结束了。办学层次实现飞跃，上了一个大的台阶，学校由此建立起了由博士研究生、硕士研究生、本科生组成的完整的学历人才培养体系。

1994年8月31日，学校招收了第一届博士生。10月31日，学院举行第一届博士生开学典礼。正是有了博士研究生的到来，学校的学术研究氛围变得浓厚起来。同年12月12日，学校首届研究生学术节隆重举行，历时22天。在学术节期间，学校举办了高水平的学术讲座、学术论文竞赛以及研究生学术成果展。学校的研究生教育由此掀开了新的历史篇章。

1997年11月14日，学校在专家宾馆报告厅隆重举行了学校首届博士学位授予仪式。著名学者教授乌家培、钟契夫、胡乃武、秦毅、王其文、邹东涛等到会祝贺，财政部人教司高教处副处长蔡建明同志主持学位授予仪式。刘扬、关晓根、杨书剑、赵丽芬4位同学作为学校首届博士毕业生获得了经济学

博士学位。

### 四、努力拓展成人继续教育

这一时期，学校努力拓展成人继续教育市场，积极为社会培养经济管理类专业人才。成人教育在招生人数、专业设置以及学历层级设置等方面都取得了巨大进步。学校的函授、夜大学工作，办学指导思想明确，规章制度比较完善，管理机构基本适应办学需要；办学规范，从严治教；重视函授站建设，强化函授站管理；办学的社会反响较好，赢得了较好的社会声誉。

# 第四节　师资队伍建设、学科建设和科学研究

这一发展阶段，学校的师资队伍建设、学科建设和科学研究工作开始步入正轨。在学校党委的正确领导和老一辈专家学者的带领下，全校上下积极进取、共同努力，学校的传统优势学科——经管学科的建设逐步得到恢复，建设质量不断提高，影响力不断扩大。特别是 1993 年学校国民经济计划与管理专业获得博士学位授予权，标志着学校的办学层次取得突破性进展，形成了完整的学历人才培养体系，学科建设水平进入了更高的层面，确立了我校鲜明的经管学科办学特色。

### 一、师资队伍建设

高水平师资队伍是学校建设和发展的基础和首要保障。建设一支具有良好政治业务素质，结构合理，相对稳定的教师队伍，是学校教育改革和发展的根本大计。学校紧紧围绕人才培养和学科发展需要，着力建设一支高水平师资队伍。

采取措施稳定教师队伍。20 世纪 90 年代初，教师队伍不稳定是当时高等院校普遍存在的问题。学校教师也受到来自经商风、第二职业等方面的较大冲击，学校领导充分认识到稳定教师队伍的迫切性和重要性，采取有力措施加强教师队伍建设，感情留人，事业留人，把工作重点放在稳定、选拔、引进优秀

人才上，制订培训计划和强化措施，加强在职教师的政治、师德、业务和外语水平的培训工作。学校还加强实践环节的培养，为教师提供搞好调研、深入实践的时间和条件。注意发挥老教师的传、帮、带作用。进一步强化竞争机制，讲成果、论水平、比贡献，鼓励优秀人才脱颖而出。

采取适当倾斜措施支持中青年教师发展。学校以全面提高教师队伍素质为核心，以培养中青年学科带头人和骨干教师为重点，全力搭建高水平的研发教学平台，力求构建一个促进优秀人才成长的开放型的教师队伍建设机制，建设一支专业与年龄结构合理、教学与科研水平高、具有学科融合性的知识结构、师德高尚、积极进取、富有活力的师资队伍。对中青年教师，学校在进修提高、评定职称等方面进行了适当的政策倾斜，在职称评定中评定了 37 岁的教授和 29 岁的副教授，有 50 余名中青年教师被评为市级和校级学科带头人和骨干教师，这些措施对稳定教师队伍起到了积极作用。

这一发展阶段，学校的专职教师人数的变化非常具有独特性，数量上没有出现激增，尤其是从 1993 年开始，教师人数一下子降至 373 人，随后保持在三四百人的状态，没有突破 500 人大关；人员构成的质量明显有所提高，高级职称人数占教师人数比为 38.70%；在人员构成上也更加多样化，聘请了 176 名国内外知名专家学者担任名誉教授和兼职教授，进一步丰富和壮大了师资队伍。通过不断加强高水平教师队伍建设，为学校的学科建设提供了重要的人力资源保障。

## 二、建设特色鲜明的财经学科体系

根据《中国教育改革和发展纲要》的精神，结合学校的实际情况，确定学校的教育教学改革和发展总目标是：把学校建设成为一所以经济学科为主，多学科、多层次、多形式相结合的，具有相当规模的，拥有一流水平的教学、科研、管理队伍的，能够培养大批高质量财经管理人才的全国一流财经大学。围绕学院改革发展目标，在学科建设方面，着力加强财政税务、金融保险、会计等传统优势学科建设。在老一辈专家学者的带领下，学校的学科建设取得快速进步，初步建立起具有鲜明特色的经管学科体系；中青年教师也在科学研究中稳步成长，学术影响力不断扩大。

在财政税务学科建设方面，这一时期，以姜维壮、赵春新、麦履康、韩璧、胡中流、董庆铮、尹卫生、孙翊刚等老一辈专家学者为代表的优秀教师团队，活跃在财政理论研究和教育教学的舞台上，为我国财税人才的培养和财政学科的发展做出了重要贡献，在全国有较大影响力。20 世纪 90 年代以来，以李俊生、马海涛、王雍君、刘桓为代表的一批中青年专家和青年教师迅速成长，在国内外产生了较大的影响。

在金融学科建设方面，传承办学经验，全面恢复了正常的教学和研究秩序，并取得了稳步发展，学科建设成效显著。以张玉文、俞天一、王佩真、姚遂、李健、史建平、张礼卿为代表的老中青团队先后凝练了"货币金融理论与政策""国际金融""银行管理""金融市场""金融史"等研究方向，逐步形成了具有鲜明特色、结构合理、多样化的金融学科方向群，为金融学科的持续发展和质量提升打下了良好基础。学校保险系在李继熊、陈继儒等的带领下确立了在中国高校保险教育与研究领域的领先地位，被外界称为"中国保险教育的黄埔军校"，许多国际保险组织主动与学校联系谋求建立合作关系，为进入中国保险市场创造条件。1992 年，在英国鹰星保险集团的资助下，英国精算师协会在学校设立保险精算研究生方向，并且在 1993 年招收我国第一批采用英国精算师的标准安排教学的硕士研究生，初期的专业师资由英国精算师协会从国外选派来校任教。1994 年，英国皇家特许保险学会（CII）在保险系设立北京考试中心（全球编号为 670），并且对于中央财政金融学院保险系的学生减免其会员资格（ACII）考试 10 门课程中的 4 门，英国皇家太阳联合保险集团对于保险系通过 ACII 课程非减免科目考试的学生提供报销考试费用的奖励政策。保险系举办的各项国际合作项目在学校的历史上具有开拓作用，对于扩大学校的国际影响做出了重要贡献。

### 三、科学研究取得新成就

在这一发展阶段，学校的科研工作坚持以马克思主义为指导，重点加强对建设有中国特色社会主义市场经济重大理论和实际问题的研究，特别是加强对 20 世纪 90 年代我国经济和社会发展以及改革开放中重大问题的研究，为社会主义市场经济的发展做贡献，在科学研究方面取得了较为突出的成绩。据不完全统计，1988~1995 年，学校教师发表论文 2000 余篇，主编教材、出版专著 600 余种，工具书近 200 本，承接"八五"国家社科基金重点课题和一般课题、国家教委科研课题、财政部课题和其他部委课题等 60 余项，获得各类科研成果奖 48 项。这些科研成果的取得，既有利于学校教育教学质量的提高，又为我国社会主义经济发展贡献了力量。1991~1994 年部分获奖成果如表 2-1 所示。

**表 2-1　1991~1994 年部分获奖成果**

| 获奖年份 | 获奖名称 | 获奖成果 | 作者 | 获奖分类 | 获奖等级 |
|---|---|---|---|---|---|
| 1991 | 第二届北京市哲学社会科学优秀成果奖 | 论中国宏观经济价值管理 | 刘光第 | 教材 | 二等奖 |
| | | 当代财政学若干论点比较研究 | 姜维壮 | 专著 | 二等奖 |
| 1991 | 北京市高等学校第二届哲学社会科学中青年优秀成果奖 | 试论设计产品价格 | 杨家义 | 论文 | |
| | | 资产评估理论与方法 | 龙涛 | 论文 | |
| | | 论中央银行的单一政策目标 | 王广谦 | 论文 | |
| | | 国际税收 | 杨志清 | 教材 | |
| 1992 | 孙冶方经济科学著作奖 | 新中国经济的变迁和分析 | 张燕生 | 专著 | |
| 1994 | 第三届北京市哲学社会科学优秀成果奖 | 关于发展股票市场的几个问题 | 刘光第 | 论文 | 著作奖 |
| | | 中国经济思想史 | 张劲涛 | 专著 | 一等奖 |
| | | 中国证券市场 | 王广谦 | 专著 | 一等奖 |
| | | 经济体制改革与货币政策 | 王佩真等 | 专著 | 一等奖 |
| | | 保险学概论 | 陈继儒 | 教材 | 二等奖 |
| 1994 | 北京市高等学校第三届哲学社会科学中青年优秀成果奖 | 偷漏税心理学 | 王国华 | 专著 | |
| | | 我国现阶段基本工资问题研究 | 齐兰 | 专著 | |

20 世纪 90 年代初，刘光第主持了国家社科基金"八五"重点项目"我国货币政策及其宏观调控体系的研究"，研究取得的专著成果《中国经济体制转轨时期的货币政策研究》获得"北京市哲学社会科学优秀成果奖"一等奖。王广谦的《经济发展中的金融贡献与效率》一书从新的角度研究了金融效率的含义和测量，先后获得"首届全国优秀博士论文奖"和"北京市哲学社会科学优秀成果奖"一等奖。同期，他的多项相关成果还发表在《中国社会科学》《经济研究》《金融研究》等高水平学术期刊上。1996 年，姚遂的《中国

金融思想史》获得"北京市哲学社会科学优秀成果奖"一等奖，贺强的专著《中国企业改制与证券市场运作》和李健的论文《中国金融市场效率与发展战略刍议》获得"北京市哲学社会科学优秀成果奖"二等奖。1988 年，青年教师张礼卿发表在《经济研究》的《适度外债规模问题》一文获得"首届中国金融学会优秀论文"二等奖。

20 世纪 80 年代，俞天一系统研究了当时中国金融领域在整个经济体制改革背景下的诸多重要问题，向中央领导和决策部门提交了 12 份内部研究报告。他提出的销售资金率贷款法，强调贷款效益，该办法被中国人民银行采纳，在多地试点的基础上，逐步在全国银行系统推广，成为推动银行经营机制转轨的最早措施之一。王广谦利用在国务院发展研究中心工作的机会，撰写了大量关于经济和金融体制改革的论文和研究报告，为有关决策提供了重要参考。张礼卿有关我国外债规模的分析和相关决策建议，被《中国社科院要报》收录，直接报送党和国家最高决策层。

闻潜和侯荣华是我校第一个博士点——国民经济计划与管理（国民经济学）专业博士点的奠基人。闻潜是我国著名的经济学家，均势市场理论和消费启动理论的创始人。闻潜立足于中国客观实际，坚持独立思考，立意创新，不断开拓进取，注意从各种经济学说中汲取有用成分，凭借扎实的理论功底及对现实的敏锐察觉，形成了系统的、比较完备的、具有中国特色的经济学理论和观点，成为经济学领域推出新成果的探索者。闻潜的主攻方向为宏观调控理论，他紧密联系我国经济发展和改革开放实际，对复合经济、均势市场、管理均衡、启动机制、调控体系等方面的论述，具有开拓创新的意义。"适度调节—均势市场—消费启动"是闻潜构建的宏观调控理论的核心。在 20 世纪 80 年代和 90 年代先后推出了《社会主义经济概论》（中国财政经济出版社 1985 年版）、《社会主义商品经济的运行——复合经济论》（中国财政经济出版社 1986 年版）；在转型过程中出现一系列经济失衡并面临经济调控的压力时，他又推出了《社会主义市场模式——管理均衡论》（中国财政经济出版社 1990 年版）、《宏观控制论》（人民出版社 1989 年版）；在宏观调控刚刚成为决策者面临的新课题时，他继续推出了《中国宏观调控通论》（科学普及出版社 1994 年版）。在经济转型框架基本完成时，他又继续转向对经济总体运行状况的把握与分析，推出了《中国经济运行——层次分析》（中国财政经济出版社 1996

年版）。《闻潜经济学文集》（中国财政经济出版社 2003 年版）中不同时期的著作，体现着他不断探索的足迹。侯荣华长期从事国民经济管理专业（本科）和国民经济学专业（硕士、博士）的教学和科研工作，教学科研成果丰硕。出版了《国民经济计划管理概论》（中国财经出版社 1987 年版；与刘宗时教授合编，国家教委列入高等学校文科试用教材，获财政部优秀教材二等奖）、《宏观经济管理学》（中国财经出版社 1989 年版，获财政部优秀教材二等奖）、《国民经济管理学教程》（辽宁大学出版社 1990 年版，副主编，国家教委列入高等学校文科教材）、《国民经济管理的理论和方法》（中国财经出版社 1987 年 6 月版，编写组总纂，世界银行经发院（EDI）培训教材）、《工业开发政策和投资决策》（中国财经出版社 1989 年版，编写组总纂，世界银行经发院（EDI）培训教材）等著作。

### 四、加强图书文献情报资料库建设，为学科建设提供服务

1987 年 2 月 16 日，学校图书馆正式投入使用，馆舍使用面积为 6000 平方米。图书馆的建成，使学校图书馆馆舍条件和使用环境得到极大改善。图书馆内设中文期刊阅览室、外文期刊阅览室、教工研究生阅览室、借书处、自习室、报告厅等。1987 年 12 月 5 日，学校举行了图书馆新馆开馆典礼，时任国家计委顾问的书法家段云题写了馆名。财政部副部长陈如龙、中国农业银行行长以及部属院校的校长光临指导。1988 年 6 月 26 日，图书馆配楼竣工。1989 年 3 月，经过多方努力，垂直水平运输设备在学院南路校区馆安装完毕，大大方便了图书及其他设备的运输。

1990 年，图书馆进行了部室调整，将流通保管部改为流通部，增设情报部，形成了五部一室。1997 年增设了外文部，负责外文报刊的采购、加工、借阅和管理，形成了六部一室的格局。1998 年，情报部更名为信息技术部。

## 第五节　加强对外合作交流

20 世纪 80 年代，国家全面推进改革开放政策，国内急需大批国际化高端

财经人才，当时国内高校的师资力量很难满足这一紧迫需求。为支持国家改革开放的总体战略方针，通过三方面举措积极拓展国际化办学，培养国际化人才：一是积极与海外机构开展合作，邀请海外学者到校讲学，共同培养国际化高端财经类人才；二是积极走出去，与海外高校建立合作关系，派遣师生到海外学习，扩展国际视野；三是积极争取招收港澳台地区硕士研究生的资格，提高国际化办学水平。

## 一、与国外专业机构合作，培养具有国际视野的财经人才

1988年3月3日，美国国际保险集团驻华办事处首席代表博克先生来学校为保险系高年级本科生、研究生举办讲座。3月15日，日本国东京海上火灾保险株式会北京驻在员事务所首席驻在员伴俊雄先生来学校为保险系师生举办讲座，介绍日本保险业及海上火灾保险业务情况。4月11~14日，日本朝日新和会计社国际部长东葭时雄先生应邀来我校访问。东葭时雄先生此次来华主要是为了面试我校日语会计研修生，选拔赴日本实习人员。副院长王柯敬与东葭时雄先生进行了会谈，双方总结了过去一年的协议实施情况，面试了研修生。4月13日，副院长赵春新会见了美国加州大学洛杉矶分校教授大卫·道劳尔先生，双方就面试学校赴美学者进修事宜进行了友好会谈。4月19日，副院长钱中涛会见了来华访问的加拿大肯考地区大学副校长怀特先生，双方就1988年5名学生报考该校博士研究生的录取问题交换了意见。5月24日，王柯敬会见日本国太田昭和监察法人国际部长近藤和英先生。近藤和英先生对学校赴日研究生进行了面试。5月25日，美国纽约保险学校院长、教务主任等一行3人来学校访问。钱中涛、赵春新和保险系主任李继熊同他们进行了友好会谈，双方就开展学术和人员交流问题交换了意见。6月14日，日本国三合·等松青木监查法人参与·开发担当江越真先生、驻京代表近藤义雄先生来我院访问。王柯敬会见了客人，双方就培训我方赴日实习人员计划的实施等有关事项交换了意见。9月5日，英国北威尔士大学教授卡拉瓦地博士，应邀来学校作为期一个月的短期讲学。他就西方金融、债券市场等我国同行关心的问题作了系列讲座。澳大利亚新南威尔士大学经济与管理学系代表谭安杰先生应学校金融系主任陈传新邀请，在1988年先后两次访问我校。12月4日，钱中涛、王柯敬会见了谭安杰先生，双方就建立学术交流关系事宜进行了会谈，并

签订了《澳大利亚新南威尔士大学经济与管理学系与中央财政金融学院金融系关于建立学术交流关系的协议书》。

1989 年 1 月 17 日，世界银行经济发展学院经济管理系主任耐特先生来学校访问，赵春新副院长会见了来访客人，双方讨论了合作项目的发展前景。2 月 23 日，日本国三合·等松青木监查法人参与·开发担当江越真先生、驻京代表松本实先生来学院访问，王柯敬副院长会见了来访客人，双方商讨了学校赴日实习人员的选拔问题。4 月 10 日，日本朝日新和会计社国际部长东葭时雄先生应邀来我校访问，选拔当年赴日实习的日语会计研究生，并为会计系高年级本科生和研究生作了学术报告。10 月 19~22 日，日本国太田昭和监察法人、会长矢泽富太郎和社员铃木洋二先生来我校进行访问，并选拔 1989 年度赴日实习学员，王柯敬同他们进行了友好会谈。2 月 26 日，美国西华盛顿大学中国教育培训中心主任爱丽卡女士访问我校，商谈 1990 年派遣外籍教师事宜。2 月 26 日，世界银行经济发展学院中国项目协调人李成良先生来学校访问，赵春新会见了来访客人，双方就今后的合作和 5 月公共财政讲习班事宜交换了意见。

1990 年 4 月 23 日至 5 月 6 日，美国乔治·华盛顿大学教授肯德里克先生和夫人应邀来学校进行短期讲学，为研究所举办的"国民经济核算讲习班"作"西方国民收入核算体系"的讲座。肯德里克先生是国际知名的国民收入核算方面的专家，曾获诺贝尔经济学奖提名。5 月 17 日，澳大利亚新南威尔士大学院长威尔逊来学校访问。18 日，钱中涛、赵春新与威尔逊院长就校际交流等问题进行了友好会谈。8 月 23 日，美国麻省理工学院教授凯伦·普兰斯基来学院访问，研究所崔书香教授会见了美国客人，参加会见的还有潘省初副教授及部分青年研究人员，双方就国民经济统计方法进行了学术座谈。

1990 年 11 月 15~27 日，以拉乌里阔夫院长为团长的苏联列宁格勒财政经济学院代表团和以萨弗洛克·伊万诺维奇副院长为团长的苏联基辅国民经济管理学院代表团来学校进行友好访问。访问期间，双方就建立校际交流等问题进行了会谈，并签署了意向书。代表团还与学校部分科研人员进行了学术座谈。财政部副部长刘积斌接见了苏联客人。4 月 16 日，美国纽约保险学院院长哈密尔顿先生来我校访问，赵春新及保险系领导与哈密尔顿先生进行了亲切友好的会谈，双方就今后的学术交流等问题交换了意见。4 月 17~20 日，日本公认会计协会副会长、太田昭和监查法人代表高桥善太郎和岩信夫先生来学校访问，主要任务是选拔 1991～1992 年我院赴日实习的研修生、进行学术演讲、商讨学校与该社今后的合作计划。

1991 年 11 月 4 日，日本横滨国立大学经营学部教授若杉明先生来学校进行短期讲学，讲学的题目是"会计审计科学的新发展"。讲学期间，若杉明先生还与会计系教授们进行了学术座谈。

1992 年 3 月 19 日，中惠会计师事务所与日本国朝日新和会计社监查法人在北京签订《业务提携备忘录》，正式确立了双方开展注册会计师跨国业务合作关系。财政部副部长刘积斌为此题词："朝日中惠携手共进，四洲华夏并驾腾飞"。中国注册会计师协会会长杨纪琬也题了词。5 月 20 日至 6 月 6 日，美国肯德基默里州立大学助理教授郑子云先生来学校进行短期讲学。讲学期间，郑子云先生主要为会计系、金融系研究生及部分教师讲授"跨国公司财务"等问题。11 月 1～8 日，日本东京都筑波大学社会工学系厚见博教授来学校进行短期讲学。讲学期间，厚见博教授为学校税务系、经管系师生作了题为"经济发展与租税问题""关于投资计划"的学术报告。

1993 年 9 月 20 日，与英国鹰星保险公司暨英国精算学会经过友好协商，签订了《谅解备忘录》，决定采用国际合作办学的方式，在学校招收第一批精算研究生，并积极在我校筹办精算师资格考试中心。此共同培养精算研究生的联合办学项目，首次将国际上权威的英国精算科学的教育和考试体系引入中国。在英方的协助下，黄新平讲师作为特邀代表成功参加了在剑桥举行的国际精算师协会第 24 届年会。9 月 23 日，世界著名经济学家、1980 年诺贝尔经济学奖获得者、美国宾夕法尼亚大学劳伦斯·克莱茵教授来校作了题为"金融发展与实际经济部门及若干经济要素的关系"的学术报告。9 月 28 日，学校与英国鹰星保险公司暨英国精算师学会联合办学项目新闻发布会在专家宾馆报告厅举行，财政部教育司司长操清华、高教处副处长夏子恒、时任农税局局长钱中涛、中国人民保险公司副总经理潘履孚以及首都部分新闻单位的记者出席了发布会。学校与英国鹰星人寿保险公司合作开展的精算培训，开创了国内精算领域的培训和资格考试，使国内的精算领域在人才培养和企业实务两个方面都实现了零的突破。

1994 年 10 月 22 日，学校与柏德豪国际会计师行签署了《中央财政金融

学院 柏德豪国际会计师行关于联合培训国际会计师（ACCA）的协议书》，决定从 1994 年起联合在北京培训具备英国公认会计师公会（ACCA）会员资格的注册会计师。3 月 6 日，ACCA 教育办学机构发来贺电，祝贺学校与香港柏德豪国际会计师行联合培训的国际会计师班学员在英国公认会计师公会（ACCA）1994 年 12 月组织的世界范围考试中全部通过基础阶段考试。

1995 年 3 月 5 日，财政部人事教育司（财人干字〔1995〕39 号）批复，原则同意学校按照双方已经签署的联合培训意向书的各项要求与柏德豪国际会计师行联合培训注册会计师。4 月 3~10 日，英国特许保险学会、英国精算师学会首次在学校设立的北京考试中心举行 1995 年春季考试，共有 32 人参加，其中，参加特许保险学会考试的考生 16 人（含 1 名英籍考生），参加精算考试的考生 16 人。具体考务工作由保险系负责。4 月 4 日和 10 日，英国鹰星亚洲总精算师夏祖尔来华监考。5 月 15 日，学校与英国鹰星公司亚洲区总经理查传义先生进行友好会谈，会上决定由鹰星公司出资 10 万元人民币资助学校保险教育工作。11 月 24 日，澳大利亚保险学会正式批复，在学校保险系设立 AII 考试中心。1995 年 11 月，在英国精算师学会 1995 年秋季考试中，学校龚兴峰、杨智星、利明光、赵晓强、崔丹通过 A—D 课程，荣获精算技巧证书。

## 二、积极走出去，主动寻找国际合作机会，建立合作渠道

1990 年 8 月 25 日，应澳大利亚新南威尔士大学堪培拉学院院长威尔逊博士的邀请，副院长钱中涛、金融系主任陈传新赴澳对该院进行了为期 10 天的访问。访问期间，钱中涛一行参观了澳大利亚储备银行、澳大利亚新西兰银行集团有限公司，与堪培拉学院经济系的教师进行了座谈，接见了学校留学生；抵港期间还参观了中银集团大楼和培训中心以及由学校在港校友出资经营的"中财公司"。

1990 年 9 月 15~24 日，应日本朝日新和会计社的邀请，副院长王柯敬、外事处处长张文悦、教师蔡彩时一行 3 人对日本进行了友好访问。访问期间，王柯敬等先后与朝日新和会计社领导进行了两次会谈，双方同意延长 1986 年 11 月签订的日方为中方培训日语会计研修生的协议。访问团还顺访了与学校有同类合作关系的太田昭和监查法人、大藏省税务学院、国立一桥大学、国立横滨大学、大阪市立大学等，进行了学术交流。在东京和大阪，王柯敬作了

"中国的会计制度与注册会计师制度"的讲座。访问中，王柯敬一行还专门看望了我校的留学生。

1991年5月7~28日，应苏联列宁格勒财经学院和基辅国民经济学院的邀请，以钱中涛副院长为团长、王庚舜副书记为副团长的学校代表团一行6人对苏联两校进行了友好访问，双方签订了学术交流协议和年度交流计划。

1994年1月19日，刘光第教授主持的《中国货币政策》课题组一行4人（李健、史建平、沈海育）赴中国香港考察。课题组在港期间，访问了中银集团港澳总管理处、香港金融管理局、万国宝通银行、汇丰银行、香港百富勤证券公司、香港证监会、香港期货交易所、香港理工学院等，还举行了两次学术座谈会，获得了大量珍贵信息和第一手资料。4月18日，王柯敬院长率领的学校学术交流代表团一行4人应日本横滨国立大学的邀请，访问了日本及中国香港，并与日本高千穗商科大学草签了合作协议。11月6日，王柯敬任团长的学术交流团一行3人赴英国进行学术交流访问。代表团先后访问了英国曼彻斯特大学、米德赛克斯大学、哈特福德郡大学、鹰星保险公司和太阳保险公司等，正式与以上3所大学签署了合作协议备忘录，并于1995年实施互换教师、互派学术交流团等合作项目。

1995年3月15~17日，应亚洲（澳门）国际公开大学的邀请，学校派出由校领导和外事处同志组成的谈判小组，赴深圳与亚洲（澳门）国际公开大学的代表就进一步合作事宜进行友好协商，一致同意7~10月在香港举办中国财税会计课程班和注册会计师课程班，王广谦副院长和张仲明先生分别代表各自学校在协议上签字。6月25日至7月12日，应英国太阳联合保险集团、英国皇家特许保险学会和英国鹰星人寿保险股份有限公司的邀请，以党委副书记徐山辉为团长，保险系主任郝演苏、外事处张小燕为团员的学校代表团访问了英国。在英期间，代表团与英国保险界进行了广泛的接触和交流，落实了在学校成立CII考试中心的事宜，对保险精算班的考试与实习进行了探讨并达成协议。7月31日，澳大利亚国卫保险集团资助30万元人民币用于我校1996~1998年保险、金融、会计学科奖学金，奖教金签字仪式在澳大利亚驻华使馆举行，院长王柯敬、副院长王广谦、保险系名誉主任李继熊、主任郝演苏参加了签字仪式。澳大利亚康联保险集团关于在学校保险系建立AII考试中心的意向书亦同时签字。10月7~23日，由王柯敬任团长的学校赴美交流代表团一行

5 人对美国康涅狄格州立大学、肯塔基州莫瑞州立大学、田纳西州奥斯汀·佩州立大学、乔治·华盛顿大学进行了学术访问，并与美国的一些银行、保险公司、会计师事务所等机构进行了广泛的交流。访问期间，学校与康涅狄格州立大学签订了长期、稳定的校际合作关系协议书，与莫瑞州立大学、奥斯汀·佩州立大学签订了双方建立校际合作关系意向书。

1995 年 10 月，学校中文系、外事处与韩国釜山青山学院签署选派汉语教师去韩国讲学的协议。

### 三、与世界银行等国际组织合作，为国家培养国际化的高端财经类人才

培养国际化的财经人才一直是学校的重点工作。从 20 世纪 80 年代开始，学校顺应国内需求，通过和海外组织、机构的深入合作，通过一系列高端人才培养项目，共同培养财经类高端人才，其中最具影响力的是学校与世界银行经济发展学校共同举办的合作培训项目。

1988 年 3 月 28 日至 5 月 21 日，学校与世界银行经济发展学院合作举办"政府财政和预算管理讲习班"。财政部副部长项怀诚出席了该班的开学典礼和结业典礼并讲话。本期讲习班共有学员 43 人，分别来自财政部主要业务司局、地方财政厅局和有关综合部门的现职处级官员以及科研单位、大专院校的教学科研骨干。4 月 3 日，由学校经济管理培训中心和中央财政管理干部学院共同举办的第四期"全国地、市财政局长岗位职务培训班"举行开学典礼。财政部教育司副司长张玉泰、副院长钱中涛、赵春新，中央财政管理干部学院副书记王庚舜、副院长景致及部分任课教师出席了开学典礼。该班得到世界银行经济发展学院的教学援助，采用世界银行经济发展学院的培训模式组织教学。这是由世界银行经济发展学院为我国直接培训经济管理在职干部转换为我国采取其培训模式自己开展同类培训活动的一次有益尝试。该班共有学员 42 人。4 月 7~29 日，学校与世界银行经济发展学院、山东省财政厅在山东省济南市联合举办"经济分析和宏观政策讲习班"，借世界银行经济发展学院和学校在北京联合举办"政府预算和财政管理讲习班"之时，由世界银行经济发展学院支援少量骨干教员，做到少量世界银行经济发展学院专家和学校教师相结合，并以学校教师为主。该班共有学员 50 人，主要是山东地市财政、税务

局长，山东省财政厅副处级以上干部及财政厅所属院校讲师以上教师、领导。

1991年5月6~31日，世界银行经济发展学院与学校合作举办"培训需求测定讲习班"。参加本期讲习班学习的学员共25人，主要是全国财政、金融主管部门负责培训计划的官员。5月12~18日，世界银行经济发展学院与学校培训中心合作举办的第二期"案例研习班"第一阶段开班。该班共有学员32人。研习班分两个阶段进行：第一阶段在我校上课，然后学员返回原单位进行案例编写工作，并于8月将完成的案例初稿寄至我校，学校将收到的案例译成英文，送中外专家评阅。第二阶段于12月9~14日举行，所有学员在学校集中1周，讨论和修改已完成的案例，最后将优秀案例推荐给有关刊物。

### 四、积极进取，创造条件，开展留学生教育

1992年8月21日，国家教委发布了《关于国家教委直属高校深化改革，扩大办学自主权的若干意见》，从16个方面进一步扩大了高等教育的办学自主权。这一系列政策的出台，大大激活了学校的办学主动性和积极性。学校再次向财政部申请开始留学生教育，终于在1993年7月23日，财政部批复同意学校招收外国留学生。同年10月20日，国家教委也同意学校1994年在港、澳、台地区招收研究生。自此，中央财政金融学院的留学生教育得以重新开始。

进入20世纪90年代，学校招收的留学生数量逐渐增多。自1993年以来，留学生教育发展迅速。学校通过加强质量管理，建立管理规章制度，吸收高水平的师资，完善课程设置，拓宽招生渠道等措施和手段，吸引了越来越多的留学生到我院学习。

1995年2月24日，学校招收了复校后首批外国留学进修生，共20名，分别来自韩国、马里等国家。严格说来，这批留学进修生都不是真正意义上的留学生，2000年以前学校的留学教育都是非学历教育，用现在的说法，应该都属于语言进修生或者专业进修生。

20世纪80年代末到90年代中期，学校采取"请进来""走出去"的有效策略，积极引进海外优势教育资源，取得了突出的国际化办学成绩，显著提升了学校的国际化办学水平，充分显示了学校超前的办学理念，为学校未来提升国际学术影响力、培养具有国际视野的财经精英人才奠定了坚实的基础。

# 第六节　学校内部组织机构设置变化

## 一、学校领导机构及人员变化

### （一）中央财政金融学院

1988 年 2 月 1 日，财政部［（88）财人字第 6 号］通知：经部党组 1987 年 7 月 7 日批准，免去景致中央财政金融学院副院长职务。8 月 11 日，财政部副部长刘积斌、人事司司长张庆荫、教育司副司长张玉泰等来学校，在党委常委会上传达了财政部的三点决定：①院领导班子暂时不动；②关于校长负责制问题，根据中央四号文件精神，学院先不搞；③王庚舜同志调回学院工作，原职（党委副书记）不变。

1990 年 8 月 17 日，财政部［（90）财人字第 57 号］文件：经部党组研究决定，任命袁平建为中央财政金融学院副院长；免去姜永贤的中央财政金融学院副院长职务。

1991 年 6 月 25 日，财政部［（91）财党字第 18 号］文件：经部党组研究决定，并征得北京市委同意，任命李保仁同志为中央财政金融学院党委书记，免去刘志华同志党委书记职务。

1992 年 10 月 9 日，学校召开党政工团各部门负责人会。财政部人事司司长张庆荫、教育司司长操清华等出席了会议。会上，张庆荫司长宣读了财政部《关于王柯敬等四人职务任免的通知》：财政部 1992 年 9 月 18 日［（92）财人字第 74 号］文件，经财政部党组研究并征得中共北京市委教育工作委员会同意，任命王柯敬为中央财政金融学院院长，徐山辉为院长助理（正处级）。免去钱中涛、赵春新的中央财政金融学院副院长职务。

1993 年 1 月 9 日，财政部［（91）财党字第 3 号］文件：经研究，同意免去王万有的院党委常委职务。5 月 28 日，财政部人教司副司长张玉泰、闫奇俊来学校宣布财政部党组关于任命宣家驹同志到学校任副院长的决定。6 月 22～24 日，中国共产党中央财政金融学院第五次暨复校后第二次代表大会在专家楼会议厅召开，来自全校各单位的 111 名党员代表参加了会议。财政部副部长刘积斌、北京市教工委副书记尹栋年到会并讲话，校党委书记李保仁代表上届党委作了题为《加强党的建设，努力开创我院工作的新局面》的报告。大会选举产生了第二届党委委员 19 名。6 月 25 日，中国共产党中央财政金融学院第二届委员会和纪律检查委员会分别召开第一次全体会议。会议听取并审议批准了党委书记李保仁代表第一届党委所作的工作报告和第一届纪律检查委员会向大会作的工作报告；选举产生了中共中央财政金融学院第二届委员会常务委员会委员、书记、副书记以及纪律检查委员会书记。其中，党委常委 7 名：李保仁、王柯敬、李玉书、宣家驹、徐山辉、张文荣、徐志敬；党委书记：李保仁，党委副书记：王柯敬、李玉书；纪委书记：李玉书。6 月 30 日，中共北京市委组织部（京组字〔1993〕64 号）批复了学校第二次党代会党委、纪委选举结果。7 月 15 日，财政部〔(93) 财党字第 14 号〕批复，经研究，同意免去王庚舜同志的校党委常委、副书记、纪委书记职务。

1994 年 9 月 12 日，财政部党组〔(94) 财党字第 19 号〕通知：根据工作需要，经 1994 年 8 月 16 日财政部党组会议决定，免去李玉书的中央财政金融学院党委副书记职务，袁平建的中央财政金融学院副院长职务。

1995 年 2 月 8 日，财政部党组（财党字〔1995〕5 号）通知：经 1994 年 12 月 31 日财政部党组会议研究，并征得北京市委同意，任命徐山辉为中央财政金融学院党委副书记，王广谦为中央财政金融学院副院长、党委常委。

**（二）中央财政管理干部学院**

1986 年，中央财政管理干部学院由西直门外四道口中央财政金融学院迁至石景山区福寿岭办学，于 1988 年独立建院，仍隶属中央财政金融学院党委领导。学院校址位于石景山区福寿岭乡，占地面积 67497 平方米。1989 年，中央财政管理干部学院单独成立党委，1998 年 12 月重新并入中央财经大学。

1988 年 2 月 1 日，财政部〔(88) 财人字第 6 号〕通知：经部党组 1987 年 7 月 7 日批准，任命景致为中央财政管理干部学院副院长；钱中涛、赵春新、王柯敬不再兼任中央财政管理干部学院副院长职务。

1989 年 8 月 14 日，中央财政金融学院在图书馆阶梯教室举行全体处级以上干部大会，会上刘志华书记宣布：北京市石景山区委组织部长刘长琨同志调入中央财政管理干部学院工作，担任党委副书记。10 月 24 日，财政部机关党委〔（89）财党委字第13号〕批复：同意中央财政管理干部学院单独成立党委、直属部机关党委。但因管理干部学院单独成立党委，如马上通过选举产生会有困难，故同意先成立临时党委，俟条件成熟后再选举产生正式党委。

1990年2月22日，财政部〔（90）财人字第13号〕通知：经部党组研究决定：中央财政管理干部学院实行党委领导下的院长负责制的领导体制，暂成立临时党委。临时党委由刘长琨、景致、段晴风组成，刘长琨担任党委副书记。

1991年6月25日，财政部党组〔（91）财党字第19号〕文件：经部党组研究决定，任命刘长琨为中央财政管理干部学院党委书记。

1992年8月27日，中央财政管理干部学院召开处级以上干部会议，财政部人事司张庆荫司长在会上宣布吴世杰同志担任学院党委副书记，党委书记刘长琨同志调财政部机关党委工作。

1994年9月12日，财政部党组〔（94）财党字第19号〕通知：根据工作需要，经1994年8月16日财政部党组会议决定，任命李玉书为中央财政管理干部学院党委书记，景致为中央财政管理干部学院院长，袁平建为副院长；免去吴世杰的中央财政管理干部学院党委副书记职务。12月22~23日，学院召开第一次党员大会，选举产生了中共中央财政管理干部学院第一届委员会，委员共5名：李玉书、景致、袁平建、岳桂贤、蔡钟荣。经学院党委第一届第一次会议选举，李玉书同志当选为党委书记，景致同志当选为党委副书记。经党委会议研究决定，岳桂贤同志主管纪检工作。1995年1月4日，财政部机关党委〔（95）财党委组字第1号〕批复，同意学院第一次党员大会及党委一次会议选举结果。

## 二、学校内部组织机构设置变化

### （一）中央财政金融学院

1988年1月4日，学校党委〔（88）中财院党字第1号〕文件：经校党委讨论，同意中国珠算协会设置秘书处，配正、副处长各1名。2月27日，学校党委〔（88）财院党字第1号〕文件：学院德育教研室原隶属于党委宣传部，为了加强学生思想政治工作，便于德育教师了解学生情况，党委决定从1988年2月26日起将德育教研室划归党委学生工作部。9月1日，中共中央财政金融学院委员会、中央财政金融学院联合印发（88）中财院党组字第20

号文件：为了加强和改进学生工作，有利于实行院长负责制，经党委常委扩大会议讨论，决定成立学生处。学生处暂时与学生工作部联合办公，两个牌子、一套人员。

1990年4月12日，财政部教育司〔（90）财教司字第42号〕批复，同意学校将函授部改名为成人教育处，其建制、职责不变。

1991年6月12日，财政部〔（91）财教字第41号〕印发了部属院校设置处级机构名称及处级干部职数限额，学校党政管理机构17个：党委办公室和统战部（合署办公）、组织部、宣传部、学生工作部和学生处（合署办公）、院长办公室、教务处、科研处、研究生处、成人教育处、人事处、外事处、监察处、财务处、基建处、总务处、离退休人员工作处、保卫处；教学科研机构15个：财政系、金融系、会计系、税务系、投资经济管理系、保险系、经济信息管理系、经济管理系、基础课教学部、马列主义教学部、电化教学部、学报编辑部、财经研究所、图书馆、合作培训中心。处级干部97人，其中教学科研机构57人。

1992年4月1日，学校印发了各处级机构的统一名称和编号。其中，党群组织机构8个，行政管理机构14个，教学、科研机构15个。7月1日，学校颁发《改革研究生管理体制试行方案》。研究生管理体制由各系分散管理改为全校集中统一管理，同时成立研究生处党总支、团总支。10月10日，院发〔1992〕58号文件：经1992年9月4日院党委常委会议研究决定，外事处与合作培训中心合署办公。10月16日，学校发布《关于理顺成人教育管理体制的通知》，学校函授、夜大学等成人高等学历教育及各种非学历教育均由成人教育处归口管理。

1993年4月10日，经党委常委会研究，决定撤销学生工作部和学生处，原学生处的行政工作和学生管理中的思想工作归入教务处，学生思想教育工作归入宣传部和团委；成立德育教学部，为副处级单位；劳动服务公司交由工会管理。5月5日，院发〔1992〕29号文件：根据1993年4月20日党委常委会议研究决定，将学校现有机构调整如下：党委办公室和院长办公室合并，对外仍为两块牌子，对内统称为中央财政金融学院办公室；统战部和宣传部合署办公，两块牌子并存；纪检、监察、审计合署办公；将基础部的两个外语教研室分出，成立外语教学部，为处级单位，与培训中心合并，两块牌子一套人马，负责合作培训和外语教学工作；在教务处内成立学校负责学校本科生招生、分配工作；研究生处、成人教育处分别易名为研究生部、成人教育部。7 月 5 日，院发〔1993〕48 号文件：经 1993 年 6 月 12 日党委常委会议研究决定，财经研究所与学报编辑部合并，两块牌子、一套人马。12 月 24 日，院发〔1993〕142 号文件：学院决定成立升学就业指导中心。该中心与教务处招生分配办公室合署办公，中心主任由招生分配办公室主任兼任。

1994 年 3 月 21 日，院长办公会决定，外事处增设外国留学生办公室和台、港、澳留学生办公室，对外两块牌子、一套班子。

1995 年 4 月 10 日，学校（院发〔1995〕33 号）通知：根据工作需要，经研究决定成立清河分部筹备办公室，负责清河分部筹备工作。10 月 10 日，院发〔1995〕93 号文件：经院党委常委会讨论，决定成立法学系，为学校二级管理机构，系内可暂设办公室、资料室、两个教研室。

**（二）中央财政管理干部学院**

1986 年 9 月 3 日，中央财政管理干部学院校牌正式挂出。10 月 18 日，(86) 财院党组字第 18 号文件：经中央财政金融学院党委研究决定，成立学院党总支部委员会和教职工党支部委员会。党总支下设 5 个党支部（1 个教工党支部、4 个学员党支部）。10 月 29 日，财政部〔(86) 财教字第 134 号〕文件：经研究对你院机构设置批复如下：保留原院办公室，改原培训处为教务处，增设总务处，以上 3 个处、室均为处级机构，每处可设正、副处长（主任）2～3 人（不足 9 人的处，只能配备正、副处长 2 人）。

1988 年 6 月 24 日，财政部〔(88) 财教字第 103 号〕批复：同意学院增设下列机构：①行政机构增设人事处、财务处；②教学机构设财政系、会计系、基础课教学部；③党委办事机构设办公室。

1989 年 11 月 9 日，财政部〔(89) 财会协字第 28 号〕批复函，同意成立中洲会计师事务所，批准所附中洲会计师事务所章程。同意陶省隅担任中洲会计师事务所董事长，郭建华、景致担任副董事长，陶省隅兼任主任会计师，郭建华、佳能任副主任会计师。中洲会计师事务所注册资金为人民币贰拾万元，办公地址设在北京市西城区三里河二区一号。

1990 年 10 月 27 日，财政部〔(90) 财教司字第 144 号〕批复：为了适应我国会计电算化事业发展的需要，同时也有助于提高你院年轻教员的业务素质和现代化教学水平，经研究，同意挂靠你单位的中洲会计师事务所成立"中洲财会电教中心"，该中心作为中洲会计师事务所的下属单位。

1991年5月11日，中央财政管理干部学院处级机构和职数编制情况：党委机构6个（党办、组织部、宣传部、纪委、工会、团委），行政机构7个（院办、人事处、教务处、财务处、总务处、基建处、监察审计处），教学科研机构6个（基础教学部、财政系、会计系、图书馆、马列主义教研室、科研所），处级机构共19个，职数31个。9月2日，中央财政管理干部学院临时党委会议决定，本学期开始，基础部不再由教务处代管，独立为处级单位。11月11日，中央财政管理干部学院办公会议决定，成立基建处。

1992年10月23日，经院临时党委会研究决定，成立中央财政管理干部学院"内部管理改革办公室"。主要负责研究起草校内改革方案，拟定管理改革文件，审议基层承包、招标、投标方案，当好院领导的参谋和助手。12月31日，财政部〔（92）财教司字第229号〕批复：同意你院成立中央财政管理干部学院劳动服务公司。该公司为社会主义集体所有制企业，实行自主经营、独立核算、自负盈亏。

# 第七节　加强党的建设和党的领导

这一发展阶段，学校党委在财政部和北京市委的正确领导下，聚精会神抓好党的建设，抓好党的思想、政治、组织、作风建设，从严治党，改善党的领导。在办学中坚持党的基本路线，加强对群团组织的领导和建设，坚决贯彻党的教育方针，充分发挥党的领导核心作用，带领全体党员和全体师生员工迎难而上，锐意改革创新，开创了学校工作新局面。

## 一、加强领导班子的思想和作风建设，改善党的领导

学校党委根据形势和任务要求，按照《中共中央关于加强高校学院党的建设的通知》和党的十四大精神，加强党的建设，进一步改善党的领导。

在领导班子的思想和作风建设上，学校党委制定并完善了中心组理论学习

制度，通过理论学习，密切联系实际，领导班子成员进一步解放思想、转变观念，在办学指导思想、办学方向、落实德育手段、加快学校的改革与发展以适应建立社会主义市场经济新体制需要等一系列问题上统一了思想，达成了共识。在作风建设上，领导班子成员坚持过双重组织生活制度、联系群众接待来访制度等。

1993年6月22~24日，中国共产党中央财政金融学院召开第二次代表大会。大会选举产生了新一届院党委和纪律检查委员会，制订了今后的目标，明确了八项任务。这次大会是学校发展与建设过程中的一个里程碑。在会上，李保仁同志代表校党委作了题为《加强党的建设，努力开创我院工作的新局面》的工作报告。报告回顾了学校自1978年复校后第一次党代会以来六年间所取得的各项成绩，认真总结了经验教训，并对学校今后的改革和发展做了展望和规划。大会根据形势发展和学校实际，对学校发展目标做出了调整，提出今后的发展目标是，"把我院建设成为国内外有较大影响的高质量、高水平的全国一流财经院校"。大会提出，在今后几年内，要加快改革步伐，进一步提高教学质量和科研水平，创办重点学科，培养尖子人才，使学校整体实力再上一个新台阶。会议选举了19名党委委员。李保仁、王柯敬、李玉书、宣家驹、徐山辉、张文荣、徐志敏7名常委。李保仁为党委书记，王柯敬、李玉书为党委副书记。7名纪委委员，李玉书为纪委书记。

## 二、公开选聘、选任系、处级干部，加强干部队伍建设

学校党委按照干部队伍革命化、年轻化、知识化、专业化的方针，德才兼备的原则，在全面考察的基础上，公开选聘、选任了系、处级干部，把政治性强、业务好、有强烈事业心和责任感、政绩突出、群众信任的干部提拔到领导岗位上来；举办了党员干部读书班，党支部书记和直属支部书记培训班，提高了干部全面贯彻执行党的基本路线的自觉性、政策水平和管理水平，努力把各级领导班子建成忠于马克思主义、坚持走有中国特色社会主义道路、团结奋斗、争创一流的坚强领导集体。

1993年5月31日，学校党委印发《关于公开选聘、选任系、处级干部任职决定的通知》（中财院党字〔1993〕第06号），向全院公布公开选聘、选任系、处级干部名单，任期两年。本次公开选聘、选任处级干部采取"五公开"

的办法，即公开选聘范围、岗位职数、任职条件、选聘程序和选聘结果。学校原有处级干部 68 人（不含工会、团委、纪委由选举产生的干部），其中变动41 人，占 60%；在受聘的 75 人中，新提拔的处级干部 17 人，占聘任处级干部的 22.7%；处级干部的平均年龄由过去的 47 岁降到 45 岁。

1995 年 5 月，学校完成第二次公开选聘选任处级干部工作，除工会、团委、纪委外，其余 34 个处级单位班子成员均通过公开选聘选任产生，共聘任处级干部 88 人（含正科级处长、主任助理 9 人），聘期 2 年（1995 年 5 月 31日至 1997 年 5 月 31 日）。

### 三、加强对共青团的领导和建设

1987 年 12 月 12 日，学校召开第四届团员代表大会和学生代表大会。大会听取和审议了第三届团委会、学生委员会工作报告，选举产生了第四届团委会、学生委员会委员 20 人（其中教工 11 人，学生 9 人），修改了学生会章程。12 月 21 日，第四届团委会召开第一次全委会，选出了书记和常委。

1988 年 1 月 19 日，共青团北京市委员会（京团批字〔1988〕6 号）批准了校共青团委员会、常委会组成人员及书记名单，其中委员会由 20 人组成，常委会由 7 人组成。1988 年 1 月 20 日，学校党委〔（88）财院党组字第 1 号〕批复同意第四届团代会选举的常委、委员以及分工。

1992 年 11 月 18~19 日，中央财政金融学院第五届团员、学生代表大会在阶梯教室举行。大会听取了团委和学生会工作报告；以无记名投票差额选举的办法，选举出第五届团委会委员 23 人。11 月 20 日，第五届团委会举行第一次会议，选举团委书记、副书记。11 月 30 日，校党委组织部批复，同意该选举结果。12 月 4 日，共青团北京市委组织部批复，批准共青团中央财政金融学院第五届委员会组成及选举结果。

1995 年 6 月 21~22 日，共青团中央财政金融学院第六次代表大会和校第六次学生代表大会在图书馆阶梯教室召开。院党委副书记徐山辉到会祝贺并讲话。会议听取、审议并通过了第五届团委会工作报告和第五届学生会工作报告。选举产生了第六届团委会委员和第六届学委会委员；会议同时讨论通过了《关于实施"大学生基础文明工程"的决议》。

## 四、加强工会组织建设

1992 年 11 月 10～12 日，学校复校后首届教职工代表大会暨第二届工会会员代表大会在阶梯教室召开。会议听取了王柯敬所作的院长工作报告和工会主席徐志敬作的第一届工会委员会工作报告，选举了教代会执行委员会和第二届工会委员会。参加会议的正式代表 118 人，特邀、列席代表 25 人。财政部教育司司长操清华、高教处处长苏晓明以及兄弟院校代表到会祝贺。

1993 年 3 月 25～27 日，复校后首届教职工代表大会第二次会议召开。会议听取了王柯敬院长作的《关于学院改革的说明》；分组讨论并审议了《中央财政金融学院改革方案》，包括《定编工作实施办法》《聘任制试行办法》《党政管理干部考核办法》《院内津贴试行办法》《工人聘用合同制试行办法》。

## 五、建立共事协商小组、完善民主监督机制

1991 年 11 月 23 日，学校党委印发中财院党字（91）第 8 号文件：为了加强我院党和各民主党派以及党外人士的团结合作，便于各民主党派和党外人士对学校工作的监督，院党委决定成立中央财政金融学院共事协商小组，由院党政主要领导和我院各民主党派基层组织负责人、代表以及党外人士的代表组成。共事协商小组组长：党委书记李保仁；副组长：副院长钱中涛，党委副书记李玉书，民盟支部主委、会计系教授祁永彪，党办主任、统战部长王万有；成员由 13 人组成。12 月 2 日，学校共事协商小组召开第一次会议。

## 六、加强校友会建设

### （一）各地成立校友会

1989 年 3 月 12 日，学校海南校友会成立大会在海口举行。大会选举苏涛为会长，李儒叔为副会长，徐建亮为秘书长，并通过了海南分会章程。3 月 19 日，中央财政金融学院深圳、香港校友会在深圳举行成立大会，钱中涛副院长等到会祝贺。大会通过了校友会章程，选举邵明钧为会长。

1989 年 4 月，学校上海市校友会召开成立大会。学校老院长胡立教和教授张玉文、俞天一出席了大会。大会选举秦子敏担任会长。6 月 11 日，学校

广西校友会在南宁召开成立大会。大会选举了会长，通过了会章。6 月 13～15 日，江西省校友聚会南昌，正式成立了中央财政金融学院江西校友会。7 月 2 日，学校江苏校友会在江苏省扬州市江都县召开财经理论研讨会暨校友会成立大会。大会产生了江苏省校友会第一届理事会，朱耀华当选为会长；同时通过了《中央财政金融学院江苏校友会章程》。8 月 20 日，天津校友相聚在天津财贸干部管理学院，正式成立中央财政金融学院天津校友会。大会通过了五项议程，产生了天津校友会联络会。8 月 20 日，学校河南校友会在郑州召开成立大会。大会通过了会章，推举杨万书、李荷君分别担任名誉会长和会长。8 月 25 日，陕西省各地校友在西安集会，成立中央财政金融学院陕西校友会。会议选举了领导机构，张凡担任会长。8 月 27 日，中央财政金融学院北京地区校友会在母校召开成立大会。会议通过了会章，选举毕朝英担任会长。学校老领导戎子和、陈如龙、姜明远、陈菊铨出席了大会。9 月 6 日，中央财政金融学院山西校友会正式成立。9 月 15 日，中央财政金融学院福建省校友会在福州召开成立大会。大会讨论并通过了会章，推举杨新忠为会长。9 月 27 日，中央财政金融学院山东校友会正式成立。

1990 年 3 月 23 日，中央财政金融学院四川校友会在成都蓉城大厦召开成立大会。副院长王柯敬、教务处副处长徐山辉代表学校出席了大会。大会选举李公才为四川校友会会长，孟天林、邱发宗、徐锷、刘建中为副会长，曾祥秋为秘书长。

1994 年 11 月，中央财政金融学院校友总会浙江省分会召开成立大会。校党委书记李保仁、院办副主任梁勇、税务系副主任汤贡亮出席了成立大会。大会推选陈永达为会长。

### （二）校友总会成立

1989 年，在校庆 40 周年之际，在学校领导的大力支持及海内外广大校友的呼吁下，中央财政金融学院校友总会在地方校友会的基础上成立"校友办公室"，隶属于学院办公室。

校友办公室统筹校庆工作，积极收集校友名录、协助编纂校史、开展各类学术活动、编写《校友通讯》、收集整理校庆贺信及纪念捐赠、协助成立地方校友会等，圆满完成了 40 周年校庆工作，使校友工作步入正轨。

1994 年 6 月 23 日，财政部 [（94）财教字第 14 号] 批复，同意学校成立中央财政金融学院校友会。10月6日，国家教委（教办〔1994〕364号）批复，同意成立中央财政金融学院校友总会，该会挂靠中央财政金融学院。10月16日，中央财政金融学院校友总会成立大会在学校专家宾馆召开。会议通过了第一届校友总会组成人员名单：戎子和任名誉会长；王柯敬任会长；宣家驹、毕朝英、姚金华、邵明钧、李毓生任副会长；陈明任秘书长；邱光信、潘保山、倪海东任副秘书长；另有15名校友任常务理事。来自全国二十多个省市的100余名校友代表以及兄弟院校的代表出席了大会。校友总会的正式成立，进一步加强了校友与校友间、校友与母校间的联系，使校友真正有了自己的"家"。

校友总会以"健全组织，加强联络，增进交流，振兴中财"为宗旨，遵循本会章程开展各项活动，不断丰富、完善《校友通讯》的版面与内容，并创刊了《中财校友》，通过采访杰出校友、举办校友系列讲座、组织值年大型校友聚会活动、参加地方校友联谊会、协助地方校友会换届，总会开展换届工作等，使校友工作走上了正规化轨道，逐渐发展成为校友间加强工作联系的桥梁、思想联系的纽带，成为广大校友为母校建设发展建言献策的渠道与窗口。

校友总会和教育基金会（学校于1994年1月设立"中央财政金融学院教育发展基金"）以"服务母校、服务校友、服务社会"为指导思想，秉承"筹好资、理好财、办好事、严管理、促发展"的基金工作理念，以感情为纽带，以沟通为基础，以活动为载体，以诚信服务为根本，服务母校，支持和帮助校友建功立业，鼓励校友回馈母校和社会，营造了母校与校友之间、校友与校友之间互相支持、共同发展的良好局面。

# 第八节　师生员工受表彰与获奖及其他重要事件

## 一、教职工受表彰情况

1988年9月5日，姜维壮、张玉文、纪曾燨、郭光耀被评为北京市优秀教师（见《1989北京市优秀教师光荣册》）。他们于9月5日出席了北京市庆祝教师节表彰大会。11 月，张玉文、纪曾燨被评为北京市高教系统 1988 年"教书育人、服务育人"先进工作者。

1989 年 9 月 10 日，姜维壮被评为 1989 年全国优秀教师［国家教委人事部全国教育工会（89）教人字 018 号］。9 月 14 日经国务院批准，财政部、人事部、中国财贸工会联合召开电话表彰会，对财政战线做出优异成绩的先进个人和先进集体予以表彰，姜维壮获得"全国财政系统劳动模范"光荣称号。

1990 年 9 月 8 日，在人民大会堂举行的"北京市庆祝教师节暨先进教师、先进德育工作者表彰大会"上，冯寒松、王复华荣获北京市教委评选的 1990 年"北京市教育系统德育先进工作者"称号。第十一届亚洲运动会筹备和举行期间，学校组织学生先后参加有关活动达 2500 人次，参加人数 1500 人以上，圆满完成了亚组委群工部交给的各项任务。由于学校在第十一届亚洲运动会工作中成绩显著，获首都高校亚运工作领导小组、中共北京市委教育工作委员会、共青团北京市委、北京市高等教育局、北京市学联联合表彰。10 月 24 日，获北京第十一届亚运会组委会、基金会颁发的荣誉证书。

1991 年，姜维壮获中共北京市委"优秀共产党员"称号。1991 年 3 月 23 日，青年教工庞红被中共北京市委授予"优秀思想政治工作者"称号。6 月，党委书记李保仁同志被中共中央组织部、中共中央宣传部、国家教育委员会、共青团中央、中国教育工会全国委员会联合授予"全国普通高等学院优秀思想政治工作者"称号。9 月，经济管理系教师施丹被评为"北京市优秀青年教师"。

1992 年 8 月 25 日，北京市高等教育局（京高教师字〔1992〕第 010 号）通知：经市高等学院（青年）学科带头人、优秀青年骨干教师评选委员会评议并经北京市高等教育局审定，批准学校王广谦为（青年）学科带头人；李俊生、王国华、金哲松、杨家义、龙涛、张燕生为优秀青年骨干教师。9 月，学校团委梁勇、会计系孙凤兰被评为北京市德育先进工作者。10 月 28 日，李保仁同志当选为中国共产党北京市第七次代表大会代表。

1992 年，学校红十字会荣获中国红十字会总会 1992 年度先进集体，付伟杰、崔超云、宋立伏荣获先进个人。

1993 年 1 月 8 日，财政部人事司［(93)财人干字第 2 号］通知：根据人事部人专发（1992）22 号通知，批准我校姜维壮、李天民、胡中流、魏振雄享受 1992 年政府特殊津贴。7 月 2 日，北京市高教局（京高教师〔1993〕011 号）文件：经审定批准学校李俊生、孟焰 2 人为（青年）学科带头人。批准学校李健、李燕、张礼卿、杨志清、赵月园、王瑞华、叶新恩 7 人为优秀青年骨干教师。批准时间为 1993 年 6 月 28 日。9 月 9 日，孟焰、杨志清、奚惟华、白素芹被评为"北京市优秀教师"；张业丰同志被评为"北京市青年优秀教师"。9 月 9 日，孟焰被评为"全国优秀教师"。11 月 19 日，财政部〔（93）财教字第 44 号〕通知：对"七五"期间在财政教育工作中做出突出成绩的全国财政系统教育先进单位和先进个人予以表彰。经济管理系、成人教育部被授予"全国财政教育先进单位"称号；王佩真、刘桓、曹克明被授予"全国财政系统优秀教师"称号；徐志敬被授予"全国财政系统先进教育工作者"称号。

1994 年 7 月 8 日，北京高等教育局（京高教师〔1994〕008 号）批准杨志清同志为"北京市高等学校（青年）学科带头人"，史建平、刘玉平、郝演苏、杨金观、蒋选 5 人为"北京市高等学院优秀青年骨干教师"。9 月，保险系副主任冯寒松和团委副书记孟志军被北京市教育委员会评为"北京市教育系统德育先进工作者"。

1995 年 4 月 5 日，财政部（财人字〔1995〕34 号）通知，根据人事部（人专发〔1995〕25 号）通知，闻潜被批准享受 1994 年政府特殊津贴。9 月 6 日，院发〔1995〕75 号文件：经学校上报，北京市审定批准马海涛、史建平、葛人飞、郝演苏为"北京市优秀教师"，祁怀锦为"北京市优秀青年教师"。

## 二、教师成果获奖情况

1988 年 1 月 27 日，胡中流编著的《国家税收》获国家教委颁发的"国家级优秀教材奖"。4 月 6 日，崔书香的论文《对我国国民经济核算体系改革和国民收入统计问题的一些看法》，在中国统计学会举办的"1985~1987 年全国统计论文"评选中荣获三等奖。6 月 20 日，潘省初的《电力系统电源优化软件包》被水利电力部科学技术进步奖评审委员会评为水利电力部科学技术进步三等奖。8 月 25 日，崔敬伯、王子英编著的《中国财政简史》、李宝光编著的《经济数学基础（一）积分（上、下）》荣获财政部 1988 年优秀教材二等奖。12 月，于淦与其他 5 所院校的 7 位教师共同编写的《中国近代金融史》、李继熊等 3 人编写的《海上保险》荣获中国人民银行颁发的"全国高等学院金融类优秀教材"二等奖。1988 年，姚梅炎编著的《基本建设会计学》获"财政部优秀教材"一等奖。

1989 年 12 月 12 日，纪曾燨的《对教学改革、提高教学质量做法的反思》获得"北京市普通高等学院优秀教学成果奖"（7 月，北京市人民政府颁发了证书），张玉文的《货币银行学课程内容改革》和郭光耀的《系统案例教学法》获北京市高教局局级奖。12 月，姜维壮的论文《自觉运用价值规律是财政理论研究的重要课题》获"中国财政学会全国优秀财政理论研究成果"优秀奖；赵春新的论文《论经济结构和财政》、孙翊刚的论文《简明中国财政史》、李天民和叶春和等合作的《论管理会计中的信息成本与信息价值》获佳作奖；孔令书的论文《苏联国营企业预算缴款制度的新发展》获成果奖；李俊生的论文《略论制定我国农业财政政策的理论依据》获鼓励奖。12 月，胡中流的论文《社会主义初级阶段税收的特点》在国家税务局、中国税务学会举办的全国税务系统十年理论研究成果评选中被评为优秀奖；董庆铮的论文《根据社会主义初级阶段理论对社会主义税收分配层次的再认识》被评为佳作奖。12 月 8 日，中国社会科学院通知，张玉文、谢卫分别获得"八五"社科基金和青年社科基金课题项目奖。

1990 年 6 月，闵庚尧的《中国古代公文简史》在中国写作学会首届优秀科研成果评选中荣获二等奖。8 月 2 日，龙志美担任副主编的《政治经济学》一书，经全国高等财经院校政治经济学研究会专家评审委员会评选，常务理事会讨论通过，被评为优秀科研成果奖。

1991 年 2 月 1 日，林犹恭等编著的《基本建设财务信用学》在中国人民银行第二次"全国高等院校金融类优秀教材"评选中荣获二等奖。3 月，赵天寿的《第十一届亚运会电子工程（总体设计、实施及计算机工程)》获得北京市科学技术进步奖评审委员会颁发的"北京市科学技术进步"特等奖。12 月，杨家义的论文《试论设计产品价格》、龙涛的论文《资产评估理论与方法》、杨志清主编的教材《国际税收》、王广谦的论文《论中央银行的单一政策目标》分别荣获北京市高等教育局颁发的"北京市高等学院第二届哲学社会科学中青年优秀成果奖"。1991 年，郭万录荣获北京市委教育工委、北京市高等教育局、北京市高等教育学会评选的北京市普通高等学院马克思主义理论

（公共课）教师教学优秀奖。

1992 年 4 月 17 日，财政部［（92）财教字第 18 号］印发第二届全国财政系统大、中专优秀教材评奖结果，李健编著的《当代西方货币金融学说》荣获荣誉奖（向国家教委推荐申报全国优秀教材备选教材）；闵庚尧主编的《应用文写作学》荣获一等奖；董孟婉主编的《预算会计》，李爽、李翠芬编著的《西方财务会计》，何清波主编的《工业财务管理教程》，王佩真主编的《金融概论》，刘宗时主编的《国民经济计划管理概论》，侯荣华主编的《宏观经济管理学》，孙开铺主编的《"资本论"与社会主义商品经济》，曹兴华参编的《金融概论》荣获二等奖。11 月 17 日，李健编著的《当代西方货币金融学说》（中国财经出版社 1989 年出版）荣获国家教委颁发的"第二届普通高等学校优秀教材"全国优秀奖。1992 年，杨志清的《国家税收》获"第二届北京市哲学社会科学优秀教材奖"。张燕生的《新中国经济的变迁和分析》获"1992 年孙冶方经济科学著作奖"。张礼卿的《适度外债规模问题》荣获"中国金融学会首届全国金融优秀论文"二等奖。

1993 年 9 月，"北京市优秀教学成果奖"评选揭晓，财政系孙翊刚主持的《财政史教学手段改革》获一等奖，税务系郝如玉主持的《税收本科教学改革》、基础部曹克明等主持的《财经院校经济数学课程的教学建设》、马列部贺强主持的《（政治经济学）教学改革成果》和财政系刘桓主持的《开办第二课堂的初步尝试》获二等奖。

1994 年 4 月，李健编著的《当代西方货币金融学说》（中国财经出版社 1989 年出版）荣获中国金融教育发展基金会颁发的首届院校"金晨"优秀科研成果一等奖，张礼卿的《适度外债规模问题》获首届院校"金晨"优秀科研奖。12 月，王国华的专著《偷漏税心理学》、齐兰的专著《我国现阶段基本工资问题研究》获北京市高等教育局颁发的"北京市高等学院第三届哲学社会科学中青年优秀成果奖"。

1995 年 3 月，王广谦的论文《从社会发展的角度看中国金融改革与发展的着力点》获中国金融学会第二届全国优秀金融论文评选三等奖。10 月，在第二次全国财政理论研究成果评奖中，陈嘉亮的《整治农业产品价格补贴的宏观思考与对象》、姜维壮的《财政体制改革理论探讨》获荣誉奖；崔维的《西方财政宏观调控理论与实践》获特别奖；门惠英的《对我国复式预算几个理论问题的探讨》获二等奖；尹卫生的《财政平衡原则是财政政策的基石》、李俊生的《试论确定财政职能范围的理论依据》、王雍君的《中国产权改革与财政改革的相关性分析》获三等奖。11月11日，第二届青年教师教学基本功比赛一等奖获得者、信息系青年教师马燕林参加了北京市教育工会主办的北京市首届青年教师教学基本功比赛并获优秀奖，工会获优秀组织奖。12月27日，国家税务总局（国税函发〔1995〕671号）通知，郝如玉、王国华编著的《中国新税制》获"第一届全国普通高等学院税收类优秀教材"二等奖；杨志清主编的《国际税收》、祁国华主编的《新编企业纳税检查》、董庆铮编著的《税收理论研究》获成果奖。12月，李天民的《管理会计研究》获"国家教委第二届全国高等教育出版社优秀学术著作奖"。12月，在第三届全国高等学校金融类优秀教材评比中，李继熊的《海上保险学》荣获一等奖，郝演苏的《财产保险学》荣获青年奖。

### 三、学生获奖情况

1990年4月19日，会计系1988级研究生陈忠明同学，在全国首届会计知识大赛决赛中作为中央国家机关代表队成员参赛，该队最后夺得第三名。全国首届会计知识大赛由华人世界社倡议，财政部批准，中国会计学会、华人世界社、中央电视台、中央人民广播电台联合举办，大赛共分两个赛程进行，陈忠明同学在第一赛程中荣获二等奖，第二赛程在中央各部委200多人参加的中央国家机关代表队选拔赛中荣获个人第1名。5月15~18日，第五届全国财经院校研究生经济理论研讨会在西安召开。本届研讨会共收到学术论文152篇，研讨会筹委会从中选出54篇论文作者，作为参加本届研讨会的人选，税务系1988级研究生吕术业提交的论文《论我国收入分配不公的类型与税收调控的范围》以及经济管理系1988级研究生唐健提交的论文《完善承包责任制的对策思考》双双荣获优秀论文奖（注：本届研讨会只设优秀论文奖）。5月17~20日，在北京市高校第28届学生田径运动会上，1989级财师班学生程占龙夺得男子10000米跑金牌，信息系孙海涛获得男子标枪第4名，金融系张二军、经济管理系杜季柳获得女子标枪第5、第6名，会计系姜鸿雁获得男子跳高第7名，姜鸿雁还是学校自己培养的在本次运动会上通过了国家二级运动员标准。

1991 年 5 月，基建系投资 1989 班团支部被共青团北京市委员会评为首都高校"先锋杯"优秀团支部。5 月，程占龙同学在北京市第 29 届大学生运动会上取得优异成绩，力夺男子 10000 米、5000 米两项冠军。12 月，经济管理系国企 1989 班获北京市学生联合会颁发的首都高校"优良学风班"荣誉称号。

1992 年 4 月 3 日，北京市 1992 年度高校乙级篮球联赛结束，女子篮球队摘得桂冠，并进入甲级队行列。5 月 20 日，工业会计系 1988（1）班江建平同学参加在中南海怀仁堂举行的首都应届高校毕业生座谈会，受到江泽民总书记的亲切接见，并聆听了总书记的重要讲话。12 月，农财 1990 级隋洋、财政 1991 级杨勇、国保 1989 级余敏、投资 1990 级刘韫、税收 1989 级张晓霞、金融 1989 级王代音、外会 1989 级陈慎获"北京市三好学生"荣誉称号；国企 1989 级胡晗、金融 1989 级任珠峰获"北京市优秀学生干部"荣誉称号；经济管理系 1991 班、金融系金融 1989 班获"北京市先进班集体"荣誉称号。

1993 年 6 月，农财 1990 级团支部、经管 1991 级团支部被共青团北京市委员会评为首都高校"先锋杯"优秀团支部。10 月 25 日，国家教委、共青团中央在清华大学召开"全国三好学生""优秀学生干部""先进班集体"表彰大会。投资 1990 班的刘韫同学荣获"全国三好学生"称号。12 月，廉志伟、杜志农、郭树强、杨莉、张蓉、张晓清、孔磊荣获"北京市三好学生"称号；孙海燕、张亚蔚荣获"北京市优秀学生干部"称号；税务系税收 1990 班、经管系经管 1991 班、投资系投资 1991 班荣获"北京市先进班集体"称号。

1994 年 4 月，投资 1991 班团支部和经济管理 1991 班团支部被共青团北京市委员会评为首都高校"先锋杯"优秀团支部。5 月 29 日，国金 1993 班学生曾锋在首都高校武术大赛上奋勇拼搏，一举夺得刀术、拳术、棍术三个金牌。11 月，贾蕾、张晓清、周磊、姜东晖、阎萌、姜珊、何民 7 位同学被中共北京市委教育工作委员会、北京市高等教育局、共青团北京市委员会、北京市学生联合会评为 1993～1994 年度北京高等院校市级三好学生；李显春、张燕松 2 位同学被评为 1993～1994 年度北京高等院校市级优秀学生干部；财政系农财 1991 班、信息系信息 1992 班、金融系国际金融 1992 班被评为 1993～1994 年度北京高等院校市级先进班集体。

1995 年 5 月，会计系 1991 级学生朱晓梅在 1995 年北京市高校"茹梦杯"

学生网球赛上，荣获女单甲组冠军。10月4~11日，1994级研究生胡焰明、王清芳、周华伟、武晓丽4位同学参加第三届全国高校研究生经济理论及热点问题研讨会。来自全国57所高校的120余名研究生参加了会议。研讨会从300多篇论文中选出30篇优秀论文在会上发言，4名同学全被选中。胡焰明获二等奖，武晓丽获三等奖，王清芳、周华伟获优秀奖。研究生会获大会组织工作二等奖。10月，国际金融专业1993（1）班曾锋同学在北京市高校武术比赛中取得棍术第一，刀术、拳术第二的成绩。11月，国企1993（1）班朱佳、信息1993班周廉慧、外会1992班程莘、投资1993（1）班万志勇、货银1994班谢冰、税务1992班贾蕾、理财1993班胡宇7位同学被北京市教育工委、北京市高等教育局、共青团北京市委、北京市学生联合会评为1994~1995年度北京高等院校市级三好学生；工会1993（2）班田欣、国保1992班罗艳君被评为市级优秀学生干部；经济信息管理系经济信息管理专业1992班、财政系理财1994班、国保1992班被评为市级先进班集体。

## 四、校园规划建设

办学基础条件建设是做好学校教学和科研的重要物质基础保障，学校一直非常重视办学基础条件建设，努力为广大师生的教学、科研和生活提供有力保障。1988年以后，学校步入了全面建设发展的新起点，教学、科研、学科建设成效显著。同时，校园建设也取得了巨大进步。学校通过编制并不断完善校园规划，对校园进行全盘规划，投入大量建设资金进行了一系列基本建设，不断改善办学基础条件，为全校师生创造了良好的工作和学习环境。

在1987年规划报告基础上，1988年，学校组织编制了更为细化的规划方案［(88)城规发字第245号］，于1989年获得首都规划建设委员会办公室［(89)首规办字第99号］批复：建筑总面积111354平方米，其中待建面积36700平方米，在校学生规模2500人。总体规划将校园分为教学（30514平方米）、学生宿舍（20805平方米）、运动（20805平方米）、后勤（15257平方米）、教工住宅（26353平方米）和集中绿地（18031平方米）六个区。

1993年，学校委托中国航空工程承包开放公司对原规划进行了调整（中财院［1993］20号）：在学校原有建筑内增、插建部分建筑，主要包括教学楼、风雨操场、活动中心、食堂、学生宿舍和车库等；在不影响教学的情况

下，另建有一批第三产业用房及商业用房。该规划方案同年取得财政部
[（93）财教字第 38 号] 批复。

规划的主导思想是尽量利用现有的建筑，在有限的用地范围内，通盘考虑
建筑体型、广场、绿化、车库、日照间距和消防要求等，以期通过规划，增
建、插建学校要求的一些建筑，创造动静分开，分区明确，环境优美的校园；
建成庄重、新颖、轮廓线丰富、色彩明快的建筑造型；营造出内外功能分区明
确、外部造型统一的建筑群体；考虑远、近期建设分期实施的可能。

教学楼部分：利用轮廓，将新教学楼往南布置，安排在原教学楼中轴线的
两边。为与原教学主楼有所呼应，新教学楼两边设计为叠落式，立面局部层层
外凸，形成层次与阴影，增加外轮廓线上的起伏。在教学楼的造型上，分别在
屋顶上设计了红瓦坡顶，大小呼应，为校园增加了一抹亮色。

教学楼主轴线前广场：中轴线上设置喷泉、花坛，两边安排大片的绿化用
地，面向南侧主干道敞开，创造出庄重、新颖、优美的高等学府气氛。

校门：在教学主楼的中轴线位置展开 60 米，作为学校主出入口大门位置。
为了突出校区的重要性，西边的科研区及东边的三产区在校门口两侧均呈 45°
斜角，形成教学主楼视线上的导向作用。两侧建筑采取中间低、两边高的总趋
势，以其突出学校主楼。这两区在规划中，预留了车辆出入、停放区域及必要
的院落空间，以便自成系统，对外开放。

学生宿舍部分：位于校园的西北角，专家楼的北边，为了增加建筑面积，
在考虑了日照因素的前提下，宿舍楼设计为两翼向北层层堆叠的形式，解决了
对北边宿舍的遮挡问题。通过上述规划后，整个校园基本分区如下：西侧为体
育活动区，设有操场、风雨操场、排球场；西南为科研楼及服务中心区，成为
连接内外的纽带；中间为教学区，布置了浑然一体的教学楼建筑群；校园西北
区为学生宿舍、专家楼区，学生宿舍集中布置（含原有的学生宿舍），也可以
单独成立；东北为教职工宿舍区；东南角区域近邻城市干道，安排住宅及商业
用房。大面积绿化区位于教学区的周围，既有利于创造安静、优美的学习环
境，又形成了与其他区域的自然分割。

1994 年，学校大门工程取得财政部立项 [（94）财教字第 11 号]，建筑面
积 50 平方米，资金全部由校友赞助。学校原有大门是在北京卷烟厂占用时期
修建的，由于年久失修已破损不堪。从安全保卫、校容校貌和人流、车流等方

面考虑，新建大门采用钢筋混凝土结构，汉白玉浮雕饰面，主体由6个直径为60厘米、高4米的混凝土圆柱支撑，圆柱外包汉白玉浮雕装饰。大门东、西两侧设收发室、传达室，外墙采用仿石喷涂。

## 五、分部（清河）建设

进入20世纪90年代，学校办学规模快速发展，招生规模的扩大与办学条件不足的矛盾日益显现。1991年12月28日，钱中涛副院长代表学校与北京市第一城市建设工程公司总经理刘长祥签订了《换房合同书》。根据合同约定，学校以换建方式购买海淀区清河朱房村住房41000平方米，占地面积97亩，全部工程总投资7740万元，全部购房与换房工作于1993年9月30日完成，并保证学校使用。参加签字仪式的校领导有李保仁、钱中涛、王庚舜、李玉书、王柯敬、袁平建。

1995年，学校决定筹建清河分部。1995年4月10日，学校通知（院发〔1995〕33号）：根据工作需要，经研究决定成立清河分部筹备办公室，负责清河分部筹备工作。

## 六、建校四十周年和四十五周年庆典

### （一）建校四十周年庆典

1989年10月17日，国务院副总理田纪云为学校建校四十周年题词"努力为四化建设培养合格人才"。国务委员兼财政部部长王丙乾为学校建校四十周年题词"发扬忠诚、团结、求实、创新的校风"。10月22日，学校举行建校四十周年校庆纪念活动，来自24个省、市、自治区及香港地区的近300名校友代表同广大师生一起隆重聚会，庆祝建校四十周年。国务委员兼财政部部长王丙乾，国务委员兼中国人民银行行长李贵鲜，财政部原代部长、顾问、老院长戎子和，财政部副部长迟海滨、项怀诚，财政部原副部长、顾问陈如龙、田一农，国家国有资产管理局局长汤丙午、国家税务总局局长金鑫、中国人民建设银行行长周道炯、中国人民保险公司总经理秦道夫、国家审计署副审计长李金华、云南省副省长金人庆、宁夏回族自治区副主席程法光、中国工商银行副行长张庆寿、中国农业银行副行长戴相龙、中国银行副行长凌志、中共北京市高校工作委员会顾问廖叔俊、财政部教育司司长杨春一、财政部人事司司长张庆荫，财政部原部长助理、商业部原副部长、顾问杨少桥，东北财经大学党委书记赵承璧，吉林财贸学院院长徐世友，中国会计协会副会长、中国注册会计师协会会长杨纪琬，原中央财经学院副院长罗青及学校历任领导姜明远、张建皓、武冠英、陈菊铨等到会祝贺。

**（二）建校四十五周年庆典**

1994 年 10 月 15 日，学校隆重举行建校四十五周年庆祝大会。财政部部长兼税务总局局长刘仲黎，原财政部代部长、顾问、老院长戎子和，北京市政协副主席、市委教育工委书记陈大白，北京市教育工委常务副书记尹栋年、国务院学位办公室副主任奚广庆以及各银行行长、23 所兄弟院校的领导等出席了大会，学校历届校友近 1500 人从全国各地赶到母校共庆佳节。中共中央政治局委员、人大常委会副委员长田纪云同志为学校题词："发扬成绩，总结经验，为把中央财院办成一流财经大学而奋斗！"中共中央政治局委员、国务院副总理李岚清同志为学校题词："培养更多的优秀财政金融人才，为建立和完善社会主义市场经济体制做更大贡献。"全国人大常委会副委员长王丙乾同志的题词为："忠诚党的教育事业，培养四化建设人才。"刘仲黎的题词为："走创新路，育栋梁材。"戎子和的题词是："辛勤耕耘四五载，桃李飘香遍神州。"财政部副部长迟海滨、刘积斌，北京市常务副市长张百发等领导也题了词。

总之，经过这一阶段全国一流财经院校和财政部窗口院校的建设与发展，学校的办学实力得到较大的提升，特别是获得了博士学位授予权，办学的层次提高了，学科面有所扩大，不再局限于经济管理，由单一学科向多学科发展迈出了可喜的一步，为学校未来的跨越式发展提供了重要前提。

# 第三章 迈上建设多科性大学之路 (1996～2004 年)

　　1996 年 3 月，为扩大办学规模，拓展办学空间，学校决定筹建分部，实行校区两地办学管理模式。1996 年 5 月，由中央财政金融学院更名为中央财经大学成为学校发展的新起点，开启了多科性大学建设之路。1998 年 10 月，中央财政管理干部学院重新并入中央财经大学，组建新的中央财经大学，学校进入了向多科性大学发展的转型期。1999 年 6 月，召开了中国共产党中央财经大学第三次代表大会，为这个时期学校建设和发展指明了方向。2000 年 2 月，学校由原财政部划归教育部直接领导，由此步入了"入主流、办特色、建设高水平大学"的新时期。2002 年 12 月 14 日，学校常委会议确定沙河新校区总体设计规划方案，为学校多科性大学建设奠定更为坚实的空间基础。

　　在党中央、财政部党组与教育部党组和中共北京市委的领导下，学校坚持和贯彻党的教育方针事业取得了巨大进步和显著成绩，办学空间得到拓展，办学实力显著增强；学科建设明显加强，人才培养质量显著提高；师资队伍水平不断提高，教育教学改革成效显著；科学研究日趋活跃，科研水平进一步提高；积极探索校内管理体制改革，努力提高管理水平；对外交流日益扩大，合作办学取得重要进展；办学条件进一步得到改善，校园规划和建设步伐加快；党的建设不断加强，思想政治工作成效明显。

# 第一节　学校发展的历史背景

## 一、我国高等教育发展形势

1996年3月，第八届全国人民代表大会第四次会议通过的《国民经济和社会发展"九五"计划和2010年远景目标纲要》，将"九五"期间国民经济和社会发展的主要奋斗目标确定为"全面完成现代化建设的第二步战略部署"。"九五"计划提出了"实施科教兴国战略，促进科技、教育与经济紧密结合"等重要方针，要求"高等教育发展规模要适度，着重提高教育质量和办学效益，重点建设好一批高等学校和学科"。1997年9月召开的党的十五大强调"要切实把教育摆在优先发展的战略地位"，明确指出了"加快高等教育管理体制改革步伐"。2001年3月，第九届全国人民代表大会第四次会议通过的《中共中央关于制定国民经济和社会发展第十个五年计划的建议》，提出了深化办学体制和教育管理体制改革，依法落实高校办学自主权。2002年11月召开的党的十六大确立了全面、协调、可持续的发展观，突出了实施科教兴国战略和人才强国战略在全面建设小康社会中的重要战略地位。

为把改革开放推向深入，需要理顺机构设置与社会主义市场经济发展的关系。1998年，国务院开始了改革开放以来第四次机构改革，下决心重点解决精简人员和政府机构，理顺部门间职能分工。1999年，国家对原兵器、航空、航天、船舶、核工业五大军工总公司所属院校进行调整。2000年，国家又对铁道部等49个国务院部门（单位）所属院校进行了调整。调整后，全国共有普通高等学校1018所，其中由中央部门管理的、教育部直属的71所和其他中央部门管理的50所，其余高校均以地方政府为主管理。至此，绝大多数中央部门不再办学，高校管理权的下放真正成为现实。正是在这脱离原属主管部门、建设综合性大学的浪潮中，2000年2月12日，国务院办公厅通过《国务院办公厅转发教育部等部门关于调整国务院部门（单位）所属学校管理体制和布局结构实施意见的通知》（国办发〔2000〕11号），批准中央财经大学独立建制，由财政部划归教育部直接领导。

世纪之交，国内外教育形势正在发生着深刻变化，科教兴国战略的广泛实施、高校教育改革的深入发展，给学校带来了新的机遇和挑战。中共中央、国务院《关于深化教育改革全面推进素质教育的决定》和教育部《面向 21 世纪教育振兴行动计划》为高校提供了明确的办学思路。教育部启动"高等学校教学质量和教学改革工程"，实施新的教育振兴行动计划，在 2003 年 1 月 5 日召开的教育部直属高校工作咨询委员会第十三次会议上，教育部部长周济明确指出：各高校要"思考两个问题"（建设一个什么样的大学？怎样建设这样的大学？），制定"三个规划"（学校发展战略规划、学科建设和队伍建设规划、校园建设规划）。2004 年，周济部长在第二届中外大学校长论坛上强调，要进一步推进高等教育的改革创新，必须进行新的宏观思考和战略规划，要进一步认真思考"办什么样的大学"和"怎样办好这样的大学"两个根本问题，更好地制订"三个规划"，如何真正做到科学定位，突出特色，以重点突破带动全面发展，以特色争一流，找准改革和发展的战略突破口。2003 年 9 月，学校成立发展规划处，着手起草《中央财经大学发展战略规划》《中央财经大学学科与师资队伍建设规划》《中央财经大学校园建设规划》。2004 年 12 月，学校颁布《中央财经大学发展战略规划（修订稿)》《中央财经大学学科和师资队伍建设规划（修订稿)》《中央财经大学校园建设规划（修订稿)》。

## 二、学校教育事业发展状况

为弥补学院南路校区办学条件不足的问题，3 月 31 日，经学校党委常委会研究决定成立中央财政金融学院分部，实行校区两地办学管理模式。

1996 年 8 月，移交工作完成，城建一公司转让住房建筑包括住宅楼 2 栋、单身宿舍 2 栋，以及商店、配套设施等，总建筑面积 21193.22 平方米。9 月 13 日，新校区清河分部正式启用，迎来 1996 级新生 1003 名。

9 月 10 日，举行"中央财经大学分部"揭牌仪式。13 日，清河分部正式启用并迎来第一批从 21 个省、市、自治区招收的 1003 名 1996 级本科新生。20 日，1996 级研究生、本科生、专科生新生开学典礼在清河分部举行，并举行了中央财经大学首次设立的"涌金新人奖"颁奖仪式。

1998 年 10 月，独立建院办学十年的中央财政管理干部学院重新并入中央财经大学，组成新的中央财经大学。暂时保留中央财政管理干部学院的牌子。两校的合并是高等教育体制改革的重要成果，学校的办学实力增强，是学校办学历程的新起点。

1999 年 6 月，学校召开第三次党代会，提出了办学总目标是以邓小平理论为指导，以培养人才为中心，全面贯彻党的教育方针，把我校办成在国内外有较大影响，教育教学质量一流，以经济学科和管理学科为主，法学、文学等相关学科相互支撑、协调发展的多学科性大学。学校按照办学总目标的要求，以内涵发展为主，深化教育改革，积极更新和改革教育观念、教育体制、教育结构、人才培养模式、教育内容和教育方法，全面推进素质教育，在现有基础上进一步上层次、上质量、上水平。

1999 年，学校迎来了 50 周年华诞，成为学校历史上标志性事件，为学校十年的全面发展画上了圆满的句号，同时也开启了步入 21 世纪展翅腾飞的新局面。10 月 13 日，国务院副总理李岚清发来贺信，祝贺学校建校 50 周年。他在贺信中说："希望你们继续全面贯彻党的教育方针，深化教育改革，发扬优势，突出特色，不断提高教育质量和办学水平，为财税系统和国民经济各部门培养出更多的高素质专门人才，为科技兴国作更大贡献。"10 月 16 日，在举行的庆祝建校 50 周年庆典大会上，人大常委会副委员长王丙乾，财政部部长项怀诚，教育部部长陈至立，中国人民银行行长戴相龙，国家审计署审计长李金华，国家税务总局局长金人庆等国家有关部委和北京市的领导，国际友人及北京大学、清华大学等 50 多所高校和 60 多家单位的近 5000 人参加了庆祝大会。10 月 29 日，中共中央总书记、国家主席、中央军委主席江泽民同志挥毫为学校 50 周年题词："努力办好中央财经大学，为现代化建设输送高质量管理人才。"这是党和国家领导人对学校的殷切关怀，也对学校的建设和发展提出了更高的要求。

2000 年 2 月 12 日，国务院办公厅批准中央财经大学独立建制，由原财政部划归教育部直接领导，学校由此步入了"入主流、办特色、建设高水平大学"的新的发展时期。

2004 年暑期，学校党委常委会在辽宁省葫芦岛市兴城举行，会议的主要内容就是审议上述"三个规划"。会议原则通过了"三个规划"，明确了学校发展的基本定位：经过不懈努力，将中央财经大学办成一所有特色、多学科性、国际化的研究型大学。学校发展战略目标是：把学校建成以经济学科和管理学科为主，法学、文学、理学、工学、哲学、教育学、历史学等学科协调发展的，有特色、多学科性、国际化的研究型大学。为实现学校战略发展目标，学校决定实行"三步走"的发展战略：第一步，从现在起到 2010 年，为学校实现建设教学研究型大学的跨越，并最终建成研究型大学和可持续发展奠定基础；第二步，利用 2010~2020 年的十年时间，建成具有鲜明特色的研究型大学；第三步，到 21 世纪中叶，建校一百周年时，全面实现规划的总体目标，把学校建设成为国际知名的具有自己鲜明特色的多科性高水平研究型大学。这次"兴城会议"在学校发展史上具有里程碑式的意义，正是这次会议确定了学校的发展规划和发展战略目标。学校也正是落实这次会议确定的规划和发展战略目标，实现了学校的跨越式发展。

## 第二节　推进各类教育发展和人才培养质量提高

学校依托专业发展推进学科建设，在经济学、管理学、法学、文学、理学 5 个学科门类设置 31 个本科专业，由过去学科单一的专门性院校发展成为具有鲜明中央财经大学特色的以经济学、管理学和法学为主的多学科交叉融合、协调发展的多学科体系。

### 一、专业设置逐步健全

1995 年 9 月，中央财政金融学院首次招收经济法专业和管理信息系统本科生，结束了学校单一经济学科的历史。1997 年 9 月，国家教委批准学校增设会计电算化大专专业，当年为广东省定向培养电算化大专学生 50 名。1996 年学校更名大学后，特别是抓住 1998 年教育部实施新的专业目录的契机，以学科建设为龙头，按照优化传统学科、孵化交叉学科、催化新兴学科的发展思路，加快了学科发展步伐。为了适应我国社会主义市场经济体制和改革开放的需要，适应现代社会、经济、科技、文化及教育的发展趋势，改变高等学校存在的本科专业划分过细、专业范围过窄的状况，自 1997 年 4 月开始，教育部

（原国家教育委员会）全面组织进行了对1993年颁布的《普通高等学校本科专业目录》的修订工作。修订工作按照科学、规范、拓宽的原则。1998年2月16日，教育部批准设立本科市场营销、统计学、工程管理专业。1998年7月6日，教育部本科专业新目录颁布实施并对普通高等学校本科专业进行整理审核，学校当时在专业下设立一大批专门化撤销。1999年3月2日通知，学校本科专业目录内剩下10个专业，即财政学、金融学、法学、统计学、信息管理与信息系统、工程管理、工商管理、市场营销、会计学、财务管理，加上特殊保留的国民经济管理、保险2个专业，共12个专业。如果不是抓住时机在1998年增设3个专业，按新目录整理审核后只剩下9个专业，当时平均1个系还不到1个专业。1999年1月20日设立本科经济学、国际经济与贸易专业。迅速补上了与兄弟财经院校在专业数量上的差距，真正迈向多科性大学建设之路。

在21世纪的开端，学校迎来了新的发展机遇。2000年2月，学校独立建制划归教育部直接领导，进入了"入主流、办特色、建设高水平大学"的新时期。学科的重要性逐步被大家认识，在专业建设、招生规模等方面都获得了教育部的大力支持。学校大力加强学科建设，专业大发展，连续数年每年上3个专业。2000年2月25日，据财政部人教司（函字〔2000〕77号）转发《关于同意1999年度部属普通高等学校新增本科专业的通知》，学校申请的汉语言文学本科　专业和新闻学本科专业、劳动与社会保障本科专业得到教育部正式批准。至此，中央财经大学本科专业已增至17个，分属经济学、管理学、法学、文学4个学科，向多科性大学又迈进了一步。2000年11月，经济学、管理学被确定为自主审定本科专业的学科门类，学校可以自主增设经教育部公布的经济学、管理学门类的本科专业，为学校专业学科的自主发展注入了强大的原动力。2001年3月，教育部批准学校设置管理科学、人力资源管理、公共事业管理3个本科专业。2002年2月，教育部批准了学校申报的金融工程、税务、英语、电子商务和行政管理5个本科专业。2003年2月10日，根据《教育部关于公布2002年度经教育部备案获批准设置的高等学校本专科专业名单的通知》（教高函〔2003〕2号），学校获准新增体育经济、社会学、数学与应用数学3个本科专业。2004年3月1日经教育部（教高函〔2004〕3号）批准，学校获准设置应用心理学、房地产经营管理、项目管理3个本科专业。

截至 2004 年，学校在经济学、管理学、法学、文学、理学 5 个学科门类中有 31 个本科专业。

## 二、本科教育日趋成熟

### （一）教育模式

本科"完全学分制"、弹性学分制、实行绩点学分制实施，从质和量两方面对学生进行考核，制定了一整套学分制教学管理制度。学分制加大了激励机制，调动了学生的学习主动性和积极性，也调动了教师增加教学精力投入和开新课的积极性。其直接的效果就是提高了本科生教学质量，课程设置与教学内容也更加适应社会需要，在学校学到的专业知识和技能使学生获得了可持续发展的原动力。

1998 年 11 月 15 日，学校 5 名同学在"第十届北京市高校数学竞赛"中，分别荣获本科乙组二、三等奖，获奖率为学校参加竞赛同学总数的 50%，其中王佳、孙大江、张永同学获二等奖，王爽、李卫星同学获三等奖。

1999 年 6 月 28 日，经学校推荐，教育部、共青团中央批准，学校法律系 1995 级经济法学专业学生张鲲荣获"全国优秀学生干部"称号。1999 年 1 月，信息管理系学生张国龙在 1998 年中国计算机软件专业技术资格和水平考试中取得水平考试高级程序员级第一名。

2000 年 5 月 29 日，"电商杯"北京市高校大学生辩论赛在学校专家宾馆举行，学校参赛队进入四强。

2001 年 11 月 12 日，"挑战杯"全国大学生论文大赛，1999 级投资系研究生李辉同学的参赛作品《我国财政政策和货币政策效应的实证分析》获国家级二等奖以及北京市特等奖，学校还获得了 3 个北京市二等奖，3 个北京市三等奖，3 个北京市鼓励奖。本次"挑战杯"竞赛首次设立人文社科类论文专项。2001 年 12 月 9 日，学校首次召开由数学教学部承办的北京市高校 2001 年数学年会暨市大学生第 13 届数学竞赛颁奖大会。学校金融系 2000 级林静同学获丙组二等奖、国经贸专业 2000 级邬媛媛同学及劳动保障专业 2000 级郭华娟同学获丙组三等奖。

2003 年，学校启动了本科生科研创新专项资金，每年投入 20 万元，支持优秀本科生进行创新性实验与探究性实践学习，以提高本科生的科研能力与实践动手能力，培养高素质创新型人才。2004年5~7月，学校继2003年启动本科生科研创新专项资金资助课题活动后，再次组织申报立项，共有107个项目参加申报，经评审，78个项目予以立项，每个项目获得2000元资助。中央财经大学本科生的教育质量得到了社会的公认。一批批中央财经大学学子活跃在国家经济建设和社会发展的各个领域，涌现出一大批管理英才与业务骨干，他们为我国社会主义建设和改革开放事业做出了重要贡献。

### （二）本科招生与学生管理

1996年5月9日，根据财政部人事教育司（财人干字〔1996〕113号）文件精神，中央财政金融学院自1996年起实行招生并轨改革。1996年8月，在全国普通高等学校招生工作中，按国家教委要求，学校全部实行并轨招生，取消自费生，开始实行交费上学，招生工作进入公平竞争的正常轨道。我国的招生制度包括招生计划、招生政策、选拔形式、入学考试、录取办法等方面的内容。招生并轨改革属于招生计划形式和录取办法的改革。

1996年实施招生并轨改革以后，要求学校根据毕业生的实际情况指导学生就业。原来按国家任务计划招收的学生，毕业时原则上仍由国家负责安排就业，实现"供需见面"和一定范围内"双向选择"的办法，落实毕业生就业方案；委托和定向培养的学生按合同就业，自费生自主择业。

为了适应毕业生就业制度改革的需要，严格毕业生就业制度，保证毕业生就业工作顺利进行，学校制定了相关文件和管理工作方法，全方位指导毕业生的就业分配工作。1997年4月24日，学校颁发了《中央财经大学本、专科毕业就业工作管理办法》。

招生并轨改革后，国家不再完全承担学生的培养费，因此，学校制定了相应的配套保障措施，保证使贫困生不失学。家庭经济困难的学生可申请贷学金，领取贷学金的学生毕业后应按期归还贷款本金及利息。1998年9月为了贯彻党中央、国家教委和财政部"关于切实做好洪涝灾区困难学生入学工作的紧急通知"的精神，学校党委对灾区学生的学习和生活费用问题进行了专门研究，决定对41名灾区困难学生减免1998年的全部学费和住宿费，并在贷学金的发放政策上给予优惠，使灾区困难学生上学得到了可靠保证。

教育发展奖励基金旨在鼓励教师不断提高教学水平，激励学生努力提高学术修养，从而促进学生综合素质的全面提高。这一时期，学校的教育奖励基金得到了迅猛发展，校友和社会知名人士纷纷在校设立奖励基金。为了更好地对基金进行管理，提高基金的利用率，1996 年 7 月 12 日，校教育发展基金管理委员会在王柯敬校长主持下，审定通过了 1995~1996 年度各项教育发展基金的获奖名单和获奖金额。教师、学生共有 108 人获得学校各项教育基金荣誉称号，奖金分别为 4000 元、3000 元、2000 元、1000 元，奖金总额 269900 元，是我校历年来颁奖额度最高的一年。1999 年，学校共设各类教育发展奖励基金 8 项。这些基金有校友和社会知名人士赞助，也有国内外金融、保险、企业、公司出资赞助，基金主要用于奖励优秀学生和优秀教师，也有部分用于奖励优秀管理人员。1999 年底，共有 147 人获奖，其中学生 96 人，教师 51 人，奖励总额达 26.8 万元。

学生文化活动丰富多彩。1995 年 6 月，由团委、学生会主办的校园文化刊物——《中财人》创刊，党委书记李保仁同志为本刊题写了刊名。1995 年 10 月 25 日，举行了"希望书库"捐赠仪式，校团委向"希望工程"捐助 3400 元。1996 年 8 月 23~29 日，学校志愿者参加"志愿服务交通岗"执勤，配合公安交通管理部门整顿首都交通秩序。1999 年 3 月 31 日，在北京行知打工子弟学校挂上了"中央财经大学青年志愿者基地"的牌子。1997 年 2 月 24 日，学校在图书馆大厅举办"缅怀邓小平同志"图片展。1997 年 4 月 12 日，学校第一届"跳蚤市场"在校排球场举行。1997 年 6 月 16 日，在图书馆大厅举办"迎接 97 香港回归——中国图片文献展览"。

1998 年 7 月 15~20 日，为了提高班主任队伍的整体素质，加强班主任队伍管理的整体性和系统性，学校召开了首次班主任工作研讨会。1998 年 11 月 13 日，与北京高校教师培训中心联合举办了为期 35 天的班主任培训班，北京市高校的 80 余名班主任参加了培训。

2001 年 5 月，成立了大学生就业指导中心，全面负责毕业生的就业工作；同时组建心理咨询中心，开始对学生进行心理知识的普及和心理问卷调查，接受学生心理咨询。2004 年 4 月 25 日，学校首次举办本科生招生咨询日活动，还指定法律系（2004 年 12 月撤系建院）具有律师资格证的专职教师担任本次活动的法律顾问。学校把就业工作作为"一把手"工程来抓，成立了校院两级就业工作领导机构。2004 年 4 月，军事爱好者协会、新长城中央财经大学自强社成立。

2001 年 4 月 11 日，根据北京市教育委员会《关于同意中央财经大学招收港澳台学生的批复》（京教办〔2001〕16 号），学校从 2001 年起，通过普通高等学校联合招收华侨、港澳台地区及台湾省学生办公室，按照规定程序招收港澳台学生。2004 年 9 月，首次招收 32 名港澳台本科生。

**（三）学生思想政治理论教育**

随着社会环境的不断变化，中国共产党在坚持马列主义、毛泽东思想的指导下，结合中国的国情，不断提出符合中国特色发展道路的政治理论。为了加强政治思想教育，使政治理论教育更加系统化、规范化，1998 年 9 月，学校在 1997 级本科生中开设 36 个学时的邓小平理论课，该课为必修课，成绩合格按 2 个学分计入学生综合测评总分。从 1997 级学生开始每年入校的学生都将开设邓小平理论课，该课程由马列主义教学部负责组织教学。

1999 年 4 月 5 日，德育教学部与马列主义教学部合并成立政治理论教学部。截至 1999 年底，课时由 1997 级的 36 个学时增至 1998 级的 54 个学时（3 个学分）。政治教育以"两课"教育为主，即马克思主义理论与思想政治教育课，也就是邓小平理论和"三个代表"重要思想进课堂、进教材。学校为了加强"两课"教育，1999 年，组织了"两课"工作研讨会，确立了抓好"两课"教育、提高"两课"教学质量的工作思路：以全面育人提高素质为目的，端正教学思想，合理设置课程，改革教学内容。2000 年，又组建了"两课"建设指导小组，制订了"两课"建设计划，组织力量对教学中的热点和难点问题进行了攻关。

## 三、研究生教育

研究生教育处于国民教育体系的顶端，在实施人才强国战略、建设创新型国家的背景下，顺应时代发展趋势、抢占未来制高点，就必须发展高质量的学位与研究生教育。1996～2004 年，学校顺应时代需求，改革创新，锐意进取，达成新共识，激发新思路，探索新路径，汇聚新合力，研究生教育水平突飞猛进，硕果累累。

**（一）学术型硕士研究生与专业学位研究生教育**

学校高度重视研究生培养工作，按照优势突出、特色鲜明的原则，合理整合全校资源，不断加大学科建设工作力度，使学科点显著增加。采取有效措施，切实加强师资队伍尤其是导师队伍建设。建立了严格的硕士生导师和博士生导师的遴选制度，不断完善导师的教书育人和科研水平评价体系，形成了一支职称、学历、年龄结构合理，包括"国家名师""千人计划""长江学者""新世纪优秀人才"等在内的高水平的导师队伍，发表了一大批高水平的、在国内外富有影响力的科研成果。学校还着力在全球范围内平台式引进大批海外优秀人才，聘请了一批国内外著名学者担任学院领导和学术带头人。

学校进行研究生培养机制体制改革，狠抓研究生培养质量，积极探索培养具有国际化视野、高素质拔尖创新型人才的新模式。以学生为本，以科研创新为先导，建立、健全和完善各项规章制度，进一步加强和改进研究生思想政治工作，"服务育人，管理育人，全方位育人"，使研究生教育走上了制度化、规范化的轨道。

1996 年 6 月 26 日，国务院学位委员会（学位办〔1996〕29 号）批准学校当年开始举办在职人员以研究生毕业同等学力申请硕士学位工作。

1999 年 6 月 25 日，学校硕士研究生培养由两年半制改为三年制。1999 年 8 月 12 日，学校召开研究生学科建设与发展规划研讨会。会议重点讨论了研究生学科建设的发展规划和博士生培养的有关问题，研究生学科建设与发展规划草案的思路及设想，以及 2000~2004 年拟申报一级学科、博士点和硕士点情况及其发展所作的具体说明。2001 年 9 月 14 日，根据研究生教育发展的需要，学校决定改变研究生管理体制：改变研究生由研究生部集中管理的体制，实行研究生校、系两级管理；撤销研究生部党总支；研究生部在学校党委和行政的领导下，履行全校研究生行政管理和思想教育工作指导双重职能；研究生就业工作由学生处归口管理。经过多年的积极探索，中央财经大学已经形成了一套比较完整、成熟，注重提高研究生科研能力、创新能力的培养制度。2004 年学校录取研究生新生 768 人，在校生人数达 1705 人，其中博士生 179 人，硕士生 1526 人（含 MBA97 人），学校研究生教育开始走向繁荣。

学校高度重视研究生的学术能力培养，于 1998~2004 年举办 5 届研究生学术节，学术节期间，分别开展了名家讲座、博士生论坛、学术讨论、论文评奖等多种学术活动，召开各种专题学术报告会和讨论会并评出优秀研究生论文。学校还设立了"涌金研究生学术奖"和"华为"研究生培养基金用于资助表现优秀的研究生。无论是从国内的专业机构还是政府部门以及国外的学术研究领域，学校的研究生学术水平都在不同程度上得到了许可和赞扬。2004年 12 月 16 日，在第十二届安子介国际贸易研究奖颁奖仪式上，硕士研究生刘小平获得安子介国际贸易研究奖学术鼓励奖，这是学校学生首次获此奖项。

积极开展研究生教育领域的国际交流与合作。1992 年，在英国鹰星保险公司的支持下，学校与英国精算师学会签订了合作培养保险精算硕士研究生的协议，成为学校开展国际合作的经典项目。1994 年，英国精算师学会在中央财经大学设立了国内唯一的精算师考试中心。1996 年 4 月，在专家宾馆报告厅举行 1996 届硕士研究生毕业典礼，毕业硕士研究生 63 人，其中包括与英国鹰星保险公司暨英国精算师学会联合开办的精算班首届 9 名毕业生（7 月毕业）。

2002 年 5 月 9 日，首届研究生代表大会在主教学楼 509 教室召开。大会审议通过了第十六届研究生会工作报告和财务报告，选举产生了第十七届校研究生会。此后，研究生代表大会每年如期召开，成为研究生展示自己、行使权利、表达意愿的广阔平台。

随着社会主义市场经济的迅猛发展，社会对工商管理人才的需求不断增大，以培养职业经理人为目标的 MBA 教育也随之不断壮大。在这样的教育发展背景下，中央财经大学依托经济学和管理学主体优势学科资源，于 2004 年开始创办 MBA 教育。MBA 管理实行以 MBA 教育中心集中管理为主、研究生部和相关院系协调配合的体制，实现对内对外资源的统一调配与整合。为了加强对 MBA 工作的指导，2004 年 3 月 29 日学校成立了"中央财经大学 MBA 工作指导委员会"，对学校 MBA 教育工作进行宏观指导并协调各相关部门、院系间关系。

2004 年 9 月 13 日，中央财经大学首届 MBA 学员正式开课，共 97 人，其中金融管理研究方向 60 人、会计与财务管理研究方向 8 人、企业战略与管理研究方向 29 人，这标志着学校 MBA 教育正式起步。自 MBA 教育中心成立以来，学校 MBA 教育事业在激烈的市场竞争中站稳了脚跟，并逐步凸显特色，初步建立起了适合学校特点的管理体制、培养模式，师资队伍建设和课程案例开发有序进行，办学声誉和社会影响逐步扩大。

学校 MBA 教育独具特色，主要表现在两个方面：一是对师资力量的高度重视。在 MBA 所开的各门课程中，担任主讲的教师均为教授和副教授，绝大部分拥有博士学位。相当一批教师，具有直接参与企业管理咨询、或主持企业诊断和策划、或被聘为企业管理顾问的经历；一些 MBA 教师还具有海外留学和学术交流的背景。这样的师资队伍结构，在扩展 MBA 学生的全球化视野、培养他们针对实际管理问题提出解决方案的能力等方面都有极强的作用。为建立一支稳定的 MBA 师资队伍，MBA 教育中心不断加强师资培训力度，不仅选派骨干教师参加全国 MBA 教育指导委员会统一举行的 MBA 师资培训班学习，并且出资安排多人参加校外教学和学术活动，还按照全国 MBA 教育指导委员会的规定要求，选派了多名教师参加课程培训。二是教学方法别开生面。MBA 教学方法以案例教学为主体，所以从各个方面加强对案例教学的研究，包括举办案例教学研讨会等形式。

根据学科建设总体规划，在对 MBA 教育面临的机遇及挑战进行全面分析的基础上，MBA 教育中心制定出了《MBA 教育中心"十一五"发展规划》，提出用五年左右的时间，把学校 MBA 项目办成特色突出、优势明显、整体教学和培养水平达到国内一流并与国际接轨的专业学位项目，同时把 MBA 项目办成学校研究生教育（专业学位教育）的拳头产品、名牌产品，为学校知名度的提升和学校的发展作出积极的贡献。

此外，积极开展与世界一流大学开展联合研究生培养工作。2004 年 3 月 31 日，与荷兰蒂尔堡大学签订合作协议。协议包括一年制硕士学位计划，研究型硕士、博士学位计划，短期博士生互访以及教员互换。

**（二）博士生教育**

1996 年 2 月 13 日，财政部（财人字〔1996〕9 号）批复，同意王柯敬、王巾英教授为博士生指导教师，从 1996 年开始招收培养博士生。

1997 年 11 月 14 日，在专家宾馆报告厅，隆重举行了学校 97 届（首届）博士学位授予仪式。刘扬、关晓根、杨书剑、赵丽芬 4 位同学作为学校首届毕业博士生获得了博士学位。

1998 年 6 月 16 日，经国务院学位委员会批准，金融学、会计学获得国家博士学位授予权。同年，学校又有 3 名博士生毕业，11 月 2 日，为他们颁发了经济学博士学位证书。此届博士生自入学以来发表学术论文 50 篇、参加编著 13 种图书，承担课题研究 6 项，科研成果共计 69 项，人均 23 项，比上届高出 10.3 项。学校的博士生教育不仅体现在博士生研究水平的提高，同时师资力量也得到了扩充和强化。经财政部批复，王广谦教授、李爽教授、孟焰教授取得博士生指导教师任职资格。至 1998 年底，全校共有博士生导师 7 人。博士生教育的发展不仅需要师生的努力与奋斗，还需要良好的发展战略以及学校支持，才能够实现博士生教育的迅速发展。

1998 年 11 月 25 日至 12 月 2 日，学校组织了以"由重建金融秩序到迎接知识经济"为主题的第五届研究生学术节。学术节期间，通过开展"论文汇集""名家讲座""博士论坛""专业讨论"等活动，激发了学生的科研热情，活跃了校园科研气氛。学术节期间共收到论文 88 篇，论文内容涉及财政、金融、会计、经济管理、税收、保险、信息等多个专业。不少论文突破专业限制，对经济学中的一些基本理论作了有益探讨，有 11 篇论文获优秀奖。学术节期间，还组织了多场专业讲座，编辑印刷了"科研成果"汇编，收录了近一年中学校博士生、硕士生在国家级、省级杂志、刊物上发表的上百篇论文。这次学术节虽然是以学生的学术活动为主，但是它从另一个侧面彰显着学校研究生的整体教育水平已经迈上了一个新的台阶。

## 四、成人教育

### （一）管理制度规范化

1995 年，成人教育工作为适应社会主义市场经济需要，拓宽了办学思想，改革课程体系、教学手段和教学方法及教学管理体制，教学计划规定的各门课程，均参照全日制高等教育相同课程教学大纲，结合函授教育特点制定教学大纲，函授、夜大教育的教学以有计划、有组织、有指导的自学为主，并组织系统的集中面授，为了确保质量，严密组织按期进行成绩考核，考核一律采用闭卷笔试的方法，修业期满，考试成绩合格发给国家承认的大专或本科学历。学生的学习成绩从总体上看呈正态分布，优秀率为 19.7%，及格率为 95.2%，学生毕业率为 93.4%，学校函授、夜大学学生人数与全日制学生在校生人数的比例为 0.92∶1。

学校成人教育的教学管理进一步实行了规范化、制度化管理，逐步健全和完善了成人教育教学管理的各项规章制度，截至 1995 年底，共制定各种规章制度 22 个。

成人教育在这一时期进入学院模式的发展阶段，前文所述的成人教育工作在此阶段进行细分，随着各种条件的成熟，不同的时间段划分出不同的学院进行成人教育工作的专门化运作及管理。

根据国家教委、财政部的统一部属，学校在 1996 年开展了函授、夜大学教育评估工作，对 15 年来举办函授、夜大学教育的全过程进行了比较系统的回顾与总结。1996 年 10 月 4 日，财政部部属院校成人教育评估专家组对学校成人教育进行评估检查，学校成人教育评估全部项目通过，评估结果合格。1997 年 2 月 27 日，经财政部财人干字〔1997〕38 号批复批准，学校在原成人教育部基础上成立成人教育学院。3 月 30 日，成人教育学院成立暨第十一次函授教育工作会议在海南省海口市举行，来自全国 14 个省（区、市）24 个函授站的 50 多名代表参加了大会，学校党委书记李保仁、校长王柯敬、副校长王广谦以及财政部人教司职教处、海南省组织部培训处、海南省教育厅成教处的有关负责同志出席了大会。会上，李保仁宣读了财政部关于学校成立成人教育学院的批复并作了重要讲话。王柯敬宣布了成人教育学院的组织机构和任职名单。成人教育学院由王广谦兼任院长，尹卫生教授任常务副院长，下设办公室、教学管理部和学籍管理部。成人教育学院的成立标志着学校成人教育工作进入了一个新的历史发展时期。

2003 年 8 月 11 日，学校决定成人教育学院更名为继续教育学院。同年 10 月，财政部函授、夜大学教育评估专家组对学校成人教育进行了评估验收。专家组认为：学校领导重视函授、夜大学工作，办学指导思想明确，规章制度比较完善，管理机构基本适应办学需要；规范办学，从严治教；重视函授站建设，强化函授站管理；办学的社会反响较好，赢得了较好的社会声誉。

**（二）办学覆盖面不断扩大**

2000 年 12 月 15 日，学校成人教育学院与惠州大学签订协议，在惠州大学经贸学院建立惠州函授站；同日，与广州市财贸管理干部学院签订协议，建立广州函授站；18 日，与哈尔滨市科技职工大学签订协议，设立哈尔滨市科技职工大学函授站；28 日，与安徽省阜阳市财政局商定，在阜阳财税干部学校设立阜阳函授站。

2001 年 10 月 11 日，成人教育学院与海南省干部培训中心续签协议，在海南省海口市设立海南函授站。2001 年 10 月 22 日，经校长办公会议批准，准备在湖南高等财政专科学校建立长沙函授站，在甘肃省财政学校设立兰州函授站，在伊犁财贸学校设立伊犁函授站，在广西财政高等专科学校设立南宁函授站，在吉林市林业职工中等专业学校设立吉林函授站。

2001 年 10 月 25 日，成人教育学院与商丘市财政局签订协议，在商丘市财会学校设立商丘函授站。30 日，与甘肃省财政厅签订协议，在甘肃省财政学校设立兰州函授站。同日，成人教育学院与新疆维吾尔自治区伊犁哈萨克自治州财政局签订协议，在新疆伊犁州财贸学校设立伊犁函授站。2001 年 11 月 5 日，成人教育学院与深圳市文锦职业技术学校签订协议，设立深圳函授站。12 日，学校与湖南省财政局签订协议，在湖南省财经高等专科学校设立长沙函授站。2001 年 12 月 3 日，成人教育学院与广州市财政学校签订协议，设立广州市财政学校教学点。

## 五、教学改革见成效

在此期间，学校多项国家和北京市优秀教学改革成果获奖，2004 年，由王广谦校长主持，中央财经大学及厦门大学、复旦大学、中国人民大学参与的"21 世纪中国金融学专业教育教学改革与发展战略研究"项目荣获北京市一等奖，并被推荐参加国家级教学成果一等奖的评选。该项目是教育部 2000 年起实施的"新世纪高等教育教学改革工程"重要研究项目之一。详见表 3-1：

表 3-1　学校优秀教学改革成果奖项

| 序号 | 成果名称 | 成果完成人 | 获奖等级 | 获批时间 | 级别 |
|---|---|---|---|---|---|
| 1 | 以科研带教学，以实践促理论，系统化的证券教学改革实验 | 贺强 | 二等奖 | 1997 年 | 市级 |
| 2 | 把大学生推向人才市场——全面提高学生综合能力素质的理论与实践 | 郝如玉、杨志清、王全乐、关京福 | 二等奖 | 1997 年 | 市级 |
| 3 | 高等院校保险专业的教学建设 | 郝演苏、李继熊、李晓林、张栓林、张淑珍 | 二等奖 | 1997 年 | 市级 |
| 4 | 学分制改革的理论探索与实践 | 吕世彦、曹平、朱昌海、郭有成、廖燕生 | 二等奖 | 1997 年 | 市级 |
| 5 | 金融学专业课程体系和教学内容改革研究与实践 | 王广谦 | 一等奖 | 2001 年 | 国家级 |

| 序号 | 成果名称 | 成果完成人 | 获奖等级 | 获批时间 | 级别 |
|---|---|---|---|---|---|
| 6 | 面向21世纪国民经济管理专业教学内容与课程体系改革研究 | 侯荣华、赵丽芬 | 二等奖 | 2001年 | 国家级 |
| 7 | 《货币银行学》课程教学改革研究 | 王佩真、潘金生、李健、左毓秀、贾玉革 | 二等奖 | 2001年 | 市级 |
| 8 | 合作办学，带动学科建设——中外合作培养国内急需的保险专业人才 | 李继熊、李晓林、王国华、郝演苏、张小燕 | 二等奖 | 2001年 | 市级 |
| 9 | 加强素质教育，培养学生实践能力和创新能力 | 史建平、贺培、南琪 | 二等奖 | 2001年 | 市级 |
| 10 | 一个校外教学实验的探索模式——在山东王山口村"田野调查"活动的描述 | 王强、刘树勇、吕世彦、杨秀芬 | 二等奖 | 2001年 | 市级 |
| 11 | 艺术教学最优化的体系建构与运行 | 吕世彦、刘树勇、王强 | 二等奖 | 2001年 | 市级 |
| 12 | 《邓小平理论和"三个代表"重要思想概论》"精彩一门课"建设 | 王传习、王积超、邢雷、郭红梅、詹来宇 | 一等奖 | 2004年 | 市级 |
| 13 | 《管理学》课程改革整体方案设计 | 赵丽芬、苗月新、张淑君、邱明、曲扬 | 二等奖 | 2004年 | 市级 |
| 14 | 《货币银行学》精品课程建设与质量保证体系研究 | 李健、左毓秀、李建军、马亚、魏建华 | 一等奖 | 2004年 | 市级 |
| 15 | 《市场营销学》案例教学法研究与推广 | 崔新健、孙国辉、林光、王海妹、曲扬 | 二等奖 | 2004年 | 市级 |
| 16 | 21世纪会计教学改革问题研究 | 祁怀锦、刘红霞、刘彩霞、付梅英、李玲 | 二等奖 | 2004年 | 市级 |
| 17 | 21世纪中国金融学专业教育教学改革与发展战略研究 | 王广谦等4人 | 一等奖 | 2004年 | 市级 |
| 18 | 政府采购新课开设、教材建设与教学改革 | 徐焕东、马海涛 | 一等奖 | 2004年 | 市级 |

# 第三节　加强学科和科学研究基础建设

本科教育的快速发展为学科的进一步发展奠定了一个良好的基础，相应地带来了研究生教育的大发展，硕士点、博士点不断增加。学科门类由少到多不断拓展，办学层次由低到高节节攀升。面对新的发展环境，1999 年 6 月召开的中国共产党中央财经大学第三次代表大会提出新的发展目标，即把学校"办成在国内外有较大影响、教育教学质量一流、以经济学科和管理学科为主，法学、文学等相关学科相互支撑、协调发展的多科性大学"。

## 一、多学科发展与建设

1996 年 4 月，信息经济专业获得硕士学位授予权。1998 年 6 月，金融学、会计学专业获得博士学位授予权。1999 年 8 月 12 日，学校召开了研究生学科建设与发展规划研讨会。会议重点讨论了研究生学科建设的发展规划和博士生培养的有关问题，研究生学科建设与发展规划草案的思路及设想，以及 2000～2004 年拟申报一级学科、博士点和硕士点情况及其发展所做的具体说明。2000 年 12 月，统计学、政治经济学、经济法学专业获得硕士学位授予权，财政学专业获得博士学位授予权。2003 年 9 月，经济史、西方经济学、民商法学、企业管理学、行政管理学、社会保障学 6 个专业获得硕士学位授予权，学校成为工商管理硕士（MBA）专业学位研究生培养单位，获得应用经济学一级学科博士学位授予权。2003 年 10 月，学校被批准设立应用经济学博士后科研流动站。2004 年 4 月，成为全国首批获准开展会计硕士专业学位（MPAcc）项目试点院校。2004 年 7 月经教育部批准，获得了政治经济学博士学位的授予权，实现了理论经济学零的突破。这种突破对学校的学术水准以及教育质量都是一种积极的肯定。

在学科空间与布局调整的同时，学科建设和发展的质量显著提高。1997年 1 月，金融学学科被批准为财政部部属院校首批重点学科。2002 年 1 月，金融学学科被教育部批准为国家重点学科，国家重点学科建设取得历史性突破。2002 年 5 月 17 日，国民经济学、财政学、会计学 3 个二级学科成为北京市重点学科。

　　截至 2004 年，学校拥有 29 个硕士点及工商管理硕士（MBA）和会计硕士（MPAcc）2 个专业学位培养权，有 15 个博士点，有 1 个国家级重点学科，3 个北京市重点学科，一批校级重点学科，形成了具有鲜明中财大特色的以经济学、管理学和法学为主的学科交叉融合、协调发展的多学科体系。

　　2004 年 4 月 29 日，学校召开 2004 年重点学科建设工作会议。会议听取了研究生部主任赵丽芬作的题为《重点学科建设是推动学校协调稳定可持续发展的原动力》的主题发言，同时听取了学校国家重点学科金融学，北京市重点学科国民经济学、财政学、会计学，校级重点学科经济法学，新兴学科社会经济学以及 MBA 专业学位授权点的现状、未来发展规划及学科建设具体措施的专题汇报。学校党政领导、教代会执委、各院系负责人与教师代表、有关职能部门负责人共 130 余人参加了会议。2004 年 10 月 8 日，全国 2004 年一级学科评估结果揭晓，学校应用经济学一级学科名列整体水平第 10 位。此次评估是由高等学校与科研院所学位与研究生教育评估所组织的。

　　这个时期，学校的主要任务是"进行学科和专业布局与调整，由单科性学院向多科性大学转变，为国家培养适应市场经济建设需要的具有实践能力和创新精神的高级管理和建设人才"。学校结合经济社会发展对高素质人才的需求，本着"做强优势专业、改造传统专业、发展应用型专业、创建新兴交叉专业、适当设置专业方向"的专业建设指导思想，学科门类扩展至 6 个，完成了从单科性院校向多科性大学的转变。学校在充分发展经济学与管理学传统优势学科专业的基础上，不断调整专业布局，优化专业结构。这种以优势学科专业为中心所形成的"涟漪状"多学科专业协调发展的布局，既体现了学校以经济学与管理学学科为主体的传统学科优势与特色，又有利于发挥法学、文学、理学、工学等学科对经济学与管理学学科的支撑作用，进而有利于巩固传统优势学科和培植新的优势学科，促进经济学、管理学主体学科与法学、文学、理学、工学等支撑学科的交叉与融合，并催生新的学科生长点。为适应经济社会发展需要和学校总体发展规划，增设了一批基础型、交叉和应用型新专业。

## 二、科研质量稳步提高

随着学校科研工作的整体发展，财经研究所架构下已经拥有 5 个"所内所"或研究中心及省部级科研基地，包括 2003 年 4 月成立的政府预算研究中心、2004 年 5 月成立的资本运营与企业战略研究中心、2004 年 9 月申报成功的北京财经研究基地以及俄罗斯东欧研究中心和台湾经济研究所。同时，研究所还设有两个研究室，即财政研究室和金融研究室。2000 年成立资产评估研究所、2003 年成立中国企业研究中心、2004 年成立投资项目管理中心等。

在加快校级研究机构设立的同时，学校还积极争办国家和北京市重点研究基地，推进科研机构的实体化建设，尤其是加快了重点研究基地的建设步伐。2004 年，学校明确提出"以基地建设为契机，优化整合科研资源，加强科研机构实体化建设"和"以重点研究基地建设为平台，组建高水平的科研方阵"的工作方向和目标。2004 年 9 月 24 日，学校首都财经研究中心获批成为北京市教委、北京市哲学社会科学规划办公室首批设立的北京市哲学社会科学研究基地——北京财经研究基地。11 月 26 日，学校中国精算研究院入选教育部第五批普通高等学校人文社会科学重点研究基地。2004 年 12 月 16 日，学校将财经研究所、中国企业研究中心、资产评估研究所、证券期货研究所、财经法律研究所、国防经济与管理研究院（筹）6 个研究机构列为校级重点研究基地，初步形成了国家级、省部级和校级重点研究基地相互支撑的多层次科研创新基地体系架构，重点科研基地建设取得开创性成果。截至 2004 年底，已经建立各类科研机构 23 个（见表 3-2）。

表 3-2　2004 年科研机构设置及负责人

| 序号 | 单位 | 负责人 |
|------|------|--------|
| 1 | 中国精算研究院*** | 李晓林 |
| 2 | 北京财经研究基地** | 王国华 |
| 3 | 国防经济与管理研究院（筹）* | 王国华 |
| 4 | 财经研究所* | 王雍君 |
| 5 | 中国企业研究中心* | 刘姝威 |
| 6 | 资产评估研究所* | 刘玉平 |

续表

| 序号 | 单位 | 负责人 |
|------|------|--------|
| 7 | 证券期货研究所* | 贺强 |
| 8 | 财经法律研究所* | 蔺翠牌、史树林、曾筱清 |
| 9 | 政府预算研究中心 | 王雍君 |
| 10 | 台湾经济研究所 | 汤贡亮 |
| 11 | 资本运营与企业战略研究中心 | 赵景华 |
| 12 | 财税研究所 | 马海涛 |
| 13 | 中国财政史研究所 | 王文素 |
| 14 | 国际金融研究中心 | 张礼卿 |
| 15 | 会计与财务研究中心 | 孟焰 |
| 16 | 管理咨询中心 | 孙国辉 |
| 17 | 经济史研究中心 | 孙洪升 |
| 18 | 经济改革与发展研究中心 | 金哲松 |
| 19 | 投资项目管理中心 | 陈德泉 |
| 20 | 社会经济发展研究所 | 李志军 |
| 21 | 邓小平理论研究会 | 李玉书 |
| 22 | 高等教育研究中心 | 吕世彦 |
| 23 | 现代逻辑研究所 | 袁正校 |

注："***"代表教育部重点研究基地，"**"代表北京市重点研究基地，"*"代表校级重点研究基地。

1996~2004年，随着教育教学改革的不断深化以及科研管理工作的不断加强，学校科研水平不断提高，在学术科研领域快速发展起来。

**（一）重大课题和项目明显增多，层次也得以提升**

国家社科规划基金资助课题立项日渐增多。李继熊的《关于建立中国精算师制度及其发展途径的研究报告》、闻潜的《论中国宏观调控方法及其转化》、孟焰的《现代企业制度的建立与会计理论和方法的发展》分别中标。

2002年以后，省部级以上科研课题明显增多。据统计，2000年省部级以上科研课题9项，其中国家社科基金项目1项（见表3-3）；2002年省部级以上科研课题增加到了15项，其中国家社科基金项目2项、国家自然基金项目

1 项（见表 3-4）；2004 年省部级以上科研课题就达到 18 项（见表 3-5），保持了较快增长。

表 3-3　2000 年学校省部级以上科研课题情况

| 项目名称 | 负责人 | 项目来源单位 |
|---|---|---|
| 我国产业结构政策研究 | 蒋选 | 国家社科基金 |
| 国家高技术应用部的发展项目统计分析系统软件开发 | 王晓林 | 国家计委资助项目 |
| 21 世纪全球化进程中的中国经济与金融 | 王广谦 | 教育部 |
| 中国经济发展阶段演进与金融发展的总趋势结构分析 | 王广谦 | 教育部 |
| 中文界面的普及型统计分析系统软件 | 王晓林 | 国家计委 |
| 社会资金配置监控研究 | 侯荣华 | 国家计委 |
| 中国全社会资金运用与资金宏观调控体系 | 王柯敬 | 国家计委 |
| 社会资金配置监控研究 | 史建平 | 国家计委 |
| 农业信贷投入对农村可持续发展影响的分析 | 史建平 | 农业部 |

表 3-4　2002 年学校省部级以上科研课题情况

| 项目名称 | 负责人 | 项目来源单位 |
|---|---|---|
| 农民收入问题研究——提高农民收入的农村公共产品供给研究 | 王国华 | 国家社科基金 |
| 国际资本流动对世界经济体系的影响研究 | 张碧琼 | 国家社科基金 |
| 国有商业银行改革中的宏观管理问题研究 | 李健 | 国家自然基金 |
| 劳动价值论 | 冯春安 | 教育部 |
| 人文化趋势与首都文化建设 | 黄河 | 北京社科 |
| 北京奥运会对租赁业的前景影响研究 | 苗润生 | 北京社科 |
| 国库集中收付制度问题 | 马海涛 | 财政部 |
| 国库管理 | 王雍君 | 财政部 |
| 政府预算会计问题研究 | 王雍君 | 财政部 |
| 电子商务系统风险与评价体系研究 | 孙宝文 | 科技部 |
| 城市污水再生利用经济政策研究 | 李健 | 科技部 |
| 有关国家实施"走出去"战略的比较研究 | 张铁刚 | 外经贸部 |
| 我国重大项目监管体系改革和科学程序 | 王瑶琪 | 国家计委 |
| 宏观经济模型系统项目 | 潘省初 | 国家发展和改革委员会 |
| 关于建立长期稳定的外经贸财政支持体系研究 | 王巾英 | 商务部 |

表 3-5　2004 年学校省部级以上科研课题情况

| 项目名称 | 负责人 | 项目来源单位 |
|---|---|---|
| 中国存货指数设计及其应用研究 | 刘姝威 | 国家自然科学基金 |
| 金融体制改革和货币问题研究 | 王广谦 | 教育部 |
| 政府绩效评估体系研究 | 安秀梅 | 国家社科基金 |
| 证券市场会计监管研究 | 孟焰 | 全国哲学社会科学规划办公室 |
| 资产管理公司运营状况和未来发展方向问题研究 | 王柯敬 | 国家社科基金 |
| 北京市政府收入筹划研究 | 王国华 | 北京市社科规划办公室 |
| 我国房地产投资基金发展研究 | 陈灵 | 北京市社科规划办公室 |
| 中国社会保险制度统计、精算与监控系统研究 | 王晓军 | 教育部 |
| 中国保险业偿付能力问题研究 | 李晓林 | 教育部 |
| 邓小平理论和"三个代表"重要思想概论精彩一门课全程教学示范片研究制作 | 王传习 | 教育部 |
| 北京高等学校思想政治理论课学科带头人项目 | 杨运杰 | 北京市教工委 |
| 中国人口老龄化趋势与养老保障体系的研究 | 谢安 | 国家统计局 |
| 政府采购效率 | 马海涛 | 财政部 |
| 解决首都"三农"问题的财政对策研究 | 王雍君 | 北京市社科规划办 |
| 人口与社会发展的财政政策及投入研究 | 马海涛 | 学校 |
| 农村义务教育财政投入研究 | 马海涛 | 国家人口发展战略办公室 |
| 中国中小企业融资与金融服务问题研究 | 郭田勇 | 霍英东教育基金会 |
| 加入 WTO 后中国税收法制体系的改革 | 汤贡亮 | 世界银行 |

## （二）在学术论文和专著出版方面

据不完全统计，1998 年发表学术论文总计 252 篇，2004 年比 1998 年总量增加了 182.94%，达到 713 篇。1998 年出版专著 86 部（包括教材），2004 年出版 153 部。

从所发表论文的获奖情况来看，1998 年共有 21 项成果获奖，其中有 6 篇论文、2 部著作获得省部级以上奖项（见表 3-6）。

表 3-6　1998 年获省部级以上奖项论文和专著情况

| 获奖者 | 获奖项目 | 奖项名称 | 奖项来源 |
|---|---|---|---|
| 王广谦 | 经济发展中金融的贡献与效率 | 北京市第五届哲学社会科学优秀成果一等奖 | 北京市 |
| 李健 | 中国经济体制转轨时期的货币政策研究 | 北京市第五届哲学社会科学优秀成果一等奖 | 北京市 |
| 刘彩霞 | 人力资源会计 | 北京市第五届哲学社会科学优秀成果二等奖 | 北京市 |
| 侯荣华 | 宏观经济效益理论与实证分析 | 北京市第五届哲学社会科学优秀成果二等奖 | 北京市 |
| 刘光第 | 中国经济体制转轨时期的货币政策研究 | 北京市第五届哲学社会科学优秀成果一等奖 | 北京市 |
| 赵天寿 | 北京消防管理信息系统 | 北京市科学技术进步二等奖 | 北京市 |
| 姜维壮 | 《中国分税制的决策与实践》（专著） | 北京市第五届哲学社会科学优秀成果二等奖 | 北京市 |
| 侯荣华 | 《中国财政运行的实证分析》（专著） | 全国普通高等学校第二届人文社会科学研究成果经济学二等奖 | 教育部 |

1999 年，共有 16 项成果获奖，其中 2 篇论文、1 部著作获得省部级以上奖项（见表 3-7）。

表 3-7　1999 年获省部级以上奖项论文和专著情况

| 获奖者 | 获奖项目 | 奖项名称 | 奖项来源 |
|---|---|---|---|
| 王广谦 | 经济发展中金融的贡献与效率 | 1999 年全国优秀博士学位论文奖 | 教育部 |
| 计金标 | 试论我国增值税类型转换过程中的若干问题 | 第三届全国税收科学研究优秀成果一等奖 | 国家税务局 |
| 甘功仁 | 《中华人民共和国法制史（修订本)》 | 第四届国家图书奖提名奖 | 中华人民共和国新闻出版署 |

2000 年，获奖论文 23 篇，其中 3 篇论文、5 部著作获得省部级以上奖项（见表3-8）。此外，姚梅炎教授因 1996~2000 年个人编著经济书籍数量之多获得由上海大世界吉尼斯总部认可的大世界吉尼斯之最。

表3-8　2000 年获省部级以上奖项论文和专著情况

| 获奖者 | 获奖项目 | 奖项名称 | 奖项来源 |
|---|---|---|---|
| 郑榕 | 出口退税研究 | 第三届群众性学术科研一等奖 | 国家税务总局 |
| 侯荣华 | 宏观经济政策调控力度及协调分析 | 北京市第六届哲学社会科学优秀成果二等奖 | 北京市 |
| 李连友 | 面向 21 世纪的中国院校高级统计人才 | 第五届全国统计科研优秀成果奖二等奖 | 国家统计局 |
| 汤贡亮 | 《走向市场经济的中国税制改革研究》（专著） | 北京市第六届哲学社会科学优秀成果二等奖 | 北京市 |
| 姜维壮 | 《中国当代财政学》（教材） | 北京市第六届哲学社会科学优秀成果二等奖 | 北京市 |
| 李健 | 《金融创新与发展》（专著） | 北京市第六届哲学社会科学优秀成果二等奖 | 北京市 |
| 王佩真 | 《"一国两制"下的货币金融比较研究》（专著） | 北京市第六届哲学社会科学优秀成果一等奖 | 北京市 |
| 王广谦 | 《中国经济增长波动与政策选择》（专著） | 北京市第六届哲学社会科学优秀成果二等奖 | 北京市 |

2004 年，出版了 153 部专著，其中国家级教材 13 部（见表3-9）。

表3-9　2004 年出版国家级教材情况

| 作　者 | 教材名称 | 出版单位 |
|---|---|---|
| 计金标 | 《税收筹划》 | 中国人民大学出版社 |
| 李燕 | 《政府预算理论与实务》 | 中国财政经济出版社 |
| 刘玉平 | 《财务管理学》 | 中国人民大学出版社 |
| 马海涛 | 《中国税制》 | 中国人民大学出版社 |
| 郭田勇 | 《金融监管教程》 | 中国金融出版社 |
| 李健 | 《金融学》 | 中央广播电视大学出版社 |

| 作 者 | 教材名称 | 出版单位 |
|---|---|---|
| 奚淑琴 | 《审计实务》 | 中国财政经济出版社 |
| 冯薇（参编） | 《区域经济管理学》 | 高等教育出版社 |
| 孙宝文 | 《电子商务系统建设与管理》 | 高等教育出版社 |
| 郑人玮 | 《信托法学》 | 中国金融出版社 |
| 何向东 | 《逻辑学教程（第二版）》 | 高等教育出版社 |
| 蔡文远 | 《保险企业经营管理学》 | 中国财政经济出版社 |
| 牟放 | 《社会保障理论与实务》 | 经济科学出版社 |

### （三）在学术研讨会方面

除在科研课题和论文、专著等方面有所建树外，学校还积极举办各类研讨会。通过这些会议，扩大了学校学者的专业视野，有效提升了学校的社会影响力。以1999年为例，8月23~28日第七届中国多部门经济模型国际研讨会在学校专家宾馆举行，来自美国、德国、意大利、日本、荷兰、俄罗斯等14个国家的32名学者参加了研讨会。同年10月11~13日，学校与澳大利亚边肯大学联合举办了"面向二十一世纪司法制度国际研讨会"。同年10月14~15日，学校召开"市场经济与高校保险教育研讨会"。同年10月16日，学校举办"面向二十一世纪的高等教育"校长论坛。这一阶段举办或参与的比较重要的研讨会主要有8个（见表3-10）。

表3-10　1995~2004年举办/参加的重要研究会

| 时间 | 研讨会名称 | 举办/发起单位 | 与会人员 |
|---|---|---|---|
| 1996 年 10 月 6~12 日 | 市场经济与税制改革国际研讨会 | 中国改革论坛与国家税务总局税收科研所 | 中国和英国、法国、加拿大等八个国家的专家教授与会，我校董庆铮、汤贡亮教授应邀参加 |
| 1997 年 3 月 25 日 | 经济改革与宏观调控理论研讨会 | 中央财经大学与国家体改委《中国改革报》 | 中国社会科学院财贸所、财政部、国家税务总局、中国人民银行科研所等校内外专家、学者出席了研讨会 |
| 1997 年 6 月 22 日 | 庆祝香港回归暨两地金融合作研讨会 | 中央财经大学与中国市场经济报、中国金融学会 | 港澳办、人民银行、中央党校、人民大学以及我校领导、专家、教授等30余人参加了研讨会 |

续表

| 时间 | 研讨会名称 | 举办/发起单位 | 与会人员 |
|---|---|---|---|
| 1998 年 3 月 13 日 | 金融危机与金融体制改革理论研讨会 | 中央财经大学与北京市经济学总会 | 国家计划委员会、财政部、中国社会科学院、中国人民银行总行、中国建设银行、清华大学、北京大学等 20 多个单位的专家、教授及领导参加了研讨会 |
| 1998 年 6 月 18~23 日 | 海峡两岸会计理论与实务研讨会 | 中国台湾 | 李爽教授、祁怀锦副教授赴台参加 |
| 1999 年 10 月 15 日 | 21 世纪金融趋势国际研讨会 | 中央财经大学 | 来自世界银行、西太平洋银行、澳大利亚联合银行、美国波士顿银行、巴克莱银行等国际金融机构和外贸金融机构的专家、学者以及全国各宏观经济部门金融机构、科研单位和大专院校的代表 80 余人参加了会议 |
| 2004 年 | 2004 年财税改革暨基层财政解困与财政体制创新高级研讨会 | 中央财经大学财经研究所 | |
| 2004 年 | "汇率变革：国际经验与中国选择"国际研讨会 | 国际金融研究中心 | 美国、日本、英国等国和国内专家 120 余人参加了会议 |

## （四）在学术报告和讲座方面

这个阶段举办的有影响力的学术报告和讲座如表 3-11 所示。

表 3-11　1995~2004 年举办的重要讲座和学术报告

| 时间 | 主题 | 报告人 | 职务 |
|---|---|---|---|
| 1998 年 6 月 12 日 | "部长论坛"——"关于我国审计工作"的专题讲座 | 李金华 | 国家审计署审计长 |
| 1999 年 10 月 22 日 | "部长论坛"——"金融体制改革与我国货币政策"的专题讲座 | 戴相龙 | 中国人民银行总行行长 |
| 2000 年 4 月 23 日 | 通货膨胀与货币紧缩的财政政策 | 樊钢 | 著名经济学家 |
| 2000 年 6 月 7 日 | 加入 WTO 对中国税收的影响 | 卢仁法 | 原国家税务总局局长、中国国际税务学会会长 |

续表

| 时间 | 主题 | 报告人 | 职务 |
|---|---|---|---|
| 2000 年 12 月 19 日 | 谁为中国人造饭碗 | 钟朋荣 | 著名经济学家 |
| 2002 年 5 月 21 日 | 中国金融改革发展若干重大问题 | 戴相龙 | 中国人民银行总行行长 |

这一阶段学校科研情况的主要特点是：重点科研课题得以迅速增加，学术论文发表的数量有明显的上升，总体层次还不是很高；研讨会较前一个阶段而言无论从举办的数量上还是从学术层次上都有提升，与国外学者的学术交流增多。

# 第四节　师资队伍建设不断加强

党中央、国务院把实施人才强国战略确定为新世纪新阶段的根本任务，明确提出"党管人才"原则。高等学校是国家创新体系的重要组成部分，肩负着提高国家的自主创新能力、建设创新型国家的重大责任，应深刻认识人才队伍建设的关键性、基础性和决定性作用，将人才强校战略放在事关学校发展全局的地位，从战略高度来认识，从发展高度来定位，从建设高度来实施。学校深刻领会"党管人才"原则，大力实施人才强校战略。

人才是发展教育的根本，一流的师资是学校在国内获得知名度的重要保证。中央财经大学以全面提高教师队伍素质为核心，以培养中青年学科带头人和骨干教师为重点，全力搭建高水平的研发教学平台，力求构建一个促进优秀人才成长的开放型的教师队伍建设机制，建设一支专业与年龄结构合理、教学与科研水平高、具有学科融合性的知识结构、师德高尚、积极进取、富有活力的师资队伍。在这一时期，学校的专职教师人数的变化非常具有独特性：一是数量上稳定，保持在三四百人的状态；二是人员构成的质量明显有所提高，高级职称人数占教师人数比由 1989 年的 34.06%发展到 1998 年的 49.64%，增加了接近 50%；三是在人员构成上也更加多样化，学校积极引进高层次优秀人才，聘请了 176 名国内外知名专家、学者担任名誉教授和兼职教授，进一步丰富和壮大了师资队伍。

到了 1999 年，在教师队伍中，有高级职称的教师 195 人，占比 49%，其中，45 岁以下有高级职称的教师是 111 人，占高级教师人数的 55%。在人事部等七部委"百千万人才工程"评选中，我校有 1 人进入百千人层次，16 人享受政府特殊津贴，5 人被评为财政部跨世纪学科带头人，5 人被评为市级青年学科带头人，34 人被评为市级优秀青年骨干教师，40 人被评为校级优秀青年骨干教师。由此，可以看出学校的师资力量已经相当雄厚。

1996 年 3 月 22 日，财政部（财人字〔1996〕25 号）通知：根据人事部人发（1996）22 号文件通知，国务院批准侯荣华、赵春新享受 1995 年政府特殊津贴。

1997 年 1 月，王广谦、李俊生、孟焰、王国华、张礼卿被批准为部属院校首批跨世纪学科（学术）带头人。

1998 年 8 月 12 日，根据人事部、科学技术部、教育部、财政部、国家发展计划委员会、中国科学技术协会、国家自然科学基金委员会《关于进一步做好"百千万人才工程"人选考核工作的通知》，王广谦教授入选第一、第二层次人选。1998 年 7 月，经北京市教育委员会批准，计金标同志荣获"北京市（青年）学科带头人"称号，陈守中、南琪、祁怀锦、谢军蓉、梁俊娇、杨进军、王玉玫、赵丽芬、李轩、王强、崔新健、于伟红、王陆英、侯聪惠、高涵、郭凤玲、马燕林、孙宝文 18 名教师荣获"北京市优秀青年骨干教师"称号。1998 年 8 月 24 日，经北京市教工委、市教委、市人事局、市教育工会（京教工〔1998〕33 号）批准，金融系主任陈传新荣获 1998 年"北京市教育系统德育先进工作者"称号。

1998 年 9 月 16 日，财政部下发《关于批准 1997 年享受政府特殊津贴人员名单的通知》（财人字〔1998〕53 号），根据人事部（人发〔1998〕14 号）文件，孟焰教授、孙翊刚教授被批准为 1997 年享受政府特殊津贴人员。1998 年 12 月 24 日，在北京高校第二届青年教师教学基本功比赛总结颁奖大会上，我校荣获"北京市高校第二届青年教师教学基本功比赛组织奖"，外语教学部教师陈雨松荣获该项比赛的外语类三等奖。

1999 年 5 月 31 日，财政部下发《关于批准 1998 年享受政府特殊津贴人员的通知》（财人字〔1999〕44 号），王巾英教授入选。1999 年 9 月 8 日，财政部下发（财人字〔1999〕72 号）文件，批准计金标、史建平、祁怀锦、马海涛、崔新健 5 人为部属院校第二批跨世纪学科（学术）带头人。

2000 年 3 月 10 日，根据霍英东教育基金会《关于霍英东教育基金会批准获得第七届高等院校青年教师奖的通知》，计金标获得霍英东教育基金会优秀青年教师奖（教学类）三等奖。2000 年 9 月 18 日，教育部（教社政〔2000〕9 号）通知，王广谦入选教育部第四批（人文社会科学）"跨世纪优秀人才培养计划"。2000 年 4 月 27 日，孟焰被授予"北京市先进工作者"称号。2000 年 7 月 12 日，根据《中华人民共和国财政部关于批准 1999 年享受政府特殊津贴人员的通知》（财人函〔2000〕55 号），王柯敬被批准为 1999 年享受政府特殊津贴人员。

2001 年 7 月 15 日，教育部人事司通知（教人司〔2001〕243 号），经人事部批准（人发〔2001〕63 号），陈文灯、李保仁享受 2000 年度政府特殊津贴。

2003 年，李健获首届国家教学名师奖。

2004 年 1 月 6 日校发〔2004〕3 号文件：根据教育部《关于授予中央财经大学教授评审权的批复》（教人函〔2003〕31 号），教育部授予学校理论经济学、应用经济学、工商管理、公共管理 4 个学科教授评审权。2004 年 9 月 10 日，学校隆重举行第 20 个教师节庆祝大会，校党委书记李保仁同志代表党委讲话，号召师生在三个"共同"上取得共识，努力践行"人才强校战略"。这三个"共同"是在树立和落实科学发展观上共同下功夫、求实效；在树立和落实科学人才观上共同下功夫、求实效；在建立和落实科学保障体系、体制、机制上共同下功夫、求实效。2004 年 6 月 10 日，学校印发《中央财经大学关于建立教师学术休假制度的指导意见》（校发〔2004〕155 号），正式建立教师学术休假制度。截至 2004 年 8 月，在专任教师中，具有高级职称的达到 49%，其中教授占 13%，副教授占 36%；具有博士学位的占 25%，硕士学位的占 43%。教师学历的这两项指标均已达到或超过了全国有研究生院的 53 所高校的平均指标。截至 2005 年，在教育部现行高层次人才计划中，学校拥有长江学者讲座教授 1 人、新世纪优秀人才 2 人；享受国务院特殊津贴专家 30 人，5 名教师分别获得国家"教学名师奖"、全国优秀教师、教育部"高校青年教师奖"和全国"五一劳动奖章"。师资结构的改善极大地促进了我校教学科研及各项工作的深刻变化。

2000 年和 2003 年，学校先后进行了第四轮、第五轮人事分配制度改革，完善了各项配套规章制度，初步形成了以岗位聘任为主的用人机制和以校内岗位津贴为主的综合性校内分配制度，为人才队伍建设提供了制度保障。

# 第五节　扩大对外交流与合作

学校与美国、加拿大、法国、意大利、英国、荷兰、瑞士、俄罗斯、乌克兰、澳大利亚、新加坡、日本、韩国、越南 14 个国家以及中国香港、台湾和澳门地区 32 所大学和研究机构建立了友好学术和教育教学往来关系，与美国花旗银行、大都会保险公司、日本朝日监查法人、法国英德杰咨询公司、瑞士再保险公司等国际知名企业和其他机构建立了广泛、深入的联系和良好的合作。

积极与国外大学联合培养学生，与法国雷恩高等商业学院、牛津大学等 5 所学校签订了派出联合培养协议；金融学院与澳大利亚维多利亚理工大学联合培养双学士学位本科生，投资经济系与美国史蒂文斯理工学院联合培养项目管理硕士研究生。积极发展留学生教育，吸引国外学生来学校学习，并与意大利 MIB 商学院、澳大利亚迪肯大学等近 10 所友好大学签订了合作培养协议，积极探索其他类型的对外办学模式，举办的面向日本著名企业高层管理人员的中国会计专业硕士课程班在国内外产生了重大影响。

2003 年，学校顺利通过了北京市教委组织的外国留学生教育管理评估工作。对外交流合作的步伐不断加快，范围日益扩大，合作办学取得重要进展。

## 一、对外合作办培训

1994 年，学校与柏德豪国际会计师行（以下简称 BDO）联合设立培训基地，培训旨在取得英国公认会计师公会（ACCA）颁发的注册会计师资格证书的高级会计、审计人才，效果良好。1995 年 10 月 22 日，与 BDO 达成联合培训国际会计师的协议书。该培训班面向社会招收具有财经专业大学毕业学历、具备较高英语水平的学员，通过三年学习、实习、培训成为具有英国公认会计师公会（ACCA）会员资格的注册会计师。与 BDO 联合举办会计师培训班，有利于促进我国会计与国际会计的接轨，促进我国社会审计事业的发展；有利于促进学校会计专业及其他相关专业的教学改革，促进有关教师的知识更新。同时，该培训班也产生了一定的经济效益。

1996 年 6 月 24 日，财政部人事教育司（财人干字〔1996〕167 号）批复，同意学校成立国际会计培训中心。1999 年 1 月 19 日至 2 月 8 日，国际会计培训中心组织来自湖南、广东等省的 11 名学员赴加拿大参加高级会计培训。这是学校国际会计培训中心成立后第一批出国参加培训的学员。

## 二、留学生培养

1997 年 10 月，经国家教委汉语办公室批准，学校中文系暨对外汉语教学培训中心正式加入国家对外汉语教学研究会。对外汉语培训中心成立后，学校开始招收语言进修生，1998 年学校招收了 22 人，1999 年为 24 人，2004 年达到 40 人，虽然发展得不是很快，但是稳中有进，具有一定的连续性。2000年，学校开始招收攻读大学本科和研究生学历的留学生。1998 年 3 月至 1999年 1 月，我校在校留学生只有 23 人，到了 2001 年，学校接收的外国留学生就达到 45 人，不过大部分仍为语言进修生。另外还包括本科专业、硕士专业留学生以及专业进修生，主要来自韩国、日本、蒙古、俄罗斯和斯洛文尼亚。

总的来说，1996~2004 年学校留学生总人数在平稳上升，但即使在同一年份，不同的学期学校的在校留学生人数也有明显的波动：2004 年 3~7 月，在校外国留学生 51 人，其中汉语进修生 25 人，本科生 19 人，硕士研究生 7 人；20 名韩国人，16 名越南人，1 名法国人，3 名印度尼西亚人，7 名蒙古人，4名日本人。

在留学生的培养上，最初由国际合作处（前身为外事处）管理，对外汉语培训中心（中文系）负责对研究进修生的具体培训事宜；2000 年以后学校开始开办留学生学历教育，实际上这才是真正意义上留学生教育的开始。从当时招收的留学生的国籍来看，一开始主要是越南，后来逐渐拓展到日本、韩国以及部分非洲国家，初期来自欧美国家的留学生较少，以东亚和东南亚的居多。

### 三、对外交流

1999 年《高等教育法》颁布实施后，学校在开展对外交流与合作方面获得更大的自主权，开始迎来对外交流的"春天"。对外交流的具体形式主要包括友好访问、举办或参加学术研讨会或学术会议、举办学术报告或学术讲座、合作办学、培训师资等，在交流的数量和层次上都有了很大的提高，与国外的合作呈现出快速发展势头。

与日本的交流与合作。1997 年，王广谦副校长应邀率团进行友好访问，同日本建立起了良好的学术往来关系。1997 年 5 月，日本朝日监察法人森田松太郎、东葭时雄先生来我校面试赴日研修生，会计系教师丁瑞玲成为学校派往日本研修的第 8 名教师。6 月，以王柯敬校长为团长的代表团一行 4 人赴日本高千穗商科大学进行访问，1998 年 5 月，高千穗商科大学一行 4 人来我校进行会计学术交流。这次访问标志着我校与日本对外交流的深入发展，对外交流不再局限于外派师生赴日学习，日方也开始派教师来我校开展合作研究。2002 年 10 月 9~15 日，以王柯敬校长为团长，财政系主任马海涛、税务系主任郝如玉、国际合作处处长蔡彩时参加的学术交流团赴日本高千穗大学等机构进行交流访问，双方续签了两年的合作协议。10 月 18 日，学校与日本大阪商业大学签订《备忘录》，商定两校间学术交流、教师交流、学生交流的有关事项。2004 年 3 月 18 日，学校与日本高崎经济大学签订友好学校协议。根据协议，两校在社会科学、自然科学、工学等学科研究与教育方面以及其他领域互通信息和资料；促进研究、出版、教育、学生指导与考试、会议等领域的交流与合作；开展两校互访、教师交流及学生间交流，与日本高千穗大学签订《学术交流协定》及《学术交流备忘录》，确定了主要合作领域和学术交流原则。

与俄罗斯的交流与合作。2000 年 10 月 26 日至 11 月 7 日，以王柯敬校长为团长的学校代表团一行 5 人访问俄罗斯的全俄财经函授学院、乌克兰的基辅民族经济大学，就双方的合作进行了协商，并签订了此后 5 年的合作协议及 2001 年度合作计划。2001 年 10 月 16 日，学校与全俄函授财经学院签订《关于在教育服务方面的长期科技合作合同》。11 月 20~26 日，以党委副书记李玉书为团长，党委宣传部长巴图、成人教育学院院长吕世彦、财经研究所所长王雍君、童伟 5 人组成的学术交流团应邀赴全俄财经函授学院访问，双方拟定了两校 2001~2005 年合作交流计划。2002 年 5 月 23 日至 6 月 3 日，受教育部国际合作与交流司的委托，中国教育国际交流协会组团在俄罗斯举办"21 世纪中国大学展"，学校党委书记李保仁、国际合作处罗永志随团参展。展览期间，李保仁代表学校与圣彼得堡国立财经大学签订了长期合作协议。2002 年 6 月 1 日，李保仁与圣彼得堡财经大学第一副校长阿·列乌斯基教授在圣彼得堡签订《协议书》，扩大中俄在高等教育领域的合作。

与美国的交流与合作。1997 年 3 月，李爽教授赴美国亚特兰大佐治亚州立大学讲学。9 月，保险系名誉主任李继熊、常务副主任李晓林应邀参加美国通用再保险公司的《巨灾保险》研讨会。1999 年 11 月 29 日至 12 月 9 日，李保仁等一行 5 人应邀赴美考察访问奥斯汀佩伊州立大学、威斯康星白水大学商业与经济学院和美国大都会人寿保险公司。2002 年 4 月 12 日，学校与美国 LA SIERRA 大学签订了《专业及文化交流协议》，决定选派师生互访，联合举办专业讲座。2004 年 5 月 12 日，学校与美国密歇根大学签署谅解备忘录。根据备忘录，两校决定在金融、经济学学科领域开展教师及科研人员短期互访、举办学术报告或讲座、互派教师讲学、共同举办研讨会、开展学生海外学习与实习、设置并讲授专门培训课程用于教师进修或相关专业人士培训。美国佐治亚州立大学会计系著名教授加列·温可（1997）等来学校讲座讲学，学校与美国康涅狄格州立大学、莫瑞州立大学、奥斯汀佩伊州立大学（1995）、莫克莱工商管理学院（1997）、威斯康星大学白水分校工商经济学院（1998）、阿姆斯壮大学（1998）签署了校际合作关系协议书或合作意向书，为双方进一步的友好接触打下了良好的基础。

学校与澳大利亚和英国的交流与合作。学校与澳大利亚的合作侧重于保险领域，与英国的合作侧重于精算领域。1996 年 5 月 11~21 日，应澳大利亚康联保险集团和澳大利亚保险学会的邀请，以王柯敬院长为团长的学术交流考察团一行 4 人访问了澳大利亚保险学会，双方就在我校建立 AII 考试中心一事进行了商谈。6 月 10 日，在澳大利亚康联保险集团的大力推动下，澳大利亚 AII 考试中心在保险系正式成立。10 月 31 日，澳大利亚 AII 考试第一次在考试中心举行。2001 年 7 月 3 日，与澳大利亚迪肯大学联合在我校举办为期一天的"现代公司制度国际研讨会"。参加会议的中外学者共 50 人。7 月 5 日，双方就两校未来合作领域内容及合作方式签订了《中央财经大学与澳大利亚迪肯大学合作备忘录》。2004 年 3 月，教育部批准中央财经大学与澳大利亚维多利亚大学联合举办 "国际经济与贸易专业国际贸易金融风险管理方向专业"，同年 9 月正式开学。这是学校第一个中外合作办学项目。

1996 年 3～12 月，英国鹰星保险公司共派出 13 名讲员来学校为保险精算研究生班学生授课。4 月 4 日，我校举行 1996 届硕士研究生毕业典礼，毕业硕士研究生 63 人中就包括与英国鹰星保险公司暨英国精算师学会联合开办的精算班首届 9 名毕业生（7 月毕业）。5 月 21 日，英国太阳联合保险集团总裁罗杰斯·泰勒向保险系赠送 IBM 计算机一台及 ACII 软件一套。7 月，学校与英国鹰星保险公司暨英国精算师学会联合开办了第一届精算研究生毕业，共 9 人。1997 年 9 月 22 日，学校与英国鹰星保险公司、英国精算师协会联合在钓鱼台国宾馆召开 "中英精算教育成果颁奖会"，为 5 名获得 "精算技能证书" 和 2 名获得 "财务与投资证书" 的学生颁发了证书，对取得优异成绩的 15 名研究生进行奖励，并对做出贡献的单位和教师进行奖励。这是为我国培养的第二批英国体系精算研究生。1998 年 1 月 7 日，学校和鹰星集团举行中英精算成果颁奖会，为 9 名获得 "精算技能证书" 和 5 名获得 "财务与投资专长证书" 的学生颁发证书，奖励了学习成绩优秀的 15 名学生。1999 年 3 月，保险系与英国精算师学会、鹰星保险公司共同举办中英精算教育成果颁奖会，奖励 97 级精算研究生在国际精算考试中获得 "精算技能证书" 的 8 名同学和在精算研究生教育工作中做出成绩的教师和有关单位。1999 年 10 月 8 日，与鹰星人寿保险有限公司、英国精算师协会签订《谅解备忘录》，招收 17 名精算研究生，由中英专家共同培养，学制 3 年。学校同澳大利亚和英国在保险精算领域的深度合作，大大促进了学校保险精算人才的培养。截至 2000 年 6 月，我校已有 30 多人获得《精算技能证书》，占我国已获得国际认可的精算证书总人数的半数以上，并有 15 人在此基础上获得了《财务与投资证书》，为推动我国精算事业的发展做出了突出的贡献。2001 年 9 月 1 日，与苏黎士金融服务团、英国精算师协会针对即将录取的第五批精算学生的教学管理、教学监督、教学课程、论文评定、辅导材料等内容签订了《谅解备忘录》。

除了上述交流与合作，还与包括联邦德国、芬兰、荷兰、苏联、法国、比利时、葡萄牙、加拿大、韩国、瑞士、新加坡、乌克兰、中国港澳台地区等在内的十多个国家/地区进行了初步接触和交流。学校与中国港澳台地区也有了一定的接触，主要体现在学术交流上。1998 年，李保仁、汤贡亮、赵丽芬访问了台湾朝阳科技大学、东南大学等。1999 年 11 月，以金融系主任陈传新为团长的代表团一行 4 人对台港两地进行了学术访问。2001 年 5 月，学校与东吴大学签订了《学术交流与合作备忘录》，以促进两校间的学术交流，增进两校师生间的学术关系。备忘录有效期为 5 年。2001 年 6 月 11~16 日，副校长王广谦等一行 5 人赴台湾朝阳科技大学访问，期间，王广谦就资本市场、货币政策等问题发表了主题演讲，并与该校同行进行了学术交流。之后，访问团成员与该校资管系、资讯系的相关人员就电子商务课程设置等问题进行了研讨，并考察了该校较有特色的劳作教育。2001 年 6 月 13 日，与台湾朝阳科技大学签订《交换学者计划书协议书》。在合作办班和授课方面，1994 年 9 月学校开始与亚洲国际公开大学在澳门举办中国财税会计课程班，并决定扩大办学范围。1997~1998 年，学校两次与亚洲（澳门）国际公开大学签订《关于联合举办 "中国财税金融课程" 意向书》，在澳门和香港举办 "中国财税金融课程"，每次各开十讲，每月一讲，讲授财税、金融、会计等相关课程，增进了我院同港澳台地区的友好交流和合作。

除了与各国（地区）进行金融、保险、财税等财经领域的学术交流以外，学校在人文、艺术领域也取得了初步成果。1997 年 7 月，韩国釜山大学艺术系美学研究所蔡熙完一行 4 人到我校进行友好访问，商讨关于艺术教育方面的有关问题，邀请在京舞蹈家和文化界人士共同参加了座谈会。10 月，中文系副主任王强教授应韩国釜山大学艺术系邀请前去讲学，并作了 "中国诗会" 的学术报告。

从学校的出访记录来看，1999 年共 39 人次因公出国学习、考察或参加国际会议、讲学等。其中参加国际会议 9 人次，合作研究 5 人次，考察访问 17 人次，进修、培训、讲学 8 人次。2000 年因公出访共计 54 人次，涉及美国、俄罗斯、日本等 14 个国家和地区，其中学术访问团 8 个，随团出访 7 人次，个人赴外讲学、参加研讨会 7 人次，公派出国进修 5 人次。到 2004 年，学校全年因公出访及赴港澳台地区访问、交流、进修学习等达到 69 人次，其中学术交流团 8 个，共 40 人次；进修、学习、合作研究 11 人次；随外单位团组出访 11 人次；其他赴外及中国台湾地区访问、交流、讲学 7 人次；出访涉及俄罗斯、乌克兰、法国、德国、日本、韩国、荷兰、美国、澳大利亚、新西兰等12个国家及中国香港、澳门、台湾地区。

从学校接待国外或中国港澳台地区来访的情况看，1999年学校全年接待境外来访55人次，包括长期专家6人次，临时来访22人次。2001年接待来访262人次，涉及英国、澳大利亚、荷兰、俄罗斯、乌克兰、日本和中国台湾7个国家和地区。到2004年，全年共接待来访93人次。

# 第六节　加强党的建设与学校内部治理

学校党委深入学习贯彻"三个代表"重要思想，坚持正确的指导思想，围绕中心抓党建，从抓发展、抓人才、抓人心、抓党建四个重点真抓实干，从高、新、实、细、严五个方面提出要求：工作中认识高、起点高、质量高；工作中认清新形势，要有创新意识；说实话、办实事、鼓实劲、重实效、讲实绩；具体工作细、思想工作细、准备工作细；严格要求。

## 一、领导班子建设

学校要发展，领导班子是关键。领导班子作为学校的领导核心，班子成员的思想观念、价值取向、工作作风、专业知识等直接影响着校风、教风、学风，决定着学校办学理念、发展快慢。因此，我校加强学校领导班子建设，不断提升整个班子的凝聚力、号召力与创造力，着力把优秀中青年干部选拔到领导岗位上，使学校领导班子有一个合理的年龄结构，不断提升领导班子建设的专业水平和业务能力。1998年11月，财政部任命李俊生、陈明为校长助理。1999年1月26日，经校党委常委会议研究，确定了与中央财政管理干部学院合并后新领导班子的工作分工。

1999年6月21~25日，中国共产党中央财经大学第三次代表大会召开。在会上，李保仁同志代表校党委作了题为《脚踏实地，锐意进取，迎接新世纪挑战》的工作报告。报告指出，从1993年第二次党代会到第三次党代会的六年，是学校历史上发展最快的时期。中央财政金融学院更名为中央财经大学，建立了清河分部，与中央财政管理干部学院合并，成立西山分部，学校办学规模不断扩大；办学层次不断提高，实现了博士点零的突破；学术气氛日趋活跃，取得了丰硕的科研成果；党的建设得到了加强，改革迈出了关键步伐，管理水平有了新的提高，为学校 21 世纪的发展奠定了坚实的基础。第三次党代会规划了跨世纪发展的宏伟目标，是我校进入新世纪前的一次重要会议。大会提出，要适应时代的发展，从实际出发，解放思想，认真总结学校办学经验，冷静分析我校条件与现状，深入认识办学环境与前景，取长补短，使学校获得全面、优质的发展，不断向前迈进。大会选举了中共中央财经大学第三届委员会委员 21 名。选举李保仁、王柯敬、李玉书、徐山辉、王广谦、姚遂、李爽、倪海东、巴图 9 名同志为党委常委。党委书记为李保仁，党委副书记为李玉书、徐山辉，6 月 25 日，中共中央财经大学第三次代表大会选举产生了新一届纪律检查委员会，由 7 名委员组成。纪委书记为岳桂贤。这次大会是我校即将迎来五十华诞、迈步走向 21 世纪前的一次重要会议，对学校的改革与发展产生了深远的影响。

2003 年 6 月 20 日，校级行政领导班子换届、党委领导班子调整补充大会在教学楼一层学术报告厅举行。大会由党委书记李保仁同志主持，教育部党组成员、人事司司长李卫红同志宣读了教育部 6 月 13 日下发的《教育部关于王广谦等职务任免的通知》（教任〔2003〕31 号），任命王广谦同志为中央财经大学校长（任期 4 年），李俊生、陈明、袁东、王国华同志为副校长；免去王柯敬同志中央财经大学校长、姚遂同志中央财经大学副校长的职务。宣读了教育部党组 13 日下发的《中共教育部党组关于倪海东等同志职务任免的通知》（教党任〔2003〕51 号），任命倪海东同志为中共中央财经大学委员会副书记、李俊生、陈明、袁东、王国华同志为中共中央财经大学委员会委员、常委，免去徐山辉同志中共中央财经大学委员会副书记、常委、委员，王柯敬、姚遂同志中共中央财经大学委员会常委、委员职务。2003 年，梁勇任校长助理兼学校办公室主任。

## 二、组织和中层领导班子建设

随着办学规模的扩大与建制的变迁，我校党群组织建设在调整中实现了最大范围的组织覆盖。1997 年 6 月，我校进行了党总支和直属党支部换届选举，共选举成立了 13 个党总支和 19 个直属党支部，取消了综合委员会、教学委员会和后勤委员会 3 个党总支。在其后的第四轮中层干部聘任中，为加强机关党委的建设和管理，我校还成立了机关党委办公室，设在组织部，负责机关党委的日常管理工作。2000 年，为进一步加强党校的培训和教育职能，在各系党总支和两个分部党总支分别成立了二级党校的组织模式，充分发挥党校的教育阵地作用。

另外，在加大干部制度改革力度的同时，进一步加强了制度化建设。1998年，学习制定了《中层干部理论学习制度》《干部工作考核实施细则》和《干部届中考核实施细则》等一系列规章制度，并对处级干部进行了届中考核。通过考核，增强了党政处级领导干部的事业心和责任感，深化了广大党员的党员意识和全体教职工的监督意识，推动了基层党组织和干部队伍的建设。在我校 2000 年党总支、直属党支部换届选举中，一批高学历、高职称、低年龄的优秀青年走上了实务工作岗位，大大增强了基层党组织的生命力与战斗力。

经过第四、第五轮改革，干部队伍的思想素质和综合能力明显提高，一批青年干部走上了管理部门、教学科研单位和后勤服务单位各级领导岗位。进一步明确了党务和思想政治工作队伍的建设目标和思路，加大调整、充实、提高的力度，党务和思想政治工作队伍的学历结构、职称结构、年龄结构更加合理。

### 三、党建与思想政治教育工作

在这一时期，学校的思想政治工作主要集中于党的理论学习与理论研究、实践探索以及学生德育教育等方面。1997 年 1 月 3 日，学校首届党建工作会议正式召开。党委书记李保仁同志在会上作了题为《统一思想，加强团结，聚精会神搞好党的建设》的报告。会上，北京市教育工委常务副书记、北京市教委副主任尹栋年同志就北京市高校党建工作的指导思想、基本思路作了讲话。财政部部长助理刘长琨同志就当前党的建设特别是领导班子建设和思想政治建设等方面作了讲话。这次会议的召开标志着学校党建与思想政治工作迈上了一个新的台阶。5 月 6 日，中央财经大学成立了党建研究会，由党委书记李保仁任会长，党委副书记徐山辉任副会长，秘书长由陈明担任。这推动了学校党建与思想政治工作的理论化、学术化发展。

为进一步提高党政领导干部的整体素质，1997 年，学校举办了党政干部培训班，重点进行了党性、党风、党纪教育，学习有关文件和实例，并对领导干部进了思想品德、工作作风、领导方法等方面的培训。1998 年，学校则以在师生党员中间开展邓小平理论的宣传学习为主，加强理论学习，建立和完善理论学习制度。为了提高教育效果，还从延安大学邀请了延安学研究所所长郭必选同志作题为《在新时期发扬延安精神的几个问题》的报告。在形势政策教育方面，学校开办了部长论坛，当时先后有国家审计署审计长李金华、国务院研究室主任袁木等来我校作报告。这是学校把形势政策教育与学术研究结合起来开展思想政治工作的一项尝试。

1998 年 11 月 21 日，在中共中央的统一部署和中央党建领导小组的领导下，"三讲"教育在全国全面开展。2000 年 5 月 16 日至 7 月 14 日，按照中共北京市委教育工委的统一要求，学校作为在京院校第二批开展"三讲"教育的单位，开展了以"讲学习、讲政治、讲正气"为主要内容的党性党风教育。19 日，在专家宾馆报告厅举行了"三讲"教育动员大会。北京市委巡视组周宣诚、张皓明等出席会议，会议由王柯敬校长主持，党委书记李保仁作"三讲"动员报告。我校在校级、处级干部中开展了"三讲"教育活动，通过自我剖析、交流思想、开展批评、认真整改，学校领导班子的思想建设得到了加强，理论学习的自觉性有了提高，群众路线得以改善，党建意识大大增强。同年，学校还在全体党员中组织开展了江泽民同志关于"三个代表"和"四个如何认识"的学习讨论。这些学习活动都引导广大师生树立起了正确的世界观、人生观和价值观，坚定了走建设有中国特色社会主义道路的信心。

这一时期，中央财经大学党建研究会的成立大大推动了学校的党建与思想政治理论研究工作。2002 年，中央财经大学党建和思想政治工作研究课题共有 26 个获准立项。2004 年，获准立项课题增加至 31 个，资助经费累计 5 万元。对理论研究工作的重视逐渐催生了丰硕的研究成果。在北京高校党建研究会举办的党建 2003 年年会中，《新形势下高校办学理念研究及对学校的借鉴意义》和《高校德育建设问题研究》两篇论文入选大会交流材料。1996 年 6 月，李保仁被评为中共北京市委、市政府北京市优秀思想政治工作者。1997 年 11 月 11 日，李保仁被北京市教育工委组织评选为依靠教职工办好学校的先进党委书记。2004 年 4 月，中央财经大学团委的"项目化管理——团的思想政治工作模式的选择"荣获"北京市高校党建和思想政治工作优秀成果"三等奖。

除了加大对理论学习与理论研究工作的重视外，还加强对广大党员干部的实践教育。1998年4月23~30日，学校党委组织部分中层领导干部赴西安、延安等地进行考察，接受党性党风的实地教育。考察团先后访问了西安交通大学、延安大学等院校，参观了延安等革命历史旧址，通过实地的革命传统教育，党员干部的思想政治素养得到了提升。

在学生德育教育方面，学校制订了德育大纲，使学校德育工作更加有序化、规范化。此后，学校将加强和改进德育工作的具体措施定位于：总结学校在发挥学科德育作用方面的经验，制定政策，加强引导，促使德育的目标和要求在各科教学中得到体现和落实；组织学生社会实践活动，拓展社区服务和志愿者行动的领域；进一步发挥学生在德育教育中的作用，增强学生自我教育、自我管理、自我服务的主动性、自觉性。

中央财经大学党建与思想政治工作经过这一时期的快速发展取得了丰硕的成果。2001年，获得了北京市党建和思想政治工作先进高校提名奖，并获得奖励基金10万元。此后经过三年的建设，学校党的理论建设、思想建设、组织建设等方面都取得了更全面的发展。2004年成功通过北京高校党建和思想政治工作检查，于12月荣获北京市党建和思想政治工作先进高校。

### 四、党风廉政建设

通过组建领导小组、制定责任制等方式加大了党风廉政建设的力度，以此推动各级党群组织在世纪交替之机永葆纯洁性。为了贯彻落实党中央、国务院《关于实行党风廉政建设责任制的规定》，1999年3月29日成立了"贯彻落实党风廉政建设责任制领导小组"，提出并制定了校级、处级两级领导班子党风廉政建设责任制的意见。11月15日颁发了《中央财经大学校级领导班子党风廉政建设责任制》，至年底42个处级单位都按要求完成了领导班子责任制的制定工作。还制定了《中央财经大学关于党风廉政建设和反腐败工作专项任务分工》《中央财经大学关于党风廉政建设检查考核制度》《中央财经大学关于实施党风廉政建设责任制责任追究的实施办法》《中央财经大学聘请党风廉政监督员、特邀监察员办法》等配套制度。2000年3月27日，校贯彻落实党风廉政建设责任制领导小组下发了"关于检查党风廉政建设责任制落实情况的通知"，要求当时 41 个处级单位对党风廉政建设责任制落实情况、新一轮干部聘任、领导干部离任经济责任审计进行自查，在此基础上，对学校办公室等 10 个单位进行了重点检查。深入广泛的党风廉政建设有效保证了学校各级党群组织及其领导干部科学分析决策和拒腐防变的能力。

2000 年 10 月，在对领导干部落实党风廉政建设责任制情况进行检查和任期经济责任审计之后，纪委建立了学校中层领导干部的廉政档案，并将审计报告等有关材料存入其中，作为评价领导干部廉洁从政情况和管理水平的重要依据，为今后学校领导干部的选拔和任用提供参考。

### 五、学校党委领导抗击"非典"工作

2003 年，我校是北京高校中发现"非典"疑似病例较早且疫情较严重的一所高校。面对"非典"这场突如其来的重大灾害，在校党委的坚强领导下，各级党组织和共产党员发挥先锋模范作用，全校师生员工紧急动员，沉着应对，科学防控，采取有效措施，对"非典"展开了一场顽强、有效的抗击。

当"非典"在北京刚出现时就引起了校领导的高度重视。2003 年 3 月初，学校领导就责成校医务室做了必要的准备，4 月 7 日，成立了由李保仁（党委书记）任组长，王柯敬（校长）、徐山辉（党委副书记）、姚遂（副校长）、陈明（校长助理）任副组长的中央财经大学预防控制非典型肺炎工作领导小组，立即制定了防控工作的预案。12 日，学校发现了"非典"疑似病例者，这标志着学校抗击"非典"战役正式打响。

面对疫情，校党委召开全校中层干部紧急会议，发布《致学生家长的一封信》《致全校共产党员的公开信》，建立信息上报制度，创办《阻击非典》小报加强宣传普及知识等。鉴于"非典"疫情比较严重的实际情况，学校除实施了一般的防控措施外，果断采取措施做好科学防控工作，如校园实行封闭式管理、对西塔楼实施封闭式隔离、请卫生部门进行医疗检查和专业消毒。成立专门的消毒队伍进行卫生消毒，取消或推迟原定的大型学术研讨活动、外出学习考察活动、高考咨询活动等。在校党委的坚强领导下，由于防控措施科学有力，学校的"非典"疫情得到有效控制，并向好的方向转化。5 月 8 日，经过 14 天的隔离，皂君东里 29 号楼（家属楼）正式解除隔离。在楼前的空地上举行了隆重的解除隔离仪式，教育部副部长张保庆、校党委书记李保仁、中

共海淀区委书记谭维克等分别讲话，充分肯定了此次隔离所取得的成就，对在隔离期间未发生一例患者表示欣慰。近百家中外媒体前来报道，中央电视台等媒体相继播发这一消息。同日，中央电视台《焦点访谈》节目报道了我校教工宿舍西塔楼正式解除隔离有关情况。同日，《光明日报》刊发《阻击"非典"——首都高校在行动》一文，报道了我校的抗"非典"情况。同日，《中国日报》刊发学校教工宿舍西塔楼解除隔离图片新闻。9日，为支持高等院校抗击"非典"工作，华晨金杯集团向教育部捐赠了两辆救护车，教育部将其转赠给中央财经大学和北方交通大学，并在京沈高速公路进京收费处举行了简短的赠车交接仪式。

2003年5月20日，中央财经大学最后一位"非典"患者出院。在学校累计确诊的20名"非典"病例中（无一例学生），3名退休教师去世，其余17人治愈出院，学校抗"非典"工作告一段落。24日，在主教学楼前举行中央财经大学非常时期广场文化论坛开坛仪式。25日，在学三楼前举行了1999级毕业本科生健康观察区解除仪式。30日，学校组织召开庆祝建党82周年暨抗击"非典"表彰大会，会上表彰了66名抗击"非典"先进个人、15名优秀共产党员、12个基层党组织。7月17日，学校工会被北京市教育工会评为北京市教育工会系统抗击"非典"先进集体，校工会常务副主席李德铭被北京市教育工会和全国教育工会评为教育工会系统抗击"非典"先进个人，校工会兼职副主席、总务处处长白锡生被评为北京市抗击"非典"先进个人。

## 六、学校治理结构完善与调整

这一时期，学校审时度势，立足实际，不断调整完善学校治理结构，推动各部门职责清晰、权责统一，切实提高了管理和服务水平。学校积极探索校、院两级管理体制和运行机制，为进一步优化资源配置，增强院系办学活力和自我发展、自我约束能力奠定了基础。学校按照精简、高效原则进行了机构调整，理顺了校部机构的职能和部门责权、分工；积极推进校务公开，加强制度建设，强化法制观念，进一步促进了学校行政管理的科学化、规范化和制度化；进行了后勤社会化改革，在建立和完善后勤管理、服务、经营三大功能体系方面进行了有益的探索。

1996年，外事处更名为国际合作处。1997年，决定审计处与纪委、检查处分开单设；设立学生工作部，与学生处合署办公；设立保卫部，与保卫处合署办公。1998年，成立港澳台事务办公室，与国际合作处合署办公；1999年，将宣传与新闻报道职能划归党委宣传部。将电化教学部并入教务处。2000年，成立校园规划办公室，挂靠在学校办公室。2001年，撤销研究生部党总支，成立研究生部党支部，归属机关党委；建立后勤服务总公司，由总务处代表学校对总公司实行合同契约管理，后更名为后勤服务产业集团；成立后勤服务产业集团党总支，撤销总务处党总支，成立总务处党支部，归属机关党委。2003年，成立法律事务办公室，设在学校办公室；成立发展规划处，并将高教研究室划归发展规划处；撤销校园规划办公室，成立新校区规划建设驻昌平区办公室；将审计处与监察处合并，成立监察审计处，与纪委合署办公；成立资产管理处，将校办产业办公室并入，与总务处合署办公。将成人教育学院更名为继续教育学院，撤销其下设的两部一室三个副处级机构。通过改革，行政部门和后勤单位的服务意识进一步增强，管理和服务水平有了较大提高。

截至1999年，学校共设财政系、金融系、会计学、经管系、保险系、信息系、税务系、投资系、法律系、中文系10个系。1999年2月12日，决定成立中央财经大学西山分部。2000年4月20日，成立经济系。2002年6月18日，决定成立外语系，同时撤销外语教学部。

随着学校的更名与办学规模的不断扩大，中央财经大学从2003年开始了全面系改院及学科专业调整的发展进程。2003年8月6日，学校在经济系的基础上成立经济学院，并将原经济管理系的国民经济学专业和国民经济管理专业调整到经济学院。在经济管理系的基础上成立商学院，并将国民经济学专业和国民经济管理专业调整到经济学院；会计系改为会计学院，将原财政系的财务管理专业调整到会计学院；在金融系的基础上成立金融学院；在体育教学部的基础上成立体育经济与管理系，保留体育教学部；在数学教学部的基础上成立经济数学系，保留数学教学部；在政治理论教学部的基础上成立社会学系，保留政治理论教学部。9月16日，经党委常委会议研究，决定在财政系和税务系的基础上成立财政与公共管理学院，并将财务管理专业调整到会计学院。9月28日，经党委常委会议研究，决定成立MBA教育中心。

2004年12月2日，学校决定在中文系基础上成立文化与传媒学院，在信息管理系基础上成立信息学院，在法律系基础上成立法学院。2004年12月13

日，学校成立中央财经大学公共管理硕士（MPA）教育中心，MPA 教育中心设在财政与公共管理学院，下设 MPA 办公室。至此，文化与传媒学院、信息学院、法学院相继成立，原有五大学院拓展到八大学院。至此，中央财经大学全面系改院完成。教学机构的改革与调整推动了学校多学科专业的全面建设。

## 第七节  加快基础设施和后勤保障能力建设

积极加强基础设施建设，提升后勤保障能力，改善办学条件。特别是2002 年 6 月，教育部批准了学校在沙河高教园区征地建设新校区的方案；2003 年 3 月，学校与昌平区政府签订了沙河新校区土地划拨协议。新校区的总体规划已基本完成，校本部的建设规划修编工作也已启动。

### 一、基础设施建设日渐夯实

#### （一）进一步完善办公、食宿条件

随着办学规模的逐步扩大，学校的办学条件不足日益显现。1995 年，学校开始兴建多个基建项目，进一步改善办公和食宿条件。

1995 年 10 月 20 日，北京市建委批准中央财政金融学院学生宿舍、食堂和印刷厂为 1995 年开工项目。1996 年 1 月，财政部下达中央财政金融学院三个基建项目，总投资计划 3120 万元，建筑面积共计 22200 平方米，其中学生宿舍 14000 平方米、学生食堂 7000 平方米、印刷厂 1200 平方米，全部项目预计 1997 年完工并交付使用。1997 年 4 月 24 日，新建学生食堂按期竣工，并一次性通过北京市工程质量检查，等级优良。食堂建筑面积 7580 平方米，内设西餐厅、中餐厅、风味餐厅、小卖部、自助厅、招待厅、休息廊和学生就餐大厅，另外还有 1000 平方米的多功能厅及活动室。1997 年 9 月 1 日，新建学生食堂正式投入使用。该食堂可容纳 4000 人同时就餐，这项工程的启用改变了过去学生就餐时的拥挤状况，改善了办学条件，同时也促进了文明校园的建设。早在 1995 年 9 月，为了改善学生就餐条件，改造更新了学生二食堂煤气灶和改建装修学生二食堂，为学生二食堂配备了微机磁卡售饭系统，从而为加

强管理、改进服务奠定了良好的基础。1997 年 6 月 15 日，16996 平方米的学生宿舍如期竣工。该项建筑设计新颖、美观大方，是当时全国高校最大的单体学生宿舍公寓，内部设计合理，便于使用，每个房间都有独立保温阳台，有电视、电话系统，配备有吊床、吊框，经北京市有关部门检查验收，此项工程为优质建筑工程。并于 1997 年 7 月 15 日正式投入使用。新学生宿舍极大地改善了学生的居住条件，方便了学生的生活。

1997 年 11 月 26 日，行政办公楼、电化教学楼破土动工。1999 年 6 月电教楼竣工，该工程总建筑面积为 6776 平方米，累计投资 1295 万元。1999 年 6 月，新建行政办公楼竣工并投入使用，该工程建筑面积为 6524 平方米，累计投资 1294 万元。

至 1999 年，学校在建项目 6 个，建筑面积总计 29549 平方米，概算总投资 8256 万元。其中，1998 年结转的续建工程 4 个，分别为行政楼、电化教学楼、单身宿舍改造和学校主校门工程；1999 年新开工工程 1 个，为教学楼主楼加层工程；专项基建投资项目外购教工住宅；1999 年底竣工项目 1 个，为单身宿舍改造工程，竣工面积 3949 平方米，交付使用财产 295 万元。其中，新办公楼于 6 月竣工投入使用，工程建筑面积 6524 平方米；主校门工程 10 月竣工，工程面积 268 平方米；以校门区为主的 7600 平方米绿化和 9500 平方米道路工程也同时竣工。另外，青年教工筒子楼宿舍改造工程于 5 月竣工，改造面积 3980 平方米，均为厨房、卫生间、电视、电话管线齐全的两居室套房和单间房。9 月，旧办公楼改造工程完工，改造面积 3000 平方米，投资 60 万元，改造后用做学生宿舍和校产用房。

**（二）建设分部（清河）**

20 世纪 90 年代，学校办学规模快速发展，招生规模的扩大与办学条件不足的矛盾日益显现。在这样的背景下，学校决定筹建清河分部，两地的管理模式要求后勤部门必须充分保障清河分部的办学条件和校园环境，确保清河分部的教育教学顺利进行。1996 年 9 月 13 日，清河分部正式启用，迎来第一批 96 级新生 1003 名。1997 年 9 月，清河分部每个学生宿舍安装了闭路电视，使 1000 余名新生能及时看到新闻节目，丰富了学生的课余生活。

**（三）学校主校门工程**

过去学校的校门小且陈旧，为了配合学校的基本建设，使校园更加美观、协调，学校决定兴建新校门。1999 年 7 月，新校门区平房拆迁工作基本完成，此次拆除的平房有门前自管房、临建房、居民住房、个体经营用房以及产权房，拆除面积共计 3049.29 平方米。这次大规模的拆迁使学校遗留多年的问题得以彻底解决，为学校新建校门区打下了良好的基础。1999 年 10 月，完成了以校门区为主的校园内外绿化工程及修路工程，共铺设柏油路面 9500 平方米，绿化校园 7600 平方米，该工程由北京市花木公司承建。

（四）建设和改造配套设施

1998 年 8 月，学校学一楼、学二楼危电改造工程完工，共投资 12.6 万元。学校学一楼、学二楼供电线路因老化，存在火灾隐患，经校党委研究，决定进行危电改造。这次危电改造更换了室内外全部供电线路、增装了楼层超载保护器、安装了室内电表、配备了漏电保护器以及降低了走廊照明线路的电压。改造后的供电系统杜绝了违章用电和私拉电线的现象，并且消除了火灾隐患。

2000 年 5 月，教学主楼与行政楼、电教楼配套相连的教学主楼门头改造及连廊工程基本完成，建筑面积 1100 平方米，投资约 350 万元。2000 年 7 月对行政楼、电教楼进行了中央空调安装工程，于 2000 年 11 月底全部完成空调安装施工任务，总投资 620 万元。中央空调的安装极大地改善了师生的工作和学习环境，受到了师生的欢迎。2000 年 7 月 12 日，教学主楼加层项目正式开工，建筑面积 6500 平方米，总投资 2800 万元。到 2000 年底已完成主楼加层结构施工及公共卫生间改造装修工程，投资 1400 万元。2004 年 10 月 15 日，中央财经大学篮球、排球、网球场改扩建工程竣工，共改扩面积 17138.5 平方米，其中改扩建篮球场 6 块、排球场 4 块、网球场 2 块。通过对运动场所的改造，为学生进行体育活动创造了更好的条件，丰富了学生的校园生活。2004 年 12 月 10 日，对图书馆进行装修改造的工程竣工，进一步美化了图书馆环境。

## 二、后勤改革与固定资产稳步发展

高校后勤社会化是提高办学质量与效益的客观要求，为了进一步加快落实高校后勤社会化的进程，实现北京高校后勤产业联合。中央财经大学于 1999 年开始了后勤改革。1999 年 1 月 20 日，召开了后勤改革动员会，既而在全校公开招聘后勤各部负责人。这次后勤改革以社会化服务为方向，逐步建立服务主体企业化、服务对象社会化、服务成果商品化的新机制，为成立学校后勤服务产业集团奠定了基础。

2000 年 10 月 24 日，中央财经大学后勤服务产业集团正式成立，实现了后勤实体与行政系统规范分离，是顺利完成后勤社会化改革的重要一步，开创了学校后勤工作的新局面。2000 年 6 月，根据教育部《关于进一步加快高校后勤社会化改革的意见》和北京市《北京高校后勤社会化改革规划》文件精神，中央财经大学制订并公布了《中央财经大学后勤社会化改革规划》，成立"后勤服务总公司"，并于 10 月 24 日正式成立后勤服务产业集团。该集团是在学校后勤社会化改革中从行政管理系统中规范分离出来的后勤服务实体，负责管理和经营学校物业、餐饮、运输、医疗、通信以及商业服务等项目，先后成立了商贸、物业管理、饮食服务和学生宿舍 4 个管理中心，实体实行干部聘任制和全员劳动合同制，该集团实行自主经营，独立核算、自负盈亏。高校后勤社会化改革的关键，在于进一步改革高校后勤管理体制和运行机制。在人事制度上，建立社会化的劳动用工和社会保障体制，实行干部聘任和全员劳动合同制，根据后勤工作自身需要，分流校内人员并合理地从劳动力市场吸收经营管理等各种生产、技术、服务人员。

2001 年 6 月，后勤服务产业集团开展全员聘任工作。2002 年，后勤集团引进新人员，缓解有关部门断层问题，新人员实行"人事代理制"，人事关系委托人才中心代理，实行合同管理，后勤集团按国家规定为其缴纳各项保险费用。2003 年 10 月，后勤集团成立了聘任工作领导小组筹备后勤集团新一轮的竞聘工作。2007 年 4 月 17 日，后勤集团展开了第二轮竞聘工作，聘任工作于 2007 年 7 月 2 日结束。聘用工作按照公开、公正、自愿、平等的原则，实行双向选择、竞争上岗，择优聘用的用人机制。结合后勤集团实际，加强基础工作建设，进一步强化员工聘任过程中的科学化、公平化，逐步淡化传统习惯上的所谓"正式工、临时工"概念，力争做到真正意义上的全员聘任制。高校后勤社会化改革是把高校的后勤服务经营人员和相应的资源建制从学校行政管理系统中分离出来，按照现代企业制度，进行机构设置，创新管理体制。

为进一步加强后勤服务产业集团的物资及各项修缮土建工程的管理，2003 年 12 月，经后勤服务产业集团经理办公会研究，决定成立物资与工程管理部。

将工程管理与物资采购引向科学化、制度化，一改工程管理不规范的状况，进一步做到大宗物资集体采购。增加了工程的透明度，加强了成本核算，努力杜绝了不合理支出，为后勤集团节约了大量经费，起到了"截流"的作用。后勤管理部门重视学校的美化工作，采取了一系列措施绿化校园，美化环境。2000 年 3~8 月，为整治校园环境，投资约 100 万元，对车队南侧、行政楼东侧及北侧、青年公寓北侧等处进行校园绿化建设，施工面积约 4200 平方米。

2000 年 5 月，在校门区设立题词石，将江泽民同志的题词镌刻在上面，题词石成为中央财经大学一道亮丽的风景线。在校门区建成由韩美林先生设计、中国再保险公司捐赠的大型主题雕塑"龙马担乾坤"，该雕塑由青铜雕塑而成，高 9 米，其中青铜部分 7 米，重达十余吨，雕塑的基座镌刻有韩美林先生的书法作品"吞吐大荒"四字。2000 年 5~7 月，学校完成了教学主楼前广场铺设花岗岩的工程，完成铺设面积约 1600 平方米，投资约 60 万元。此外，为了给大一新生提供优美的校园环境，还对清河分部校园进行了整治。2000 年 8 月，清河分部对校园进行了绿化，铺盖草坪 285 平方米，种植花卉 1039 株，并重新粉刷装修了宿舍、教室，更换了学生衣柜，完成了茶炉、浴炉煤改气工程。

### 三、沙河校区规划与方案

1999 年中国高校扩招，随之带来的问题不断出现，办学条件不足的问题逐渐显现。对于中央财经大学而言，随着办学规模的飞跃式发展，学校本部和清河分部的办学条件已经无法适应快速发展的步伐，因此，建设校园新区，扩大校园面积势在必行。

2002 年 6 月 13 日，教育部副部长张保庆在部发展规划司副司长韩进、部办公厅秘书张燕陪同下来学校视察工作，巡视了校园本部，并对新校区规划、资金筹集和办学规模等问题发表了意见。2002 年 6 月 20 日，教育部（教发函〔2002〕189 号）批复学校按照事业规模的发展目标，将学校西山分部 129.90 亩土地与北京安康伟业房地产开发有限公司进行置换，在昌平区沙河镇征地 1000 亩左右建设新校区。新校区的建设资金全部由我校自行筹措解决。

2002 年 9 月 2 日，教育部副部长张保庆莅临学校考察。考察期间，张副部长认真听取了学校领导关于校园规划调整及新建学生公寓问题的汇报，并就这些问题发表了意见。2002年12月14日，学校常委会议确定沙河新校区总体设计规划方案。2003年3月14日，学校与北京市昌平区政府签订《北京沙河高教园区土地划拨协议书》。根据协议，新校区用地共1182.19亩。标志着学校已正式进入建设沙河新校区的阶段。沙河校区建成之后，学生的学习和生活条件将有效改善，师生的物质文化生活丰富，从而保障学校的教学、管理工作顺利展开。

总之，在8年的多学科性大学建设进程中，学校把学校教育事业放到全球高等教育竞争的格局中去定位，放在国家发展的全局中去定位，放在北京建设大局中去思考，将在新的征程上着力把中央财经大学办成一所有特色、多科性、国际化的研究型大学，即以经济学、管理学、法学为主，文学、教育学、哲学、历史学及理学、工学等多学科协调发展，新学科主要是在人文社会科学领域拓展，所发展的理学和工学学科指的是发展与经济学、管理学、法学等人文社会科学学科联系紧密的数学、计算机科学与技术等学科，将力促学科间的交叉融合，相互促进，发挥各自的最大功效，为优势学科的发展提供更厚实宽泛的基础和文化底蕴。学校得到跨越式发展，实现了由单科性学院向多科性大学发展的历史性转变。

# 第四章　建设"有特色、多科性、国际化"的高水平研究型大学（2005~2015年）

2005~2015年，我校在上级主管部门的正确领导下，认真贯彻党的教育方针，科学分析学校发展的阶段性特征，按照《中央财经大学发展战略规划》的要求，扎实推进落实学校"十一五"和"十二五"教育事业发展规划，全面实施人才强校战略，通过内涵提高，特色强校，学校办学实现了跨越式发展，无论是办学规模，还是办学层次、办学质量和办学水平，都取得巨大进步。学校步入国家"211工程"重点建设高校行列，成为国家首批"优势学科创新平台"建设高校之一，学校的人才培养、学科建设、师资队伍建设、科学研究、校园建设、社会服务和国际化办学成绩卓著，社会声誉显著提升，发展成为在国内外具有重要影响力的财经名校，为实现学校建成"有特色、多科性、国际化的研究型大学"战略发展目标奠定了坚实基础。

## 第一节　学校发展背景

### 一、我国高等教育发展形势

在第十一个五年规划（2006~2010年）和第十二个五年规划（2011~2015年）期间，我国处在全面建设小康社会，加快推进社会主义现代化必经的承上启下的阶段，中央提出了"走自主创新道路，建设创新型国家"战略。高等教育作为科技第一生产力和人才第一资源的重要结合点，在国家发展中具有十分重要的地位和作用。

《国家中长期教育改革和发展规划纲要（2010~2020 年)》和《国家中长期人才发展纲要（2010~2020 年)》对高等教育提出了加快我国从教育大国向教育强国迈进的新任务和新要求，其核心就是全面提高高等教育质量。围绕这一核心，改革高等教育发展模式，完善现代大学制度，大力提升人才培养水平、增强科学研究能力、服务经济社会发展、推进文化传承创新，扩大国际化程度，使重点建设的高校成为知识创新的策源地、深化教育改革的试验田和扩大开放的桥头堡，成为这一时期的重要任务。

从整体发展状况来看，大多数财经类院校，尤其是"211 工程"学校，从20 世纪 90 年代后期开始，抓住国家大力发展高等教育的有利时机，不断扩大本科招生规模，积极发展研究生教育。在扩大规模的同时，纷纷增设新的学科门类，加强优势学科建设，形成以优势学科为特色、多学科协调发展的教育发展格局。一些学校已经完成了物质和规模的基础准备工作。民办院校的财经类专业也在崛起，各种财经类培训机构全方位出击，争夺国内财经类高等教育市场。

综合性大学财经类专业利用自身综合优势，建设起点高，发展速度快，所设经济管理类学科的发展由原来偏重理论向理论与应用并重转变，其他类型院校也纷纷举办经济、管理类学科专业。与此同时，国外院校也极力在中国高等教育市场中扩大影响，争夺市场份额，财经类专业生源是争夺的重点之一。国内高等教育市场，特别是财经类专业的竞争日趋激烈。因此，国内绝大部分一流高校将学校工作的重点转向提高教育质量和研究水平上，以质量谋求深度发展。在"十一五"和"十二五"时期，财经类高校间对人才、教育和研究资源、优质生源等办学资源的竞争力度较之以往更加激烈。

## 二、学校的整体发展思路

2006 年 12 月，学校第四次党代会，明确了"以加快发展为主题，以提高人才培养质量为根本，以学科建设为龙头，以深化改革为动力，以加强党的建设和思想政治工作为保证，实施人才强校战略，全面提升学校的教学、科研和管理水平，大力改善办学条件和师生生活条件，坚持规模、结构、质量、效益的有机统一，努力实现学校的跨越式发展"的指导思想，确定了"把中央财经大学办成一所有特色、多科性、国际化的研究型大学"的战略发展目标和

"三步走"的发展战略。其办学目标是培养适应国家经济和社会发展需要，富有高度的历史使命感和社会责任感，具有深厚理论功底、精湛专业能力、良好综合素质、优秀人格品质和国际视野的创新型精英人才。为了实现新学期的办学目标与人才培养目标，学校坚持以人才培养质量为根本，以本科教学工作为中心，以学科专业建设为龙头，以人才建设为重点，大胆突破各种体制机制障碍，勇于挑战办学基础条件薄弱的困难，大力开展本科教育教学改革与人才培养模式改革，实现了跨越式发展。

2010 年 7 月，学校第五次党代会明确要高举中国特色社会主义伟大旗帜，以邓小平理论和"三个代表"重要思想为指导，深入贯彻落实科学发展观，全面贯彻党的教育方针，改革创新，内涵提高，特色强校，着力"五个提高"，即提高人才培养质量、提高学科核心竞争力、提高科研创新和服务能力、提高教师整体水平和提高学校国际化水平，推进"两项建设"，即基础能力建设和现代大学制度建设，努力开创建设高水平研究型大学的新局面。

2015 年 9 月，学校第六次党代会，提出了 2016~2020 年学校改革发展的主要任务，即"五个推进"和"一个加强"：大力推进精英教育战略，全面提高教育教学质量；着力推进协同创新战略，全面提升学科核心竞争力和科研实力；深入推进人才强校战略，全面提高人才队伍整体水平；深入推进国际化战略，不断提升国际影响力；深入推进依法治校战略，加快建设现代大学制度；加强基础能力建设，不断提高条件保障水平。

## 三、学校进入"211 工程"重点建设高校行列

2005 年 9 月 8 日，国家发展和改革委员会、财政部、教育部增补包括中央财经大学在内的 12 所高校进入"十二五"期间"211 工程"重点建设院校，学校由此获得了一个更高的发展平台，这是中央财经大学十年来全体师生共同努力的结果，标志着学校历史性地进入了快速发展的轨道。成为"211 工程"重点建设院校是中央财经大学实现跨越式发展的一个重要历史起点，经过"211 工程"三期建设，学校人才队伍不断壮大，学科特色更加鲜明，学科结构趋于合理，重点学科的发展跃上了一个新台阶，办学规模稳步扩大，办学条件得到极大改善，综合实力显著增强，基础设施条件得到很大改善，总体办学水平得到明显提升。

# 第二节　扎实推进教育教学改革

始终坚持教学中心地位，把保障和提高教学质量作为教学工作的重要措施，以提高人才培养质量为核心，深化教育教学改革，深入实施国家教育体制改革试点项目和教育部专业学位研究生教育综合改革试点项目，大力开展"专业提升计划"和"卓越人才培养计划"，推进本科教学质量工程，开展专业国际认证，建设质量保障体系，着力探索高素质创新人才培养的有效途径。

## 一、在本科教学水平评估中被评为"优秀"

本科教育是高校人才培养的基础和关键。这一发展阶段，在扩大本科教育规模的同时，以教育部本科教学工作水平评估为契机，进一步深化教学改革，全面实施本科综合教育教学改革工程，不断提高教育教学质量，着力培养财经精英人才。

根据教育部办公厅下达的有关文件，我校被正式列为 2008 年度普通高等学校本科教学水平评估的评估对象。本着"以评促改、以评促建、以评促管，评建结合，重在建设"的指导思想，上下齐心，扎实有序地开展"迎评促建"工作，教学建设和教学改革得到了全面深化，在教学基础软硬环境建设、实践教学和创业教育、规范化管理、规章制度建设等方面取得了明显的进步。

2008 年 5 月 18~23 日，教育部本科教学工作水平评估专家组对学校本科教学工作水平进行了全面考察评估。

2008 年 5 月 23 日上午，评估意见反馈大会召开。专家组成员，校领导，各单位、部门领导，教学督导组成员，教职工代表，离退休人员代表，学生代表参加了大会。会上，评估专家组组长顾海良教授代表专家组宣读了"教育部专家组对中央财经大学本科教学工作水平评估的考察意见"。专家组分别从总体印象、办学成绩、办学特色、问题与建议四个方面对学校的本科教学工作给予评价。顾海良指出，专家组的总体印象是：中央财经大学进入了快速发展阶段，现已成为以经济学和管理学为主体，多学科相互支撑，特色鲜明，培养高层次财经管理人才的国内知名大学。

专家组充分肯定了学校本科教学工作取得的成绩：一是办学指导思想明确，学校定位准确，本科教学中心地位突出；二是实施人才强校战略，强化师资队伍建设，教师队伍整体素质明显提高；三是深化教学改革，以学科专业建设为龙头，带动了教学工作全面发展；四是重视理论教学与实践教学相结合，注重培养学生的创新意识与创新能力；五是加大教学投入，拓展办学空间，改善了教学公共设施和教学条件；六是加强教学管理队伍和管理体制建设，完善了教学质量监控和保障体系；七是以全面素质教育为指导，构建了综合育人体系。

专家组一致认为，中央财经大学的办学特色是：在学校长期的发展历程中，形成了求真求是，追求卓越的办学理念，担当责任，勇往直前的中财精神，强基固本，学以致用的高层次、财经类人才办学特色，铸就了求真务实品质和激发创新精神的人才培养模式，形成了以经济学和管理学为主，多学科协调发展的学科专业体系，成为国家财经教育与研究的重要基地，造就了一大批具有时代气象、推动经济社会向前向上发展的建设者和领导者。针对我校本科教学工作存在的问题，顾海良教授代表专家组提出了两点建议：一是加强新办专业建设，进一步完善多学科协调发展的布局；二是进一步改善办学条件。

2009年1月15日，教育部下发了《关于公布北京师范大学等87所普通高等学校本科教学工作水平评估结论的通知》（教高函〔2009〕3号），公布了2008年普通高等学校本科教学工作水平评估结论，我校被评为优秀学校。这是教育部对学校办学指导思想、办学水平、学科建设、教学改革、教学管理、人才培养、办学特色等各方面成绩的充分肯定，是长期以来全校师生员工团结一致、共同努力、不断改革创新的结果。

本次教学工作水平评估是我校建校以来第一次全面地接受国家高等教育主管部门的业务评估，是对学校办学实力、办学效果、办学理念和管理水平等各个方面全面的、系统的检查、分析和评议。通过迎接教育部本科教学工作水平评估，全面实施本科教育教学综合改革，落实教育部本科教学质量与教学改革工程，推动我校本科教学迈上了新台阶。

## 二、教育教学改革成果丰硕

这一发展阶段，根据建设创新型国家对拔尖创新人才需求的新形势，注重对学生创新精神与实践能力的培养，探索人才培养新模式，设立了人才培养模式试验区，着力培养具有国际视野的创新人才，并取得了良好的成效。2006年和 2007 年，我校相继成为教育部"国家大学生文化素质教育基地"和"国家大学生创新性实验计划项目"首批高校。2010 年，我校成为国家"财经应用型创新人才培养模式改革试点"院校和教育部"专业学位研究生教育综合改革试点"院校。我校还是"国家建设高水平大学公派研究生留学项目"首批 46 所高校之一，获批国家级法学教育实践基地和全国首批卓越法律人才教育培养基地，经济与管理实验教学中心获评国家级实验教学示范中心。

在国家组织实施的高等学校本科教学质量与教学改革工程中，《管理会计学》被评为国家级精品课程，其中 6 本教材入选第一批"十二五"普通高等教育本科国家级规划教材，2 门课程入选教育部"中国大学资源共享课"，4门课程获评教育部"精品视频公开课"，思政理论课教改项目入选教育部高校思想政治理论课教学方法改革项目"择优推广计划"。2005～2015 年，学校新增国家级教学成果奖 4 项，国家级教学团队 1 个，国家级特色专业建设——国家精品课程、双语教学示范课程，有 51 本教材入选教育部普通高等教育精品教材和国家级规划教材，获评国家人才培养模式创新实验区 2 个，被团中央、全国青联、国际劳工组织授予"大学生 KAB 创业教育基地"；在北京市第六届青年教师教学基本功比赛中，学校教师获得文科 A 组一等奖。2011～2015年，MPAcc 教改项目获评国家级教学成果二等奖，孟焰教授获得国家教学名师奖，新增国家级精品课程、双语教学示范课、在线开放课程等 13 门，其中《金融学》作为中国大学 MOOC 平台首批上线课程，累计学习人数超过 5 万；16 本教材入选"十二五"普通高等教育本科国家级规划教材；MBA 项目顺利通过国际工商管理硕士协会（AMBA）再认证，会计学院成为全国首批会计硕士专业学位教育质量认证最高等级 A 级成员单位。以上成绩的取得，充分表明我校在规划（精品）教材与国家级（北京市级）教学团队、精品课程等方面均取得了突出的成果。具体来说：

**（一）规划（精品）教材与国家级（北京市级）教学团队**

1. 规划（精品）教材

在此期间，我校陆续推出了一批国家级规划教材和北京高等教育精品教材，这些教材涵盖金融、保险、会计等多个学科及专业，充分体现了学校教学方面取得的成绩。

2007 年 7 月 2 日，王广谦教授主编的《中央银行学》（第二版）和马海涛教授主编的《中国税制》（第二版）两部教材入选 2007 年度普通高等教育精品教材。

2008 年 2 月 13 日，学校有 6 本教材被评为普通高等教育"十一五"国家级教材规划补充选题，分别是刘玉平主编的《财务管理学（第三版）》、吴念鲁主编的《商业银行经营管理（第二版）》、王君彩主编的《企业财务会计学》、王生辉主编的《消费者行为分析与实务（第二版）》、朱建明主编的《无线局域网安全——方法与技术（第二版）》和栗玉香主编的《公共关系》。

2009 年 11 月，财经研究院王雍君主编的《公共经济学》和保险学院褚福灵主编的《社会保障职位实训教程》被评为 2009 年普通高等教育精品教材。

2011 年 12 月，我校有 4 本教材被评为"2011 年北京高等教育精品教材"，分别是马海涛、姜爱华主编的《政府采购管理》、潘省初主编的《计量经济学中级教程》、李燕主编的《政府预算管理》和李晓慧主编的《审计学：实务与案例》。

2013 年 10 月 31 日，我校有 4 本教材被确认为市级精品教材。

2. 国家级（北京市级）教学团队

2007 年 10 月 19 日，金融学院李健教授作为带头人的金融学专业教学团队和商学院孙国辉教授作为带头人的市场营销专业教学团队被评为 2007 年北京市优秀教学团队。12 月 17 日，由金融学院李健教授作为带头人的金融学专业教学团队被评为 2007 年国家级教学团队。

2008 年 7 月 18 日，会计学院孟焰教授作为带头人的管理会计学教学团队和财政学院李俊生教授作为带头人的财政学专业教学团队被评为 2008 年北京市优秀教学团队。2009 年 7 月 6 日，保险学院郝演苏教授作为负责人的保险与风险管理教学团队被评为 2009 年北京市优秀教学团队。2013 年 9 月，会计学科实践教学团队荣获继续教育优秀教学团队奖，并成为北京高校继续教育重点建设教学团队。

（二）精品课程

广大教师深入研究教育教学规律，在课程上精益求精，连续多年打造出了多门精品课程，这些课程已经成为中央财经大学的一张亮丽的名片。

2005年1月17日，金融学院贺强教授讲授的《证券投资学》入选。9月1日，财政与公共管理学院刘桓教授作为负责人讲授的《中国税制》和商学院孙国辉教授作为负责人讲授的《国际企业管理》被评为2005年度北京市级精品课程。

2006年7月9日，经北京市教委评审，邱东教授为负责人讲授的《国民经济核算》和崔新健教授作为负责人讲授的《国际市场营销学》被评为2006年度北京市级精品课程。

2007年7月11日，孟焰教授作为负责人讲授的《管理会计学》和李晓林教授作为负责人讲授的《寿险精算》被评为2007年度北京市级精品课程。11月27日，会计学院孟焰教授作为负责人的《管理会计学》被评为2007年度国家精品课程。

2008年7月18日，马海涛教授作为负责人讲授的《政府采购管理》、王君彩教授作为负责人讲授的《中级财务会计》和葛斌华教授作为负责人讲授的《微积分》被评为2008年度北京市级精品课程。

2010年4月，保险学院郝演苏教授作为主讲人讲授的《保险学》和法学院郭锋教授作为主讲人讲授的《证券法》被评为北京市级精品课程；史建平教授作为带头人的创业教育教学团队和刘扬教授作为带头人的统计学专业教学团队被评为北京市优秀教学团队。7月，商学院张云起教授作为负责人的《营销风险管理》被评为2010年度国家精品课程。

2013年12月，商学院张云起教授作为负责人的《营销风险管理》被评为国家精品资源共享课。

(三) 成果获奖

2005年9月9日，中共中央政治局常委、国务院总理温家宝在人民大会堂会见出席第五届高等教育国家级教学成果奖颁奖大会代表和北京市优秀教师师德报告会主讲教师代表，代表党中央、国务院向全国的老师们表示热烈的祝贺和亲切的慰问。校长王广谦教授作为第五届高等教育国家级教学成果奖获奖代表参加了此次会见。

2009年5月15日，以邱东、王亚菲、吕光明、胡永宏为主要完成人的"国民经济核算应用型教学模式创新与实践"，以孙国辉、葛建新、周卫中、柴庆春、傅晓霞为主要完成人的"财经类院校创业教育模式研究与实践"，以孟焰、林秀香、刘俊勇、李玲、李连清为主要完成人的"产学研结合，打造管理会计学精品课程"3 个项目获得北京市高等教育教学成果一等奖；以李俊生、杨金观、林光彬、王健、吴小龙为主要完成人的"以'五种能力'培养为核心的高等财经人才培养体系建设"等 6 个项目获得北京市教育教学成果二等奖。9 月 7 日，在第六届全国高等教育教学成果奖中，孙国辉、葛建新、周卫中、柴庆春、傅晓霞的《财经类院校创业教育模式研究与实践》，孟焰、林秀香、刘俊勇、李玲、李连清的《产学研合作，打造管理会计学精品课程》获二等奖（见表 4-1）。

2013 年 9 月 11 日，我校 9 项成果获第七届北京市高等教育教学成果奖，其中一等奖 3 项，二等奖 6 项。

表 4-1　2005~2014 年优秀教育教学成果奖项

| 序号 | 成果名称 | 成果完成人 | 获奖等级 | 获奖年份 | 级别 |
|---|---|---|---|---|---|
| 1 | 21 世纪中国金融学专业教育教学改革与发展战略研究 | 王广谦、史建平 | 一等奖 | 2005 | 国家级 |
| 2 | 《财经类院校创业教育模式研究与实践》 | 孙国辉、葛建新、周卫中、柴庆春、傅晓霞 | 一等奖 | 2008 | 市级 |
| 3 | 财经学科与信息学科交叉类课程改革与教育创新研究 | 王景光、孙宝文、王鲁滨、章宁、朱建明 | 二等奖 | 2008 | 市级 |
| 4 | 财经院校加强大学生文化素质教育的探索与实践 | 侯慧君、李俊生、林光彬、朱凌云、杨莹 | 二等奖 | 2008 | 市级 |
| 5 | 财政学专业《财政业务综合模拟》课程建设研究与实践 | 李燕、肖鹏、姜爱华、石刚、曾康华 | 二等奖 | 2008 | 市级 |
| 6 | 产学研结合，打造管理会计学精品课程 | 孟焰、林秀香、刘俊勇、李玲、李连清 | 一等奖 | 2008 | 市级 |
| 7 | 财经类院校创业教育模式研究与实践 | 孙国辉、葛建新、周卫中、柴庆春、傅晓霞 | 二等奖 | 2009 | 国家级 |
| 8 | 《产学研结合，打造管理会计学精品课程》 | 孟焰、林秀香、刘俊勇、李玲、李连清 | 二等奖 | 2009 | 国家级 |
| 9 | "一主两翼"：构筑高校思想政治理论课实践教学的系统工程 | 韩小谦、李志军、陈文娟、韩美兰、王哲 | 二等奖 | 2013 | 市级 |

续表

| 序号 | 成果名称 | 成果完成人 | 获奖等级 | 获奖年份 | 级别 |
|---|---|---|---|---|---|
| 10 | 《营销风险管理》课程信息化立体教学资源建设 | 张云起、孙国辉、李军、王生辉、耿勇 | 一等奖 | 2013 | 市级 |
| 11 | 财经类高校"一体三全五维"本科教学质量保障长效机制研究与实践 | 杨金观、聂建峰、李爱民、吴小龙、罗卓笔 | 二等奖 | 2013 | 市级 |
| 12 | 财经应用型创新人才培养模式改革与实践 | 史建平、倪海东、杨金观、林光彬、吕世彦 | 一等奖 | 2013 | 市级 |
| 13 | 国际金融课程教学模式创新研究 | 张礼卿、张碧琼、谭小芬、聂利君 | 二等奖 | 2013 | 市级 |
| 14 | 经济学学术拔尖人才培养的探索与实践 | 王俊、王威、马海涛、马金华、昌宗泽 | 二等奖 | 2013 | 市级 |
| 15 | 跨学科的软件开发课程群平台搭建及资源共享机制研究与实践 | 章宁、马燕林、张书云、王天梅、李雪峰 | 二等奖 | 2013 | 市级 |
| 16 | 新挑战、新思维、新成果——中国精算应用人才培养体系改革之创新实践 | 李晓林、周桦、徐景峰、寇业富、陈辉 | 二等奖 | 2013 | 市级 |
| 17 | 以行动学习为导向，打造知行合一的会计硕士专业学位研究生人才培养模式 | 孟焰、袁淳、刘俊勇、吴溪、朱继光 | 一等奖 | 2013 | 市级 |
| 18 | 国民经济核算应用型教学模式创新与实践 | 邱东、王亚菲、吕光明、胡永宏 | 一等奖 | 2013 | 市级 |
| 19 | 金融学教学团队建设中的机制创新与实践 | 李健、左毓秀、贾玉革、蔡如海、孙建华 | 二等奖 | 2013 | 市级 |
| 20 | 以"五种能力"培养为核心的高等财经人才培养体系建设 | 李俊生、杨金观、林光彬、王健、吴小龙 | 二等奖 | 2013 | 市级 |
| 21 | 中国财政史网络教学平台 | 王文素、尚超 | 二等奖 | 2013 | 市级 |
| 22 | 以行动学习为导向，打造知行合一的会计硕士专业学位研究生人才培养模式 | 孟焰、袁淳、刘俊勇、吴溪、朱继光 | 二等奖 | 2014 | 国家级 |

## 三、教学水平

2005~2015 年，学校的教学水平日益提升，通过完善制度和科研来促进教学水平的提升。具体来说：

### （一）以完备的制度和有力的措施保障教学质量

学校认真贯彻落实教育部《关于加强高等学校本科教学工作提高教学质量的若干意见》，并根据学校的具体情况，先后制定实施了《关于加强本科教学工作提高教学质量的意见》《本科教育教学综合改革方案》《本科学生课堂教学质量评估办法》《教学名师培养暂行办法》等相关规章制度，形成了较完备的本科教学质量监督和管理体系。学校积极开展精品课程与精品教材建设，加强教学系、教研室建设，大力倡导集体备课与教学观摩，充分发挥老教师的"传、帮、带"作用；定期开展青年教师教学基本功比赛，激励青年教师积极改进教学方法、创新教学手段、更新教学内容；充分发挥教学督导组的作用，加强对教师课堂教学的质量监督和检查；大力推广先进的教学经验和教学方法，鼓励广大教师使用现代教育技术手段进行授课；完善教学质量监控体系，对教师的教学过程进行规范管理，实施学生网上评教，确保了教学水平的提高。2005~2008 年，学生评教优良率达到95%以上。

### （二）以高质量的科研提升教学水平

学校正确处理科研与教学"源"和"流"的关系，高度重视科研对提升人才培养质量的促进作用，重视及时将科研成果转化为优质教学资源，以科研成果和科研项目丰富本科教学内容，以科研推动本科特色专业建设，以科研强化师资队伍建设，以科研拓展学生知识视野，以科研培养学生创新能力，形成了科研与教学良性互动、研究型教学水平不断提高的新局面。

**1. 科研创新促特色专业建设**

学校注重发挥优势学科人才的作用和科研优势，注重推进特色研究和成果运用，推进本科特色专业的建设。一方面，以科研项目和成果加强传统优势学科的建设，形成了一批标志性、特色性研究成果，进一步拓展了专业内涵，打造了金融学、会计学、财政学、统计学、保险专业等一批优势专业；另一方面，以国家重点学科为依托，以交叉研究、特色研究推进交叉专业的建设，较早建立了金融工程、保险精算、电子商务、体育经济等在国内有一定影响的特色专业。

**2. 科研创新促教学团队建设**

在科研活动中，不断创新科研工作组织模式，注重以科研项目为纽带，以研究促教学，加强教师科研素质和能力的培养，形成了一批研究型教学团队。例如，以全国教学名师、金融学院李健教授为带头人的国家级金融学专业教学团队一贯注重以科研成果促进教学团队建设和教学水平的提高，以"传、帮、带"等形式组织教师参与各类科研项目，提高团队成员尤其是青年教师的教学水平和科研能力，一批中青年教授、副教授脱颖而出，并逐渐成长为教学、科研骨干。

3. 科研成果进课堂

注重把科研成果引入教学过程，积极探索科研成果向课堂转化的途径，鼓励教师将科研工作中取得的最新成果及时应用于本科教学中，使教学活动具有前沿性、动态性和延展性，从而丰富了教学内容，引导学生的科研兴趣，强化了学生的教学参与和课堂互动的积极性，激发了学生课后学习相关知识的热情，大大提高和巩固了课堂教学的效果。如金融学院贺强教授主持国家自然科学基金项目《股市周期、经济周期与政策周期》的研究成果转化为《证券投资学》的授课内容，提高了教学效果。

4. 科研实践带学生

鼓励教师在进行科研课题研究时为本科生提供科研实践的机会，对学生进行研究方法、创新思维和研究能力的训练，培养学生的创新品质。特别是教师通过指导学生科研创新团队活动和学生课题研究，或吸纳学生参加教师的科研活动，促进了学生科研能力的提高。如保险学院郝演苏教授长期从事保险市场建设和发展的研究，他在从事本科生教学和课外科研辅导工作中，以其亲身研究体验和独特的教育方法带动学生参与科研活动，硕果累累。2002~2008 年，他指导的本科生在全国大学生论文比赛中，23 人次分别获得一、二、三等奖，目前在校的 12 名本科生公开发表论文 16 篇，保险研究会获得"全国百优学生社团"称号。中国企业研究中心刘姝威研究员致力于在开展科研工作的同时促进本科教学工作。从 2004 年起组织百余名本科生对我国"上市公司资本运营""行业分析网络开发""技术评估体系"等项目进行研究，并在核心刊物上发表有本科生署名的行业分析报告及相关文章多达 80 余篇。同时，该中心以承担的科研项目为依托，着重帮助学生提高科学研究能力的培养，以小组的形式定期组织学生集中讨论并解答学生疑问，极大地激发了学生的科研热情。

四、本科生教育的特色成就

通过实施本科教育教学综合改革，实行本科生导师制，进行个性化教育，设立本科生科研创新基金项目，建立创新型人才培养实验区，积极探索构建全方位人才培养体系，努力提高本科人才培养质量和整体竞争能力。

**（一）开辟本科教学创新实验区**

为适应由教学研究型大学向国际化研究型大学转变对本科人才培养的要求，设立了多个本科创新教学实验区，这些实验区同时具有国际化的显著特点。

中国经济与管理研究院的经济学专业（数理经济与数理金融方向）实验班，借鉴了世界著名大学（主要是美国在经济学教学领先的学校）的本科教学实践经验，按照国际一流大学的教学体系和办学标准设置本科生课程，全面采用世界一流大学公认的权威英文版教材和英文授课模式，训练学生熟练掌握英语、直接与外教交流的能力，以使学生完全能够用英语进行专业研究和国际交流，为国家培养出具有国际视野的优秀人才。

中国金融发展研究院的金融学专业实验班，分公司理财与国际金融两个专业方向，也是具有浓厚国际化色彩的本科创新教学实验区。该实验班采取全英文授课，提高了学生的英语交流能力，为学生日后从事国际学术、商务活动打下坚实基础。该实验班采用具有国际规范的教学模式，以课程体系、教学内容、师资力量、国际合作为特色，培养既有坚实学术基础又有出色管理能力的复合型高端金融人才。

商学院的"创业先锋班"主要是从本科二年级中选拔具有创业潜质的学生，采取辅修专业的方式进行创新教学实验。该实验班以创业教育教学改革项目为依托，逐步实现了教学内容、教学方式、教学组织、教学效果考核、教学管理等方面的创新，还积极与日本大阪商业大学以及欧洲有关高校就创业教育进行合作培养与交流。

此外，学校还与法国雷恩高等商业学院合作培养本科生（3+1 模式）、与澳大利亚维多利亚大学合作举办"国际经济与贸易专业国际贸易金融风险管理方向本科教育项目"。

本科教学创新实验区师资力量雄厚，已经建立了一支较为完善的学术委员会、兼职教授和研究员队伍，他们分别供职于世界各地特别是美国的著名大学和研究机构，每个人都非常关心本科教学实验区内各研究院的本科生培养工作，数十名国内外知名教授组成学术委员会指导本科生培养工作，不定期到研究院进行 1～2 周的教学，向学生介绍他们最新的研究成果。同时，本科教学创新实验区还拥有一批具有国际著名大学教育背景的学成归国青年教师。

### （二）课程体系和教学内容

在课程体系与教学内容改革上，突出"厚基础、重政策、强实践"的指导思想，对本科课程体系进行了大规模的重组和优化，本科生开课达到 974门，其中微观实务类课程比重高，在全国较早开设国有资产管理、政府采购管理、财政业务模拟、金融工程、银行经营管理、管理会计等课程，为提高学生的综合素质和整体竞争能力提供了高质量的平台。

### （三）开展实践教学

充分利用区位和资源优势，开展高质量的实践教学，培养学生的宏观视野和专业技能。由于学校地处首都，与国家宏观经济管理部门联系紧密，专业实践机会多、层次高、效果好。在社会主义市场经济新的背景下，学校克服实践教学中出现的新问题，不断开辟实践教学的新途径，积极拓展与政府、企事业单位合作培养人才的新领域，探索建立了中外合作培养、校企合作培养、校内合作培养的实践新模式，建立了多种人才培养模式创新实验区和 179 个实践教学基地。2007 年，我校成为"国家大学生创新性实验计划项目"首批实施高校。

### （四）创新教育

以国家大学生创新性实验计划项目为例，我校不仅是首批入选高校，而且连续获得教育部、财政部资助。国家大学生创新性实验计划是高等学校本科教学质量与教学改革工程的重要组成部分，该计划是"十一五"期间教育部为推动创新型人才培养工作而实施的一项重要改革举措，是教育部第一次在国家层面上实施的、直接面向大学生立项的创新训练项目。该计划 2006 年开始试点，2007 年进入正式实施阶段。2007 年 10 月 8 日，成为全国首批入围的 60所国家大学生创新性实验计划项目实施高校之一。

## 五、稳步发展继续教育工作，积极拓展多种形式办学

### （一）继续教育

借机构调整之机，对继续教育工作进行了重新布局，继续教育学院和网络教育学院合署办公，优化了资源配置，教学管理更加规范。积极推动学历继续

教育培养方案和课程体系改革，充分发挥网络教育服务社会的能力，开创了学校与地方政府和企事业单位合作发展培训人才的新局面；继续高质量承办国家商务部援外培训项目，圆满完成了"发展中国家公共财政与政府预算管理研修班""伊拉克银行建设与管理研修班"和"发展中国家金融开放与金融风险控制研修班"，为发展中国家培训财经官员数百名。健全继续教育课程体系并推进网络教育，取得了一系列教育教学成果。推进继续教育项目专业化、高端化和国际化发展，加强管理和指导，合作举办各类高端培训项目共计470余项，展现了良好的办学声誉。

### （二）网络教育

依托财经学科优势与特色，努力打造"校政合作、校市合作、校企合作、校银合作、校市企合作"等多位一体的综合运营模式。与此同时，进一步完善学历继续教育专业及课程体系。引入优质实践课程及岗位证书课程，对接行业、企业需求；通过加强数字化资源建设，开设网络教育课程，促进网络教育与成人学历教育的衔接。积极应对高等教育大众化背景下的成人高等教育新形势，以服务政府管理能力提升和企业发展需求为着力点，为各级政府、企业提供定制化人才培养、培训服务。借力互联网平台，探索和完善成人学历教育与网络教育衔接的混合式教学模式；开放网络课程学习，切实推进优质教育资源共享，继续教育的信息化程度进一步提升。在此进程中，具有标志性的事件列举如下：

2006年12月28日，学校与北京弘成立业科技有限公司网络教育合作项目签约仪式在办公楼405会议室举行，由此正式拉开开展网络教育的序幕。学校党委书记邱东、校长王广谦、副校长李俊生、弘成科技发展有限公司COO兼总裁丁向东等出席了签约仪式。签约仪式由学校网络教育学院院长王鲁滨教授主持，史建平校长助理和丁向东总裁分别代表学校和北京弘成立业科技有限公司在协议书上签字。2010年4月28日，国家发展和改革委员会西部开发司在国家信息中心组织召开了中国西部开发远程学习网二期项目竣工验收会，会议在北京和西部12省（市、区）建设的远程教室同步召开。学校副校长梁勇应邀出席。验收会上，学校网络教育学院国家信息中心课件资源建设项目通过验收。

## 六、优化人才培养结构，深化培养体制改革

随着学科和专业设置的与时俱进，学生规模与结构也在逐渐发生变化。学校着力探索高素质创新人才培养的有效途径，进而采取了一系列行之有效的改革。

### （一）招生改革

严格执行国家招生政策，坚持德、智、体全面考核，根据择优录取、公正选拔的原则，先后成立了"保送生招生测试小组""自主招生测试委员会""高水平运动员运动水平考试考核委员会""退役运动员入学资格审查小组"和"本科生招生工作领导小组"等。在学生规模扩大的同时，也保证了生源的质量。

2005 年 3 月 18 日，在国家体育总局支持下并经教育部批准，我校开始招收符合"国家免试推荐入学优秀运动员政策"的优秀运动员学生。

2006 年 12 月 4 日，教育部批准我校为 2007 年有资格进行自主选拔录取改革试点的 59 所高校之一。我校大力推进阳光工程制度化，在完善现有制度、落实责任制的基础上，围绕以"六公开"为主要内容的信息公开制度，先后制定了系列文件，做到公开、透明。同时，纪检监察部门在招生期间，实行全程监督，24 小时开通考生申诉电话。

在多年的招生过程中，不断总结经验，探索招生录取的新模式。录取工作结束后，从多种角度对招生工作做了全面分析，包括志愿生源、考生服从专业调剂、录取分数、专业志愿录取、调剂专业录取、采用分数级差录取方式与现有录取方式的对比变化、学生未报到等情况，为各学院、相关部门的决策提供了基础数据。

通过招生改革，极大地提升了学校的生源质量和社会声誉。2012 年 6 月，中国人民大学高等教育研究中心发布了 2012 年"中国大学 50 强"榜单排名，我校排名第 28 位；在"中国大学高考招生 50 强"榜单中，排名第 9 位。

### （二）创新学生管理制度

本科生导师制——学生管理的创新。本科生导师制是学生管理的创新，导师的主要目的是从学术和专业上对学生进行指导，从而提高学生的研究能力和学术修养，这对于学生进行职业生涯规划具有重要的意义。2005 年 9 月，在

2005级新生中推行本科生成长导师制。有1230名学生（新生共1254人）报名选择了他们的导师。10月27日，2005级本科生与学生导师见面会在清河分部十教召开，来自机关党委的95名导师和303名2005级学生进行了会面。2007年12月12日，学校"2007级本科生成长导师制师生结对仪式"在上庄校区体育馆举行，来自机关党委、各学院、研究院的140名导师和488名2007级学生参加了结对仪式。

对传统的辅导员制度进行了创新。2006年11月7日，首批本科生住楼辅导员入住城建62号院，深入学生生活，能及时处理突发事件，更加有效地对学生进行管理。2007年11月25日，中财大辅导员协会成立。这是一个辅导员分享工作经验，进行学生工作研究的重要平台，促进了学生管理工作的系统化和科学化进程，从而有效配合学校的育人目标。同时，自2006年起，实行班主任、辅导员和班级工作助理"三位一体"的学生管理模式，多方位全面地培养和管理学生。

随着办学规模的不断扩大和留学生教育的快速发展，为适应学校建设国际化大学的目标，学校在整合原有留学生教育资源的基础上于2005年6月成立了国际文化交流学院，与国际合作处合署办公，积极开展多形式、多层次的国际合作。

### （三）深化研究生培养体制改革

在此期间，学校创新研究生培养和管理体制，实施研究生教育创新工程，建立科研创新激励机制，提高研究生培养质量。加强了研究生创新教育培养体系的建设，修订完善了研究生培养方案，推进了研究生教育教学质量评估工作，学术型研究生与专业学位研究生的分类培养模式逐步建立；2006年3月，成为"国家建设高水平大学公派研究生项目"46所高校之一，加快了培养具有国际视野的创新人才的进程，2006~2010年，共选派148名学生赴海外高水平大学深造。还进行了研究生优秀毕业论文评审工作，组织了研究生指导教师遴选工作，以会计学院为试点，推行"本科推免—硕博连读培养"改革，进一步完善拔尖创新人才的培养模式，提高博士生的选拔与培养质量；专业学位研究生教育教学模式改革、课程体系建设、"双师型"队伍建设等方面成效明显，经济类和管理类专硕教育品牌逐步形成。完善研究生校外导师指导制度，试行双导师制；大力发展专业学位教育，深入开展学术型研究生和专业学位研究生分类培养方案论证工作，并进行资产评估等 7 个专业学位（方向）试点；顺利通过了全国 MBA 教学指导委员会组织的对我校 MBA 教育进行的合格评估，成绩优异；大力推进产学研联合培养研究生基地建设。启动研究生精品课程、教材、专业学位教学案例集和实践基地等建设项目，并高质量地完成了硕士研究生培养方案的制定工作。2009 年，两项研究生教育创新计划项目获国务院学位办批准实施。2012 年启动了博士生重点选题支持计划，为提升研究生科研能力创造了更好的条件。此外，施行研究生论文过程管理和课程建设规范，对所有硕士学位论文进行学术不端行为检测和双向匿名评审，进一步规范、加强研究生培养的过程管理和质量监督。使专业硕士实践能力、应用创新能力培养进一步强化。通过试行招生申请审核制、扩大以夏令营方式选拔推免生等途径推进研究生招生制度改革，着力提高生源质量；实行博士生导师动态上岗管理制度，加强导师队伍建设，强化导师责任；完善研究生奖助体系，激发研究生努力学习、潜心科研的内在动力。

## 七、加强人文教育

2006 年 5 月 26 日，我校被教育部批准为 61 个国家大学生文化素质教育基地之一。紧密围绕"培育具有扎实的专业基础、深厚的人文素养、高尚的职业操守和具有科学精神、创新创业精神的复合型人才"的培养目标，坚持"国际化视野，社会化合作、特色化发展，高品味打造、全方位覆盖"的建设理念，采用"社会+学校+学院+学生"四级联动共建模式，以"三提高"（提高大学生的文化素质、提高教师的文化素养、提高学校的文化品位与格调）为中心，以课程建设、教材建设和师资队伍建设为重点，以统筹课内外素质教育为突破口，全面推进学校大学生文化素质教育的建设与发展。

坚持"人文、科学、诚信、创新"相统一的财经院校文化素质教育理念，坚持"以优秀的文化塑造人、以高尚的艺术熏陶人、以科学的精神激励人、以榜样的力量鼓舞人"，积极探索高层次创新型财经人才的文化素质教育培养规律与培养模式，构建融人文教育、科学教育、素质养成为一体的文化素质教育平台。我校的人文素质教育主要有以下几个特点：

第一，重视人文素质类教材及读本建设工作。通过"国家大学生文化素质教育基地"教材资助项目，资助了《史记汉史人物讲读》《唐诗讲读》《唐诗选注汇评》《宋词选注讲读》《红楼梦讲读》《中国书法讲读》六本文学艺术类的精品教材，作为学校人文素质教育的专业教材；编写"百年系列"和"中财大系列"文化素质教育丛书，实施具有财经院校特色的教材图书工程；采取基地与学院合作模式，创办各类人文素质教育杂志。包括《文心》《中财大人》《商音》《经华》《财经论坛》等素质教育刊物，已成为学校进行文化素质教育的有效载体。

第二，积极构建人文素质教育的各种平台。为了培养在 21 世纪堪当重任的建设者和引领未来的领导者，学校充分利用区位优势和校友资源，搭建了一个层次高、主题广、内容新、视野宽的平台体系，以拓展学生的知识面与学术视野，完善知识架构，掌握先进、正确的思想方法，培养健康、向上的审美情趣，养成文明、良好的综合素质。一是积极开发文化素质教育网站平台，如"文化中财大""青春在线""吞吐大荒""心心相印"等素质教育网站，已经成为学生展示人文风采与艺术才华的平台。二是建设各种讲座平台。讲座平台由不同类型的讲座、论坛、国内外学术会议构成，主题涵盖学术理论、国家政策、社会热点、人文艺术等多个领域，基本形成了"天天有讲座、周周有名人、月月有大家"的浓厚学术氛围，为学生提供了丰富多彩的精神大餐。其中，"诺贝尔奖获得者讲座""教授论坛""学术名家讲座"的主要目的是用科学精神激励学生成长，让学生在第一时间了解到学术发展前沿，夯实理论基础，开阔学术视野，感受大师名家的独特气质和风采；"部长论坛""国情大讲堂"的主要目的是让学生更加深刻地了解国情与国家宏观政策发展走势，提高政策水平，增强学生为中华民族崛起而奋斗的高度责任感与使命感；"校友讲坛"能够让在校学生了解和感受到中财大人在不同岗位上展现出的拼搏精神和成长历程，增强作为中财大人的荣誉感与使命感；"企业家论坛""华尔街总裁论坛"主要通过企业家与学生面对面地畅谈生活得失、人生感悟，与学生分享创业、奋斗与成功的宝贵经验，让学生切身地感受到企业和市场具体运行的现状与内在规律，养成良好的职业道德和树立正确的价值观。这些讲座充分发挥了普及科学知识、传播人文理念、展现艺术魅力的作用。尤其值得一提的是"国学大讲堂"这个重要的人文素质教育品牌讲座。"国学大讲堂"创建于 2006 年，主要目的是让学生深刻体悟我国的传统文化精髓，把握古代文学、史学、哲学原典的本义及其在当代文化语境中阐释和传播的特点与走势，提高学生人文素质、养成文艺品鉴志趣、培养文化传承能力，引导学生以乐观、健康的心态面对繁复的现实生活。

第三，大力构建艺术教育平台。一方面，聘请著名舞蹈教育家慈仁桑姆教授，著名声乐歌唱家、教育家张乃雯教授，民族乐器著名演奏家、教育家宋飞教授为国家大学生文化素质教育基地客座教授，对学校艺术类团体进行专业指导。另一方面，以讲座的方式进行常规性艺术知识及艺术手段教育。如自2008 年 5 月起开办了艺术讲座授课活动——"财·艺"大讲堂。"财·艺"大讲堂以"走近艺术，感悟人生"为口号，借以讲座的形式向全校师生推广、介绍和传播中外文化艺术，旨在帮助学生提升艺术修养，在艺术中感悟人生。

## 八、培养模式不断创新，培养质量进一步提高

"十一五"期间，我校成为"国家建设高水平大学公派研究生留学项目"首批 46 所高校之一；国家精品课程达 3 门、国家双语教学示范课程 4 门、北京市精品课程 14 门；有 58 本教材入选教育部普通高等教育精品教材和"十一五"国家级规划教材；成为"国家大学生文化素质教育基地"和"国家大学生创新性实验计划项目"高校；获国家人才培养模式创新实验区 2 个，北京市实验教学示范中心 2 个，北京市高校校外人才培养基地 2 个。2009 年，学校顺利通过全国 MBA 教学指导委员会的评估，成绩优异。在"挑战杯"全国大学生课外学术科技作品竞赛、"外研社杯"英语辩论赛、大学生数学建模竞赛和"APEC 未来之声"等活动中，我校学生均有出色表现。

"十二五"期间，在本科层面，学校深入开展国家教育体制改革试点项目——财经应用型创新人才培养模式改革的探索与实践，实施"专业提升计划"和"卓越人才培养计划"，推进本科教学质量工程，建设质量保障体系。在研究生层面，学校制定实施了《中央财经大学研究生培养机制综合改革方案》，率先举办经济类专业硕士学位教育，以教育部工商管理、会计、法律专业学位教育综合改革试点项目为抓手，以资产评估、保险硕士专业学位全国教指委秘书处建设为依托，发挥我校在财经类专业硕士学位教育中的引领示范作用。

学子在国内外高水平赛事和活动中展现卓越青年的风采。2005～2008 年，在国际和全国大学生数学建模与计算机应用竞赛中，学校学生代表队屡创佳

绩，有9个队获得国际和全国一等奖，15个队获得国际和全国二等奖；本科生的大学生英语四级、六级通过率一直在京高校的前列；蝉联两届首都高校经济学院辩论赛冠军；获得2006年度德勤全国税务精英挑战赛季军；连续两年（2006年和2007年）在第二届、第三届全国ITAT教育工程就业技能大赛中获得全国ITAT教育工程就业技能大赛组织奖，信息学院3名学生获得全国总决赛二等、三等奖，14名学生获得优秀奖；一批毕业生被哈佛大学、牛津大学、哥伦比亚大学、康奈尔大学等世界名校录取为硕士研究生。在财政部和中国注册会计师协会联合首次启动的"CPA专业方向学生境外实习项目"中，7名同学脱颖而出，分赴境外著名会计师事务所进行实习；3名学生喜获首批"千名中国大学生赴英实习项目"。2006级杜竞强同学作为中国4名大学生代表之一参加"APEC未来之声"活动并受到胡锦涛总书记的亲切接见，作为11名中国大学生代表之一，赴美国哈佛大学参加了"2009中美政经文化交流峰会"。何京锴同学和纪若楠同学荣获第十二届"外研社杯"全国英语辩论赛冠军并代表中国参加在爱尔兰举办的世界英语辩论赛。外国语学院2007级朱逢时同学作为8名中国大学生代表之一赴新加坡参加了本年度的"APEC未来之声"系列活动。在全国大学生英语竞赛中，10名同学获得特等奖和一等奖；获得第十六届"21世纪杯"全国英语演讲比赛北京市决赛一等奖；2015年4月10~12日，任泺琨和黄丹婷两位同学组成的队伍在第十八届外研社全国大学生英语辩论赛华北赛区总决赛中个人得分分别获第一位和第五位；在美国大学生数学建模竞赛中，我校获得一等奖6项、二等奖3项；女排在我校历史上首次获得"北京市大学生排球联赛"甲组第一名，在2010~2011年全国大学生排球联赛优胜赛的激烈角逐中，女排勇夺冠军。保险学院08保险精算班荣获北京市"十佳示范班集体"荣誉称号。1名研究生作为中国代表团8位成员之一出席第八届G8青年峰会，12名师生在亚太地区风险管理与保险年会（APRIA）上发表专题演讲；"2013 APEC·未来之声"中国区选拔活动终极赛中，2011级国际经济与贸易学院韩天启同学荣获中国区选拔终极赛季军，并作为中国青年代表参加APEC系列峰会。"第八届全国信息技术应用水平大赛"决赛一等奖，"网中网杯"二等奖；在APEC会议等志愿服务中，中财大学子勇于担当，乐于奉献，展示出美丽的"中财大名片"。2015年11~12月，全国高校模拟法庭竞赛中我校代表队获得"最佳书状奖"，宋欣同学荣获"优秀辩手"称号。2011～2015年，本科生参加学科和课外科技文化竞赛获得省部级以上奖项就近320项，文体竞赛奖项达100余项。

### 九、就业率、国内升学和出国境留学率稳中有升

学校着力创建"领导重视，全员参与、拓展渠道、加强指导"的学生就业指导与服务体系，完善就业与学校人才培养的互动机制，优势专业毕业生就业率始终保持高位，新兴交叉专业毕业生不断得到社会认可，就业率和就业质量不断提高。

学校的毕业生综合素质好，业务能力强，深受用人单位欢迎。2005年，学校本科生和研究生的就业率分别为96.8%和99.25%。本科生国内升学和出国境留学比例从2010届的37.19%提高到了2014届的50.94%。2015届毕业生总体就业率97.04%；本科生继续深造比率保持在50%以上，硕士毕业生就业率99.55%，博士就业率96.39%；在国内就业形势不乐观的形势下，学校就业率、就业质量贡献率始终稳定在较高水平。

学生规模适度增长，截至2015年，全日制在校生15251人，其中本科生10040人，比2010年增长20.54%；硕士生4313人，生源质量稳步提高，本科生录取分数名列全国高校前列；硕士生来自全国重点院校的生源比例有较大增长。在此期间，学校毕业生总体就业率保持在97%左右。2015年，全日制本科毕业生攻读硕士学位的比例达到50.69%。毕业生综合素质高，业务能力强，深受用人单位欢迎。

## 第三节　调整优化学科结构

这一发展阶段，学校学科门类由少到多不断扩展，学位点结构与布局更趋合理，实现了从单科性院校向多科性大学的历史转变。重点学科建设取得了巨大成绩，拥有了国家重点学科和国家重点研究基地、北京市重点学科和重点研究基地，还拥有了国家优势学科创新平台。全校一级学科博士点及博士点总数有较大增长，涵盖门类达到4个，硕士学位一级学科授权点10个。截至2015

年 3 月，我校共有 50 个本科专业，涵盖经济学、管理学、文学、法学、理学、工学、艺术学和教育学八大学科门类。

## 一、学科与专业设置

我校以学科建设为龙头，按照优化传统学科、孵化交叉学科、催化新兴学科的发展思路大力加强学科建设。结合经济社会发展对高素质人才的需求，本着"做强优势专业、改造传统专业、发展应用型专业、创建新兴交叉专业、适当设置专业方向"的专业建设指导思想，在充分发展经济学与管理学传统优势学科专业的基础上，不断调整专业布局，优化专业结构。新增了英语、数学与应用数学、体育经济、社会学、应用心理学、国际政治、计算机科学与技术等本科专业。这些新增学科依托传统的财经学科优势，从本学科与财经学科的结合点入手，大力进行学科建设，形成了本学科特色，在本学科领域的影响日益扩大。

学校坚持以重点学科为依托，强化经济、管理学科的专业优势，建设特色鲜明的品牌专业。财政学、金融学、会计学、保险、税务 5 个品牌专业和统计学、财务管理、国际经济与贸易、劳动与社会保障、国民经济管理、工商管理等一批专业依托国家重点学科、一级学科博士学位授权点、一级学科博士后流动站和国家人文社会科学重点研究基地，具有优良的学科支撑和雄厚的师资力量，形成了较强的专业优势和鲜明的特色，备受考生和用人单位青睐。其中金融学、会计学、保险、统计学、财政学（经费自筹）专业成为国家首批特色专业建设点；学校会计学专业注册会计师（CPA）方向教学在 2006 年和 2007 年中国注册会计师协会组织的全国 CPA 专业方向教学质量评估中连续名列全国第一；保险专业获得国际保险业著名专业资格认证机构"澳大利亚与新西兰金融保险学会"的专业资格认证，该专业的本科毕业生自 2006 年起可以免试申请成为澳大利亚与新西兰保险与金融学会会员。

## 二、"211 工程"建设成效显著，高水平大学建设迈上新台阶

我校的"211 工程"建设以重点学科建设为核心，以创新人才培养和师资队伍建设为关键，以公共服务体系建设为支撑，全面提升学校建设水平。我校"211 工程"建设取得了显著的建设成效，新增一级学科博士学位授权点 3 个，

一级学科硕士学位授权点 9 个，专业学位授权点 7 个，一批交叉学科、新兴学科建设水平快速提升。在重点学科建设方面，应用经济学成为一级学科国家重点学科，会计学成为二级学科国家重点学科，工商管理、政治经济学等 7 个学科成为北京市重点学科。建成了金融学国家重点学科实验室、金融学信息资源库、中国保险精算数据中心、财税管理实验室、中国会计与财务研究中心和中国国民经济学研究基地 6 个重点学科建设项目，组织实施文献信息资源保障系统和数字化校园一期工程等公共服务体系建设项目。在保持国内领先地位的同时，学校优势学科与国际同类学科的差距也在逐步缩小，国际影响力大幅提高。主要表现在：①发表在 SCI、SSCI 索引期刊上的论文大幅增加：2005 年，学校 SCI 收录论文 3 篇；2011 年，SCI、SSCI 收录论文数达到 57 篇和 62 篇，2013 年更是增长到了 69 篇和 70 篇。②亚太经济与金融论坛、全球货币体系改革等国际学术研讨会形成品牌，受到国内外学术界和政策制定部门的高度重视。③高层次学术交流更加频繁，诺贝尔经济学奖获得者等国外著名经济学家经常来校参加学术活动或为学生授课，学校一批专家学者也经常受邀参加境外高水平学术会议和重要的国际经济政策咨询会议。④学生对外交流大幅增加，选派数百名学生与国外一流高校进行联合培养，越来越多的研究生参加国际学术会议，在会上宣读论文。

### 三、稳步推进"优势学科创新平台项目"建设

2006 年 2 月，学校以中国经济与管理研究院、中国金融发展研究院、中国公共财政与政策研究院为核心搭建的"经济学与公共政策创新平台"被教育部、财政部列为国家"优势学科创新平台项目"。这是一个高起点的国际化学科建设项目；作为学科建设的"实验区"，经过近十年的建设，"创新平台"汇聚了一批海内外优秀人才，在国内权威学术期刊上发表了大量高质量的创新科研成果，为政府制定经济社会发展决策提供了有力的支持，国际化创新型人才培养模式形成，取得了丰硕的建设成果。

经济学与公共政策优势学科创新平台 2007 年共引进海外归国博士 19 人，总人数已达 30 余人；2007 年，创新平台所属的三个研究院的教师在国外学术期刊发表 17 篇英文学术论文、出版专著 4 部、承接各类科研项目 2 项，累计发表英文论文 32 篇、出版专著 5 部、承接各类科研项目 6 项；创新平台共有

本科生335名、硕士研究生191名、博士研究生5名；举办学术讲座和报告会累计近60场次。创新平台为我校改革人才培养模式进行了积极有益的创新和探索，拓宽了国际交流合作的领域，提高了科研能力和学术地位，扩大了学校的社会影响。

### 四、学科专业布局进一步优化，学科专业建设成绩显著

分层次分类别大力推进学科规划和建设。"十一五"期间，"经济学与公共政策优势学科创新平台"成为"国家优势学科创新平台"项目；应用经济学一级学科和会计学二级学科被评为国家重点学科，工商管理、政治经济学、经济信息管理和跨国公司管理4个学科被评为北京市重点学科，国家级重点学科数量居全国同类院校之首，实现了重点学科建设工作的重大历史性突破。新增了理论经济学、工商管理学博士后流动站学科建设水平迈上了更高的台阶。应用经济学在2008年教育部学科评估中名列第3；法学学科在2009年教育部学科评估中名列第19。2010年，学校新获理论经济学、工商管理2个一级学科博士学位授予权，法学、社会学、马克思主义理论、中国语言文学、管理科学与工程5个一级学科硕士学位授予权，金融、国际商务、应用统计、税务、保险和资产评估6个硕士专业学位授予权。

"十二五"期间，学校初步形成了以经济学、管理学、法学为主，多学科协调发展的学科专业体系，为宽口径培养财经高端人才创造了良好条件。本科专业数从41个增加到50个；学术硕士点从42个增加到76个；专业硕士点从10个增加到13个；博士点从17个增加到31个。通过国家"985工程"经济学与公共政策优势学科创新平台建设和"211工程"建设，创新学科建设体制机制，提升国际化水平，经管类等重点学科的整体实力明显增强。2012年，我校"211工程"三期建设项目顺利通过国家验收。

截至2010年9月，我校拥有博士学位授权一级学科1个，硕士学位授权一级学科4个，博士学位授权二级学科17个，博士后流动站3个，硕士学位授权二级学科42个，专业学位授权点4个及专业学位（方向）7个；设有本科专业40个，其中7个为国家特色专业建设点。到了2015年，拥有博士学位一级学科授权点4个，硕士学位一级学科授权点10个，博士后流动站5个；拥有应用经济学一级学科国家重点学科和会计学二级学科国家重点学科；拥有

工商管理一级学科、统计学一级学科，政治经济学、马克思主义中国化研究、世界经济二级学科和经济信息管理、跨国公司管理交叉学科等北京市重点学科。其中，2010 年以来新增博士学位一级学科授权点 3 个、二级学科授权点 14 个，新增硕士学位一级学科授权点 6 个、二级学科授权点 34 个，新增硕士专业学位授权点 9 个，新增博士后流动站 2 个；8 个为国家特色专业建设点。在已有国家重点学科基础上，新增北京市重点学科 4 个。形成了以经济学、管理学和法学学科为主体，文学、哲学、理学、工学、教育学、艺术学等多学科协调发展的学科体系。

在此期间，学校保险学、统计学、财政学、金融学、税务、信息管理与信息系统等专业获得教育部、财政部高等学校特色专业建设点和北京市级特色专业建设点，充分展现了学校的专业实力。

在博士后流动站建设方面，2007 年 8 月 14 日，经国家人事部和全国博士后管理委员会批准，理论经济学和工商管理两个一级学科获准设立博士后科研流动站。2009 年 5 月 25 日，经学校研究决定，在原应用经济学博士后科研流动站学术委员会的基础上，成立中央财经大学博士后科研流动站学术委员会。学术委员会下设应用经济学、理论经济学和工商管理 3 个学科组，分别负责相应学科的博士后招收、培养和考核等工作。此外，相继出台了《中央财经大学博士后研究人员出站考核工作暂行规定》和《中央财经大学博士后研究人员管理工作暂行规定》。2012 年 8 月 29 日，国家人力资源和社会保障部、全国博士后管委会下发文件，经全国博士后管委会专家组评审，获批增设马克思主义理论、统计学两个一级学科博士后科研流动站。

在 2012 年教育部第三轮学科评估中，学校的应用经济学与北京大学并列全国第 2，统计学、社会学、工商管理分别排名第 11、第 15 和第 17，优势学科在全国处于领先水平，新兴学科实力日益增强。

## 第四节　提升科研协同创新能力

在这一发展阶段，我校进一步加强科研队伍建设，创新科研组织模式，加大科研投入，搭建科研创新平台，加强研究基地建设，做好科研课题的申报和组织实施及科研成果的转化工作，科研项目立项规模持续扩大，科研项目经费稳步增长，科研成果数量逐步增长，科研质量得明显提高，学术交流空前活跃，科研竞争力不断增强。

## 一、科研机构的设置

科研机构工作的关键在于重点研究基地的建设。2005年6月学校召开科研机构工作会议，会上提出了强化科研机构"实体化意识、科研组织意识、精品意识"的建设方针。

2005年，新增科研机构7家，科研机构总数达30家。2006年，又在原先的基础上增加了12家科研机构，总数达到42家，研究领域除了金融、经济、管理、财政、保险等传统范畴外，还涉及文化创意、公共工程、法律、创业等，研究视野进一步拓宽，研究体系进一步完善。

2006年，成立了高层次、跨学科，集人才培养、科学研究和国际学术交流活动于一体的中国经济与管理研究院，邀请了10余名世界知名的专家教授组成学术委员会，聘请了世界著名的华人经济学家担任院长，开始平台式引进海外优秀归国人员，努力提升我校的科研水平和国际化水平。

2008年，成立了中国社会保障研究中心、经济心理研究所以及环境经济研究所3个科研机构。

科研的发展离不开科研机构的支持，然而仅有"量"的科研机构是没有竞争力的。2008年，为加强学校科研机构的建设和管理，增强科研机构的活力，我校开始对科研机构进行检查评估。不断健全科研管理体制和运行机制，增强服务社会的能力。

## 二、积极拓宽科研领域和范围

成功举办了"2005诺贝尔获奖者北京论坛中央财经大学分论坛""全国高校社会主义经济理论与实践研讨会第十九次大会"等近20次高层次大型学术会议，举办了中国财经法律论坛、部长论坛、教授论坛等一系列影响较大的学术活动，学校的学术氛围更加浓厚，层次、水平进一步提高。

国家优势学科创新平台所属的国际化团队，站在解决国家经济社会发展重大问题的高度和国际前沿，开展深入研究，发表了《中国人力资本指数分析报告》等标志性成果，引起了有关各方的高度关注。2005年5月，作为学校第一个省部级科研基地，北京财经研究基地的第一份年度报告——《北京财经研究报告》正式出版。

2006年，与中关村科技园区管委会共建了当时唯一具有财经创业企业孵化功能的财经创业园及留学人员创业园；2009年，科技园成为北京市级大学科技园，已有在孵企业32家，注册资本金达1亿多元，为推进产学研一体化和培养创新创业人才开辟了广阔的空间。

2014年8月1日，获得国家新闻出版广电总局期刊出版资质，以及《财经法学》（中文）学术期刊的正式刊号，为我国财经与法学的深度交叉和融合研究提供了有力的支点。

### 三、科研项目和经费大幅增长

以解决社会发展重大理论与现实问题为导向，着力培育标志性科研成果，"十一五"期间，我校共承担课题1055项，其中国家级项目77个，科研项目经费达10179.3万元。举办学术讲座770场，包括诺贝尔经济学奖获得者在内的众多一流学者来校演讲，与青年学子面对面交流。

"十二五"期间，我校共获得各类科研项目2013项，科研经费35923.32万元，是"十一五"时期的2.69倍；学校承担纵向课题598项，较"十一五"同期增长98.67%，其中国家社会科学基金项目113项，自然科学基金项目169项；承担横向课题1415项，科研经费17198.42万元，较"十一五"同期增长84.03%；SCI收录论文373篇、SSCI收录论文447篇，较"十一五"同期分别增长176%、249%。

### 四、优秀科研成果

在此期间，科研成果获得省部级及其以上奖励126项，有41篇研究与咨询报告被各级政府特别是省级以上政府采纳，《中国人力资本指数分析报告》《两岸四地消费者信心指数》等成果引起学界、政界和业界的广泛关注。大量科研成果荣获各种不同类型和级别的奖励，典型获奖事例如下：

2005年11月，王国华教授的论文《入世后中国税制改革目标的战略定位》荣获国家税务总局、中国国际税收研究会第四次国际税收优秀科研成果特别奖，汤贡亮教授的论文《出口退税政策的经济效应：理论分析和实证分析》荣获个人一等奖，财政与公共管理学院税务系与北京市国际税收研究会合作完成的论文《防止国际避税的国际征管合作研究》荣获集体奖。

2006 年 4 月 18 日，刘扬教授主持的北京市哲学社会科学"十五"规划重点研究项目《北京市居民收入分配状况实证研究和理论分析》荣获北京市第八届优秀统计科研成果二等奖。2006 年 8 月 23 日，根据国家统计局《关于第八届全国统计科研优秀成果奖评选结果的通报》（国统字〔2006〕178 号），邱东教授的论文《中国统计能力评估与统计能力建设的政策建议》获课题论文类一等奖，刘扬教授的论文《北京市居民收入分配状况实证研究与理论分析》获课题论文类二等奖，邱东教授的《国民经济统计学》和《国民经济核算》分别获统计教材类二等、三等奖。

倪海东主持的中共中央组织部 2007 年度重点调研课题"全球信息化背景下的国外一些主要政党的组织发展趋势研究"的子课题"全球信息化背景下印度国大党组织发展趋势研究"荣获中共中央组织部重点课题成果三等奖。

2008 年 9 月 11 日，北京市第十届哲学社会科学优秀成果奖评奖结果揭晓。学校有 6 项成果获优秀成果二等奖，分别是：邱东教授的《中国不应在资源消耗上过于自责：基于"资源消耗层级论"的思考》、马海涛教授的《中国税制》（第二版）、刘扬教授的《中国居民收入分配问题研究：以北京市为例的考察》、王雍君教授的《支出周期：构造政府预算会计框架的逻辑起点——兼论我国政府会计改革的核心命题和战略次序》、孟焰教授的《管理会计理论框架研究》、郭德红的《美国大学课程思想的历史演进》。

2012 年 3 月，胡树祥教授等撰写的《大学生社会实践教育理论与方法》（人民出版社，2010 年 1 月版）、李建军教授等撰写的《未观测金融与经济运行——基于金融经济统计视角的未观测金融规模及其对货币经济运行影响研究》（中国金融出版社，2008 年 10 月版）、林光彬研究员撰写的《私有化理论的局限》（经济科学出版社，2008 年 6 月版）3 项成果荣获六届高等学校科学研究优秀成果奖（人文社会科学）三等奖。

# 第五节　实施人才强校战略

在师资队伍的建设上，学校根据构建有特色、多科性、国际化的研究性大学的战略导向，全方位、多层次推进人才队伍建设；广揽人才，吸引大师、名师和优秀博士加盟；兼容并包，多源头活水不断注入，保持师资队伍的活力和创造力；与此同时，通过建章立制，充分调动广大教师的积极性，激励年轻教师成长，保持师资队伍可持续发展；发扬传统，不断彰显师资队伍"注重基础，突出应用，理论与实践紧密结合"的特点，实现教学、科研与社会服务三者之间的良好互动；以蓬勃之势，逐步形成了一支结构合理、综合素质好、发展潜力大的师资队伍。

## 一、师资队伍规模日渐壮大，整体质量不断提高

学校不断强化人才资源是第一资源的意识，以教学和学科建设需要为核心，以结构优化与规模发展为主线，全面实施以"中财大121人才工程"为主体的"人才强校"战略，面向国内外吸引拔尖创新人才，紧紧抓住"培养、吸引、用好"人才三个环节，健全"育才、用才、留才"的用人机制，大力提升师资队伍的整体质量水平。学校先后制定了《支持教师出国进修行动计划实施办法》及《2005~2010年人才强校战略实施纲要》等文件，并与国家留学基金委签订了《合作开展"青年骨干教师出国研修项目"协议》，全面实施青年骨干教师出国研修计划。

2013年4月9日，教育部下发《关于成立2013~2017年教育部高等学校教学指导委员会的通知》（教高函〔2013〕4号），我校13名教师获聘2013~2017年教育部高等学校教学指导委员会委员。分别为：王广谦获聘经济学类专业教学指导委员会主任委员，胡树祥获聘马克思主义理论类专业教学指导委员会副主任委员，李俊生获聘财政学类专业教学指导委员会副主任委员，史建平获聘实验教学指导委员会副主任委员，孟焰获聘会计学专业教学指导分委员会副主任委员、工商管理类专业教学指导委员会委员，李健获聘金融学类专业

教学指导委员会副主任委员，杨运杰获聘经济学类专业教学指导委员会秘书长，唐宜红获聘经济与贸易类专业教学指导委员会委员，孙宝文获聘电子商务类专业教学指导委员会委员，马燕林获聘文科计算机基础教学指导分委员会委员，郭锋获聘法学类专业教学指导委员会委员，杨敏获聘社会学类专业教学指导委员会委员，王晓红获聘大学外语教学指导委员会委员。

2009 年 2 月 10 日，由《中国保险报》等媒体联合组织的"新中国 60 年保险业 60 人"评选活动揭晓。保险学院教授李继熊、陈继儒，以及李克穆、缪建民、陈剖建 3 位校友入选。2011 年 3 月 27 日，"2010 年中国经济女性年度人物揭榜典礼"在北京举行，刘姝威研究员当选为"2010 年中国经济女性年度人物"。2011 年 9 月，孟焰教授获"第六届高等学校教学名师奖"。2012 年 3 月，北京市妇女联合会、北京市总工会、北京市人力资源和社会保障局评选表彰了一批为首都各项事业做出积极贡献的北京市"三八"红旗集体和北京市"三八"红旗奖章获得者，学校中国企业研究中心主任刘姝威研究员荣获北京市"三八"红旗奖章。一支梯队结构合理、骨干力量稳定、可持续发展能力强、有一定社会影响力的高水平师资队伍初步建成。2012 年 1 月，"2012 年中国 MBA 商学院年终盘点暨颁奖典礼"在北京唯实国际文化交流中心举行，学校 MBA 教育中心获最具专业特色 MBA 学院奖，商学院院长兼MBA 教育中心主任王瑞华获最受欢迎院长奖。2015 年 4 月，学校王佩真教授获 2015 年度"中国金融学科终身成就奖"。2011~2015 年，9 名教师获北京市高等学校教学名师奖（见表4-2）。

表4-2 北京市高等学校教学名师奖获奖名单

| 序号 | 年份 | 获奖者 |
|------|------|--------|
| 1 | 2011 | 周卫中、郝演苏 |
| 2 | 2012 | 李燕、刘红霞 |
| 3 | 2013 | 冯秀军、朱建明 |
| 4 | 2014 | 崔新健 |
| 5 | 2015 | 李建军、刘俊勇 |

截至2015 年，我校拥有"千人计划学者"1 人，"长江学者奖励计划"

讲座教授、特聘教授 6 人，"百千万人才工程"国家级人选 4 人，教育部社会科学委员会委员 1 人，教育部"新世纪优秀人才支持计划"55 人，享受国务院政府特殊津贴专家 33 人，教育部教学指导委员会委员 9 人，教育部本科教学评估专家委员会委员 1 人，全国教学名师、全国优秀教师、全国"五一劳动奖章"等荣誉称号获得者 4 人，教育部高校青年教师奖、霍英东青年教师奖获得者 4 人次，国家级教学团队 1 个，有 59 人次担任全国学术团体的常务理事、副会长以上职务。

### 二、师资队伍国际化水平不断提升，教师职称结构日趋合理

为提高我校师资队伍的国际化水平，"经济学与公共政策创新平台"共引进专任教师 40 人，100%具有博士学位，其中海外名校毕业的 36 人。聘请了多位诺贝尔经济学奖获得者担任平台学术委员、名誉院长、名誉教授、客座教授和兼职教授，如诺贝尔经济学奖获得者劳伦斯·克莱因、约瑟夫·斯蒂格利茨、克莱夫·格兰杰、罗伯特·恩格尔、埃里克·马斯金、罗杰·迈尔森等，他们用英文为本科生授课和举办讲座。教师队伍和课程国际化水平的提高，提升了我校的国际化水平，为培养学生的国际意识和跨文化交流能力提供了良好的条件。

截至 2015 年，全校专任教师中，拥有博士学位的比例达 70.2%；获得海外博士学位的比例达 11.69%。教师职称构成趋于合理，全校共有教授 264 人，副教授 428 人，副高及以上职称教师占比达到 60%。教师在各年龄段的分布更加合理，教师平均年龄 41 岁，45 岁以下专任教师占比达到 65.45%。

# 第六节　大力扩展对外交流与合作

学校重视交流和共享，推进"高水平、全方位、重实效"的国际交流与合作。立足中国、着眼全球，以人才培养为核心，以科学研究为引领，推动师生双向交流，在世界范围内拓展教育对外开放与合作领域，不断提高对外合作的层次与水平，全面提升学校的国际影响力和知名度。

## 一、国际交流稳步拓展，海外影响不断扩大

在此期间，学校的国际交流渠道不断扩大，合作层次不断提高，合作形式更加多样化。

2006~2011年，学校举办国际研讨会60余场；师生参加国际学术交流1100余人次，接待来访1500余人次；承办并主持了"2009年诺贝尔奖获得者北京论坛"之"首都学生与诺奖大师面对面活动"；有197名学生入选"国家建设高水平大学公派研究生项目"和北京市国内外联合培养研究生计划，46名学生入选"中国大学生赴英实习项目"、中国注册会计师协会赴境外实习项目录取率名列前茅；"中美法学院学生互换与合作培养"学期项目获美国律师协会（ABA）批准认证；有51名外籍教师在我校长期任教，173名外籍教师采用集中授课的方式承担1~2门课的教学工作，220名外籍人士来校举办学术讲座，3名外国专家获聘长江学者讲座教授，包括5名诺贝尔奖获得者在内的一批世界顶级经济学家获聘我校荣誉教授。截至2010年底，我校已与29个国家和地区的116所高校和机构建立了合作关系。

2005年，我校成立了国际文化交流学院。留学生在校生规模从2005年底的235人增加到2010年底的399人，其中学历生占留学生总规模的82.21%，生源来自37个国家和地区；先后成为接收来华留学生政府奖学金项目高校和接受中国政府奖学金来华留学生院校；开设财政学和国际贸易学全英文授课博士项目。自2006年承担国家援外培训项目以来，已对81个发展中国家400名政府财经官员进行了高质量的培训。

"十二五"期间，与世界153所知名高校和机构开展广泛深入的交流合作，比"十一五"期间增加了37所；有1639名学生赴海外长期学习或短期交流，471名学生公派出国留学攻读学位或联合培养学习，121人次教师长期出国进修，教师中具有海外访学、留学经历的比例从2010年的26.5%增加至39.7%；有6名校领导、65名中层管理人员接受了海外培训；通过开展各类引智项目，引进外籍教师到我校讲学或从事合作研究共2000余人次。

我校举办了全球货币体系改革国际学术会议等80余场。通过了国际工商管理硕士协会（AMBA）认证与再认证；精算学专业8门课程获得英国精算师协会的认证；保险学专业获得澳大利亚和新西兰专业协会认证；与荷兰蒂尔堡

大学合作举办金融学专业博士学位教育项目，与美国史蒂文斯理工学院合作举办项目管理硕士学位教育项目，与澳大利亚维多利亚大学合作举办国际经济与贸易专业（国际贸易/金融风险管理方向）学士学位教育项目并建立海外学术研究机构等。2013年10月26日，与巴西的合作伙伴伯南布哥大学举办孔子学院揭牌仪式。王广谦校长、李俊生副校长率学校代表团一行5人前往巴西伯南布哥州累西腓市参加了揭牌仪式。这是学校承办的第一家孔子学院。中国驻巴西大使李金章先生、文化参赞郑柯军先生，巴西伯南布哥州州长爱德华·堪佩斯先生、累西腓市副市长鲁西阿诺·斯盖拉先生、伯南布哥州科技厅厅长马尔塞利诺·格兰伽先生亲自到会祝贺巴西伯南布哥州第一所孔子学院正式揭牌。国务院参事、孔子学院总部总干事、国家汉办主任许琳女士发来贺信，对孔子学院的成立表示热烈祝贺。巴西前联邦参议院参议员、伯南布哥大学董事会成员、孔子学院外方院长Heldio Villar教授、中方院长王刚，教师许克柔、中资企业、华侨代表以及累西腓市各高校师生代表300余人参加了揭牌仪式。2014年获评国家示范孔子学院建设基地，这些都进一步扩大了学校的海外影响力。

积极发展留学生教育，吸引国外学生来学习，如在2006年1月18日，在教育部举办的直属高校书记校长工作座谈会上，王广谦校长代表学校与教育部留学基金委签署了《国家留学基金管理委员会与中央财经大学合作开展共同接受和培养外国优秀青年来华留学项目协议》，成为全国53所接收来华留学生政府奖学金项目的高校之一。还与意大利MIB商学院、澳大利亚迪肯大学等近10所友好大学签订了合作培养协议。积极探索其他类型的对外办学模式，举办的面向日本著名企业高层管理人员的中国会计专业硕士课程班在国内外产生了重大影响。我校于2003年顺利通过了北京市教委组织的外国留学生教育管理评估工作。对外交流合作的步伐不断加快，范围日益扩大，合作办学取得重要进展。

2005～2010年，与26个国家和地区104所高校和机构建立了深入的合作关系，与史蒂文斯理工学院等联合办学项目进展顺利，与宾夕法尼亚大学联合举办的冬令营将学生国际交流活动推向新阶段。与阿曼苏丹国高等教育部签署了长期合作协议，推进了我国高校对外交流的新发展。

2007年，日本明治大学校长纳谷广美等25位知名大学校长先后到访，积极寻求与学校开展国际合作办学，拓展了国际合作的办学空间。承办并主持了"2009年诺贝尔奖获得者北京论坛"之"首都大学生与诺奖大师面对面"活动；诺贝尔经济学奖获得者夏威尔·萨拉—伊—马丁①、皮萨里德斯、巴基斯坦前总理肖卡特·阿齐兹等一批学者、政要来我校讲演，为师生提供了世界级的学术盛宴；学校举办了"中欧税制改革与国际税法发展"学术研讨会、"创业教育国际研讨会"等20余场国际会议；实现了与澳大利亚维多利亚大学和南昆士兰大学之间的科研合作，使学校"哲学社会科学走出去"战略的实施初见成效，提升了学校国际化办学的层次，扩大了学校国际知名度。与哈佛大学、耶鲁大学、伯明翰大学、南昆士兰大学等多所海外知名高校开展了人才培养研讨、学术研讨、项目合作以及接收学校学生进修学习等多项实质性合作；加入"中国—俄罗斯经济类大学联盟"，签署了10项合作协议。我校第一所孔子学院在巴西伯南布哥大学成立并良好运行，这是我校国际合作与交流取得的新突破。与包括伦敦政治经济学院等一流国际名校在内的104所高校和机构建立了更加深入的合作关系，其中与宾夕法尼亚大学沃顿商学院联合举办的冬令营活动以及赴伯明翰大学的研究生项目将学生国际交流活动带入新阶段。与英国剑桥大学、美国宾夕法尼亚大学、澳大利亚麦考瑞大学、新加坡国立大学等国际一流高校开展了实质性交流与合作。孔子学院和国际商学院的筹备建设工作取得较大进展，与俄罗斯圣彼得堡财经大学共建国际商学院已进入筹备招生阶段。师生参加国际学术交流800余人次，接待来访1100余人次；有46名学生入选"中国大学生赴英实习项目"、中国注册会计师协会赴境外实习项目，录取率名列前茅；共有450余名外籍教师在校长期任教或短期授课；留学生工作取得新进展，学校先后成为接收来华留学生政府奖学金项目高校和接受中国政府奖学金来华留学生院校。

2010~2015年，学校与世界33个国家和地区的139所知名高校和机构开展广泛深入的交流合作。在推进教师国际化方面，五年来共有121人次长期出国进修，教师中具有海外访学留学经历的比例从2010年的26.5%增加至39.7%；通过开展各类引智项目，共引进152人次外籍教师到校讲学或从事合

---

① 2005年5月31日，"2005诺贝尔获奖者北京论坛"中央财经大学分论坛邀请世界著名经济学家、美国哥伦比亚大学经济系教授夏威尔·萨拉—伊—马丁先生来我校，在学术报告厅作了主题为"消除世界贫困和不平等"的演讲。

作研究，其中从事 6 个月以上教学科研工作的外籍专家 99 人次。在推进教学国际化方面，开展 MBA、保险、精算等专业课程国际认证，设立国际化教学实验区，与荷兰蒂尔堡大学合作举办金融学专业博士学位教育项目；公派出国留学攻读学位和联合培养研究生 471 人。在推进科研国际交流方面，与澳大利亚维多利亚大学合作建立海外学术研究机构，举办 80 余场国际研讨会。在推进文化传播交流方面，2013 年在巴西伯南布哥大学合作成立孔子学院，2014年获评国家示范孔子学院建设基地，2015 年率先在巴西开设 2 个孔子课堂；接待来访外国专家学者 3380 余人次。开展国际高端培训，为 86 个国家培训了421 位财经官员。

## 二、开放办学，加大国际化人才培养力度

实行开放办学。2007 年 12 月，教育部国际司正式批准学校成为"接受中国政府奖学金来华留学生院校"。我校继续通过"请进来""走出去"提升教师和管理队伍的国际化水平。"请进来"就是以国际高水平人才引智项目为依托，通过短聘、长聘等多种方式，引进优秀的全职外籍教师，同时引进国外先进的管理方式，提高管理的国际化水平。"走出去"就是通过多种渠道，支持教职工到海外学习、访学、讲学和研究，增进对世界的了解与认识，提高学校的国际声誉和影响力。配合国家"走出去"战略，探索与境外一流大学和研究机构联合建立境外校区、研发基地和培训中心，开展国际合作和跨境教育服务。办好孔子学院和孔子课堂。

提升教学科研的国际化水准。引入教学科研的国际通行标准，引进国外先进的教育理念、精品课程与教材，在具备条件的学科推进专业、课程、项目、管理的国际认证，提高学科的全球竞争力。通过建立国际化教学科研平台，设立国际化教学科研项目，推进与国际知名高校的科研合作，积极参与国际学术对话与竞争，提升学校的国际学术影响力。

加大国际化人才的培养力度。建立健全学生国外访学制度和国际交流制度，扩大在校生海外学习的比例。进一步推进与更多国际知名大学的联合培养，开展教师互派、学生互换、学分互认和学位互授、联授，着力培养一大批具有国际视野、通晓国际规则、能够参与国际事务与国际竞争的国际化人才。

改革完善国际学生招生与培养。建立健全校院两级国际学生招生与培养机

制，建设国际学生生源基地，提高招生质量，扩大学生规模；完善国际学生培养方案，建设具有我校特色的国际学生课程和教学体系，着力建设全英文授课项目，不断提高培养质量。

我校与史蒂文斯理工学院联合培养硕士项目正式获教育部批准，与澳大利亚维多利亚理工大学、越南河内国家大学等国外高校联合办学项目进展顺利。

2006 年，我校成为教育部首批全国 53 所接收来华留学生政府奖学金项目的高校之一，进一步提升了我校的国际知名度，增强了对留学生的吸引力，留学生规模进一步扩大，培养质量稳步提高。

随着众多国际知名人士相继来校访问、讲学，我校师生直接与世界杰出人物对话接触的机会越来越多。

2007 年，我校设立了"合作科研资助资金"，与海外大学、科研机构合作开展科研项目研究，出版了《中日企业成长因素比较》《中俄预算关系比较研究》等一批学术成果；充分发挥了我校财经管理学科优势，承办日本 AZSA 监查法人、商务部对外援助项目等众多国际合作培训项目，扩大了学校国际影响力。MBA 项目成功通过 AMBA 国际认证，成为中国大陆地区第 8 家 AMBA 认证成员，为进一步打造有国际影响力的 MBA 教育品牌奠定基础，荣获 2008 年"中国最具发展潜力 MBA"称号；成功获得教育部首批"海外名师项目"和"学校特色项目"，进一步促进海外名师与学校的合作，引智工作取得突破；举办了校内首个跨国公司订单式高端人才培养项目——中财—日本 AZSA 监查法人（KPMG）国际工商管理奖学金项目，国际人才培养取得新进展。

2015 年发布了《推进实施国际化建设指导意见》，分类别、分阶段地实施支持措施，发挥二级单位在国际化建设中的能动性和积极性，逐步提升学校国际影响力。积极构建全球合作网络，新签署 15 项合作交流协议，配合国家战略，与"一带一路"区域内 4 个国家 5 所高校拓展合作关系；全年共组织 428 名学生赴海外学习或短期访问；公派出国留学攻读学位和联合培养达到 98 人，比 2014 年增加了 38%，创学校研究生公派留学人数新高。积极开展"引进来"工作，新增包括"高端外国专家项目""诺贝尔获得者校园行"首次申报的 4 种类型 8 个国家重点引智项目。

# 第七节　产学研用结合服务社会

我校以解决社会发展重大理论与现实问题为导向，不断健全科研管理体制和运行机制，着力培育标志性科研成果，深入做好对口支援、充分发挥智库功能、大力加强科技园区建设，服务社会的能力显著增强。

## 一、对口支援工作不断深入

2010~2015 年，我校认真落实国家西部大开发战略，大力推进对口支援新疆财经大学、西藏大学和贵州财经大学工作，签署了《临沧市人民政府与中央财经大学共建滇西应用技术大学特色农业学院协议书》，通过互派干部挂职、派出教师授课、接收受援高校教师来校攻读博士学位或进修、本科生研究生联合培养、协助完善学科建设规划和培养体系论证等形式，探索出与受援高校多渠道、多层次、全方位合作模式，助力受援高校人才培养、科学研究、学科建设和师资队伍整体水平的提高。先后选派 3 名教师到西藏大学挂职和授课，选派 2 名中层干部赴滇西保山县任职，为当地经济社会发展提供了有力的智力支持。

## 二、国家重要智库地位日益凸显

2012 年，我校成为教育部、财政部和北京市人民政府共建高校。同年 9 月，成立了中国财政发展协同创新中心。2014 年，中国互联网经济研究院成为北京市哲学社会科学研究基地，省部社科研究基地增加到 3 个。

适应经济社会发展重大需求，开展国家急需的战略性研究、涉及国计民生重大问题的公益性研究，产出了一批在国内外具有重要影响力的学术成果，如"城市群与区域发展规律研究""基层医疗卫生改革中的重大理论与现实问题研究"等科研工作积极服务国家和地方重大需求，为国家战略决策和专项改革提供支撑；圆满完成了与商务部、财政部、教育部的多个合作项目，智库作用初显成效。

"十二五"期间，我校通过扶持青年科研创新团队，设立科研实验区，支持重大基础理论研究和重大科研培育项目，有 41 篇研究与咨询报告被各级政府采纳；《中国人力资本指数分析报告》《公共财政研究报告》《中国税收发展报告》《中国银行业发展研究报告》《中国社会保障发展指数报告》等多部研究报告广受关注，为相关政策的制定提供了重要参考。

### 三、科技金融产业园持续发挥活力

我校作为财经创新创业基地的作用进一步发挥，科技金融产业园成为北京市政府重点建设项目。2006 年，与中关村科技园区管委会共建具有财经创业企业孵化功能的中央财大财经创业园及留学人员创业园；2011 年，学校科技金融产业园成为北京市政府重点项目"首都资源创新平台"签约单位；2013 年，科技金融产业园项目取得了北京市规划委员会建设项目规划意见书。科技产业园集中办公区正式挂牌，为学校创新体系与企业创新体系的融合奠定了基础。通过与中关村科技园区管委会的联系与合作，加快了财经创业园和留学人员创业园的建设速度。截至 2015 年，在园企业 360 家，注册资本金累计 49.3 亿元，其中我校在校生的入园创业企业已有 40 多家。

### 四、继续教育

推进继续教育项目的专业化、高端化和国际化，继续教育工作不断规范，多种形式办学快速发展。自 2006 年承担国家援外培训项目以来，截至 2010 年已对 77 个发展中国家 398 名政府财经官员进行了高质量的培训。截至 2015 年，合作举办各类高端培训项目共计 470 余项，培训了来自 86 个国家的 421 位从部级到科级的政府财经官员，培训总数增加到近 800 人，为学校赢得良好的办学声誉。

### 五、志愿服务工作，勇当奉献先锋

2008 年 3 月 8 日，由我校中国企业研究中心主任、研究员刘姝威发起的，一项旨在帮助进城务工青年继续学业、提高素质的公益行动——"时光计划"，在北京沙河高教园区办公楼会议室正式启动。发起人刘姝威携首批参加"时光计划"的我校 17 名大学生志愿者，与北京罗顿沙河高教园区建设发展有限公司保安部的 28 名保安员齐聚一堂，共同见证了这项"时间改变命运"的公益行动的启动。《中国青年报》《北京青年报》、中国教育电视台等媒体的记者参加了仪式。

"时光计划"旨在号召社会各界，特别是高校教师和学生，捐出自己的时间，为进城务工青年创造学习机会，教育他们利用宝贵的青春时光，学有所成，为他们辅导学业，指引他们未来的职业发展，以提高他们的文化素质和就业技能，使他们尽快融入城市的文明生活中。"时光计划"一经提出，立刻得到了广大师生和社会各界的积极响应，中国人民大学农业与农村发展学院温铁军院长、中国人民大学新闻学院涂光晋教授等知名人士都积极参与了策划和推广，《中国青年报》（2008 年 2 月 4 日）对这项计划进行了整版报道。"时光计划"实施后，我校文化与传媒学院为沙河高教园区的保安员们捐建了图书资料室，来自学校金融学院、会计学院等 17 名本科生和研究生与沙河高教园区的 28 名保安员结对，定期为他们辅导功课，帮助他们在工作的同时顺利完成中专的学习。

另一标志性事件就是积极参与 2008 年北京奥运会的相关工作。紧紧围绕"微笑北京、奥运先锋"这一主题，广泛开展了以"责任、奉献、成才"为口号的宣传教育和实践活动，既营造了良好的舆论氛围，也为奥运会的成功举办作出了积极的贡献；全校共有 42 名教职工、729 名学生积极投身为期 75 天的奥运会志愿者工作、平安奥运志愿者工作。我校 741 名志愿者共分为 5 个服务团队，分别是绿色家园媒体村奥运志愿服务分团、奥林匹克公园北区场馆奥运志愿服务分团、北京国际新闻中心奥运志愿服务分团、城市运行奥运志愿服务分团、奥运志愿者运行支持志愿服务分团。圆满完成接待 254 名外地来京志愿者的任务，得到了奥组委和上级相关部门的高度评价。

2008 年 5 月 13 日，保险学院 2005 级保险班学生陈樱子经过层层选拔，最后经北京奥组委批准，成功当选为 2008 年北京奥运会"祥云"火炬手，参加了祥云火炬在福建省的最后一站——龙岩"红色之旅"的火炬传递。祥云火炬在龙岩的传递路线全程 30.5 公里，由 208 名火炬手完成。火炬传递从早晨 8:30 开始，陈樱子同学被安排在第 95 棒，福建卫视全程直播了奥运祥云火炬在龙岩的传递过程。5 月 14 日，我校举行了"迎奥运火炬进校园"主题教育活动。陈樱子在圆满完成奥运火炬福建龙岩"红色之旅"传递之后，携带着

"祥云"火炬光荣返校。近 300 名师生冒雨参加了奥运火炬在校园的传递，上庄校区的同学也赶到本部，一起感受奥林匹克精神。

### 六、积极参与抗震救灾工作

2008 年，全校师生为四川地震灾区捐款 110 余万元，包括"特殊党费"52 万元；社会发展学院苑媛老师作为第一位心理学专家赴四川地震灾区开展灾后青少年心理援助工作；相关职能部门和学院在第一时间深入了解了我校灾区学生的家庭受灾情况，并通过多种形式努力做好家庭受灾同学的思想工作和经济资助工作。

## 第八节　全面加强党的建设和思想政治工作

2005 年、2010 年和 2015 年召开了第四次、第五次和第六次党代会，在这三次党代会的指引下，学校的思想政治工作呈现出新局面，这主要体现在理论学习、德育教育、党风廉政和安全稳定四个方面。

### 一、与时俱进，不断加强党的建设和思想政治工作

学校党委坚持社会主义办学方向，严格落实党委领导下的校长负责制，通过加强领导班子建设，健全党委中心组理论学习制度，提高对学校工作科学谋划能力，增强班子凝聚力和战斗力。学校以"践行群众路线服务师生，弘扬优良作风实干兴校"为主题，认真贯彻中央八项规定精神，深入查摆"四风"问题和根源，形成了整改方案、专项整治方案和制度建设计划，建立了整改工作责任制，加强作风建设。

严格干部选聘工作，采取竞聘上岗和选聘选任相结合的方式顺利完成第八轮中层领导干部选拔任用工作；加强干部培训和考核，一批德才兼备、思路清、能力强、肯奉献的干部走上中层领导岗位，干部队伍整体结构趋于年轻化和专业化。

加强党风廉政建设，认真贯彻落实党委主体责任和纪委监督责任，落实校

院两级"三重一大"制度，建立健全惩治和预防腐败体系，其中"专家监督模式"获得北京高校"党的建设和思想政治工作优秀成果奖"。

加强思想政治工作。围绕立德树人根本任务，深化全员育人工作机制，健全课外学生发展支持体系，开展社会主义核心价值观等系列教育活动。自2006年开始，在全校范围内评选"十佳辅导员""十佳班主任""十佳学生班级工作助理""辅导员单项工作成就奖"研究生"优秀辅导员""班主任单项工作成就奖"。通过引进激励机制，表彰先进，有效地促进了学生工作队伍素质的提高。"十二五"期间，2名辅导员荣获北京高校"十佳辅导员"称号和"全国高校辅导员年度人物"提名奖，3个班级获评北京高校十佳示范班集体。

在理论学习方面，党委严格按照上级要求和部署，精心筹划，周密安排，紧密联系学校改革发展实际，开展了保持共产党员先进性教育活动。围绕着"如何在中央财经大学快速健康发展中保持共产党员先进性"，各级党组织和全体党员紧密联系思想实际和工作实际，形成了《中央财经大学共产党员先进性具体要求》，制定了《中央财经大学关于推进党建工作创新的实施意见》，建立了保持先进性的长效机制。先进性教育活动期间，全体党员和全校师生员工根据学校党委制定的《学校发展战略思考讨论提纲》集思广益，为学校发展战略的完善提供了重要的意见和建议，努力将先进性教育的成果转化成为推进学校各项事业快速健康发展的新动力。

在德育教育方面，逐步形成了全员育人的全新格局。校党委高度重视德育工作体制建设，成立了"促进大学生全面发展委员会"，委员会下设思想政治教育与管理工作委员会、教育与管理工作委员会、教学指导工作委员会、心理健康教育工作委员会、第二课堂活动指导委员会，统筹全校大学生思想政治教育与管理服务工作，切实有效地提升了育人工作中的主体意识，形成了党委统一领导，各职能部门、服务中心通力合作，学院组织落实的扁平化德育工作体系。

结合中央16号文件精神的贯彻与落实，学校制定并下发了《关于进一步加强和改进大学生思想政治教育的实施意见》《关于进一步加强师德建设的意见》等15个配套文件，为学校德育工作的全员化、科学化和队伍的专业化、专家化提供了全面的保障。同时，还建立了本科生成长导师和综合导师相结合、本科生辅导员和班主任相结合，本科生班级工作助理和学长相结合的制度等，共同形成了对学生立体化全方位的育人影响源，使全体教职工共同承担起了育人职责。

坚持育人以学生为本的理念，进一步理顺了学生思想政治教育工作的领导体制、工作机制和考核评估机制，完善学生思想政治教育工作体制机制，构建了"全员育人、全过程育人、全方位育人"的工作格局；完善全员育人体系，加强政治理论课和"形势与政策"教育课建设，进一步做好邓小平理论和"三个代表"重要思想"进教材、进课堂、进头脑"的工作。完善了以基础文明教育、文化素质教育、心理健康教育、创新创业教育、职业生涯教育及就业指导教育为主要内容的"分年级、分专业、分层次"的思想教育内容体系和学生综合素质评价体系，建立了学生思想政治教育工作的调查、研究制度，围绕人才培养这一中心，开展多渠道、多形式的思想政治教育工作。2014 年 2 月，由教育部思想政治工作司与人民网中国共产党新闻网、光明日报社在全国高校联合举办的"我的中国梦"主题征文活动评选结果揭晓，共评出特等奖 10 项、一等奖 20 项、二等奖 37 项、三等奖 57 项、优秀组织奖 5 项。学校荣获优秀组织奖，并有 4 篇作品获奖。其中，特等奖、一等奖、二等奖和三等奖各 1 项。

积极推进辅导员队伍专业化、职业化、专家化建设，全面推行本科生成长导师制。高度重视学生心理健康工作，有效资助家庭经济困难学生，促进每一位学生成长成才；不断加强思想政治理论课建设，深入推进邓小平理论和"三个代表"重要思想以及科学发展观"三进"工作。先后有 3 位辅导员获评"北京市高校十佳辅导员"称号，"用心构筑育人环境，全员引导学生成长"项目荣获"2009 年首都大学生思想政治教育工作实效奖"一等奖。2015 年，由教育部思想政治工作司指导，全国高校辅导员工作研究会和中国教育报主办，中国大学生在线和新华网提供网络支持的第七届"全国高校辅导员年度人物"评选活动落下帷幕，会计学院辅导员林艺茹在 200 名入围优秀辅导员中脱颖而出，成功跻身前 50 强，最终荣获第七届"全国高校辅导员年度人物"提名奖，成为我校第二位获此殊荣的辅导员。辅导员获此殊荣，是我校长期以来重视和加强辅导员队伍建设、不断提升辅导员队伍职业能力和职业素养、推进辅导员队伍职业化发展的成效体现。

此外，还制定并实施了各培养单位学生思想政治教育与管理工作考评指标体系、职能管理部门"管理育人"工作考评指标体系与教辅、服务部门"服务育人"工作考评指标体系。设立了思想政治教育工作专项基金，共投入专项经费用于"大学生事务管理服务中心""教学管理服务中心"和"大学生活动中心"的建设，为德育工作的有效开展提供了坚实的物质保障。

在党风廉政方面，我校依托财经学科优势，全方位开展纪检监察和党风廉政建设工作。学校党委专门制定了《关于贯彻落实〈建立健全教育、制度、监督并重的惩治和预防腐败体系实施纲要〉的具体办法》（以下简称《实施纲要》)，结合制定《实施纲要》和保持共产党员先进性教育活动，进行了党风廉政宣传教育。学校以"认真执行财经纪律，规范管理，从严治教"为主题开展了党风廉政建设宣传月活动。《实施纲要》的落实实现了责任主体到位、工作到位、指导到位、监督到位、追究到位，形成了"党委统一领导，党政齐抓共管，纪委组织协调，部门各负其责，依靠群众的支持和参与"的党风廉政建设领导体制和工作机制。党委书记和校长直接承担全校党风廉政建设的领导责任，做到了"五个亲自"；校领导班子成员承担责任分工，切实做到了"三个抓好"；牵头部门努力做到了"三个必须"，协办单位切实做到了"两个确保"。

党的"十七大"后，以学习贯彻科学发展观为主题，全校上下深入开展学习实践科学发展观活动，组建了专家学者宣讲团，开展宣讲活动，同时通过在线学习等途径，全方位学习提高。党的"十八大"后，习近平总书记就深化改革先后发表系列重要讲话，我校举办了系列专题报告会，组织广大师生员工认真学习领会，并结合工作实际，全面深化教育教学改革。同时紧紧围绕保持党的先进性和纯洁性，以为民务实清廉为主要内容，以职能部处、中层以上领导班子和领导干部为重点，以"践行群众路线服务师生，弘扬优良作风实干兴校"为主题，切实加强马克思主义群众观点和群众路线教育。把贯彻落实中央八项规定精神作为切入点，进一步突出作风建设，坚决反对形式主义、官僚主义、享乐主义和奢靡之风，着力解决师生反映强烈的突出问题，提高服务师生的能力，为建设高水平研究型大学提供坚强保证。

2014 年 2 月 24 日，我校党的群众路线教育实践活动总结大会在学术会堂402 报告厅召开。教育部直属高校教育实践活动督导组第一工作组组长、西安交通大学原党委书记王文生，副组长、江南大学原党委书记简大钧，教育部考试中心副主任刘立国以及来自教育部、华中农业大学、西南交通大学的督导组成员出席了大会。学校领导班子成员、近年退出领导班子的老领导、全体中层干部、教师党员代表、学生党员代表、民主党派负责人、共事协商委员会委员、教代会执委、工会委员、离退休人员代表等 300 多人参加了大会。通过一系列有效的学习教育，使全校干部师生的思想和行动始终保持与中央精神的统一，在思想政治素质不断提高的同时，战斗力和凝聚力也在逐渐增强。

在 2005～2015 年这十年间，学校党委紧紧围绕学校中心工作，学校党委坚持"围绕中心抓党建，抓好党建促发展"的指导思想，以改革创新精神推进党建和思想政治工作，干部人事制度改革不断深化，党风廉政建设有力推进，思想政治工作成效显著，基层党组织战斗力稳步提高，广大党员先锋模范作用充分发挥。努力探索，力求创新，不断加强学校的党建工作。通过学习实践"三个代表"重要思想、保持党员的先进性、党的群众路线教育实践活动和"三严三实"系列活动，进行了学校发展思路大讨论，广大党员的自觉性显著增强，党员素质明显提高；基层党组织建设得到有力加强，凝聚力和战斗力不断提升；广大党员的群众观念、宗旨意识明显强化，工作作风得到进一步改进；充分调动了全体党员和广大师生的积极性，有力地促进了学校的建设、改革和发展。

一是不断加强领导班子自身建设，认真贯彻党委领导下的校长负责制，积极推进决策机制的科学化和民主化，校、处两级领导班子的科学决策能力、治校理教能力和应对复杂问题的能力显著提高，党风廉政建设得到进一步加强。

校党委认真贯彻落实中共中央《党政领导干部选拔任用工作条例》，结合学校实际，不断完善"公开选拔、竞争上岗、择优聘任"的用人机制，注重加强对干部的培训学习、教育管理和考核评价，对中层干部实行全过程动态管理。2000～2006 年，共提任中层干部 137 人，换岗交流 142 人。中层干部的年龄结构、学历结构和专业技术结构得到了明显改善，干部的政治意识、大局意识和责任意识进一步增强。加强干部学习培训工作，组织中层干部赴境内外培训，拓宽了干部国际视野，增强了责任感，提高了干部队伍的整体水平。

二是努力健全和完善基层组织建设和党员教育管理的体制机制。针对两校区办学的实际情况，及时调整了基层组织设置，形成了健全的组织网络；坚持开展民主生活会、党员民主评议和党支部评优工作，开展了"主题党日""红色1+1"和党建活动基金评选等丰富多彩的党员教育活动。2012年1月15日，中共北京市委教育工委公布2012年北京高校"红色1+1"活动评选结果，我校被授予"优秀组织奖"，15个学生党支部摘得奖项。其中，社会发展学院2011级本科生党支部获一等奖。高度重视党员发展工作，2005~2010年，共发展党员4042名，培训入党积极分子4790名。

三是落实党建工作责任制，选好配强基层党组织负责人；严肃党内生活，推进"三会一课"、民主评议、党性分析等组织生活规范化建设；推进党内民主建设，尊重党员主体地位，拓宽党员表达意见和参与党内事务的渠道；创新基层党组织活动方式，丰富活动内容，抓好集党建评估考核、党员民主评议、党支部品牌创建和党员先锋工程为一体的党建工作机制；加强党员教育、培养和管理，以"党员意识提升行动"为抓手，强化党性意识，健全党员立足岗位创先争优和党内评优表彰激励机制；加强组织培养和思想入党工作，认真开展党章、党史、党规学习教育，按照"控制总量、优化结构、提高质量、发挥作用"的总要求，加强对入党积极分子、发展对象和预备党员的教育培养，严格发展工作程序，提升发展党员质量；坚持党代表任期制，落实好党代表提案和提议制度，加强党代表与党员和群众的联系；整合党建资源，总结党建工作经验，培育富有学校特色、适合师生党员特点的党建工作品牌，提高党建工作的影响力、感召力。2011年6月，北京高校系统开展了先进基层党组织、优秀共产党员和优秀党务工作者评选活动。学生工作部、学生处、武装部党支部被评为"北京高校先进基层党组织"，马海涛和李晓慧被评为"北京高校优秀共产党员"，刘晓勤被评为"北京高校优秀党务工作者"。2014年6月，金融学院党总支荣获"北京高校先进基层党组织"称号；安秀梅、尹钊荣获"北京高校优秀共产党员"称号；王容荣获"北京高校优秀党务工作者"称号。

四是统战工团工作稳步推进。积极支持民主党派人士开展活动，不断完善与民主党派和无党派人士共商大事的协商机制，在共事协商小组的基础上成立了共事协商委员会，在学校教育教学改革、干部选聘选任、人事分配制度改革、新校区规划建设、人大代表换届选举等重大工作中，主动征求他们的意见和建议，促进了学校的改革、建设和发展。政协委员的多项提案得到党和国家领导人的批示，8位党外人士获聘为中央统战部信息员；民主党派、无党派人土工作有效开展，民族宗教工作稳步推进。支持工会、教代会依法独立开展工作。校工会、教代会不断加强规范化、制度化建设，在 5 个学院进行了二级教代会制度试点工作，建立了教代会代表巡视制度并积极开展活动，切实加强对校务公开工作的监督检查，在维护教职工权益、思想政治教育、师德建设和职业道德教育以及开展教职工文体活动等方面做了大量的工作，为推进民主管理、民主监督和依法治校工作发挥了积极作用。校团委将项目管理理念和模式应用于团建工作，取得了非常好的效果，团中央在全国高校团建创新经验交流会上推广了学校的经验。2010 年 11 月 22～24 日，北京市学生联合会第十一次代表大会召开，选举产生了北京市学生联合会第十一届主席团单位。来自首都各普通高等院校学生会、研究生会，普通中等专业学校学生会，普通中等学校学生会的 489 名代表参加了投票选举，我校学生会以 487 票当选为北京市学联第十一届主席团单位。

## 二、学校三次党代会的召开

### （一）第四次党代会

2005 年 12 月 27～28 日，召开了中国共产党中央财经大学第四次代表大会。校党委书记邱东同志代表校党委作了题为《全面落实科学发展观，为学校快速健康发展而努力奋斗》的工作报告。报告回顾了我校改革发展的实践，总结了过去的经验，分析了当前形势，提出了我校今后一个时期的战略发展目标，即把我校办成一所有特色、多科性、国际化的高水平研究型大学。为实现这一目标，报告提出了"三步走"的发展规划：第一步，到 2010 年，总体处于国内先进水平，为建成研究型大学奠定坚实基础；第二步，2010～2020 年，建成研究型大学；第三步，到 21 世纪中叶，建校一百周年时，全面实现规划的总体目标，把我校建设成为国际知名的高水平研究型大学。报告一再强调，未来几年是把我校建设成为研究型大学的关键时期，我们既面临着难得的机遇，也面临着严峻的挑战。本次大会的召开，为我校今后的改革和发展明确了方向，意义十分重大。选举产生了中国共产党中央财经大学第四届委员会和纪律检查委员会。12 月 28 日，中国共产党中央财经大学纪律检查委员召开了第一次全体会议，选举产生了中国共产党中央财经大学纪律检查委员会书记、副书记。12 月 28 日，中国共产党中央财经大学第四届委员会召开了第一次全体会议，选举产生了中国共产党中央财经大学第四届委员会委员，选举产生了中国共产党中央财经大学第四届委员会书记、副书记，并一致通过了纪律检查委员会的选举结果。具体如下：党委委员21名。党委常委9名（按姓氏笔画为序）：王广谦、王国华、巴图、李俊生、邱东、陈明、侯慧君（女）、袁东、倪海东。党委书记：邱东，党委副书记：倪海东、侯慧君（女）。纪委委员7名。纪委书记：袁东。

### （二）第五次党代会

2010年7月13~14日，召开了中国共产党中央财经大学第五次代表大会。校党委书记胡树祥同志代表校党委作了题为《改革创新，内涵提高，特色强校，开创建设高水平研究型大学的新局面》的工作报告。报告回顾总结了第四次党代会以来的工作，客观分析了我校当前发展存在的问题和不足，提出了学校改革发展的目标，明确了未来五年的主要任务，即"五个提高"和"两个推进"：提高人才培养质量，创新人才培养模式；提高学科核心竞争力，建设具有财经特色的优势学科群；提高科研创新和服务能力，打造创新研究和服务经济社会发展的财经平台；提高教师整体水平，全面实施人才强校战略；提高学校国际化水平，大力实施国际化战略；推进新校区等基础能力建设，不断改善师生学习、工作和生活条件；推进现代大学制度建设，深化管理体制和机制改革。

第五次党代会是在国家相继实施《国家中长期人才发展纲要》《国家中长期教育改革和发展规划纲要》的背景下召开的一次重要大会，也是学校发展进入"内涵提高特色强校"历史新时期召开的一次重要大会。大会的胜利召开，对学校的健康快速发展起到了重要的指引和促进作用。大会选举产生了中国共产党中央财经大学第五届委员会和纪律检查委员会。7月14日，中国共产党中央财经大学纪律检查委员召开了第一次全体会议，选举产生了中国共产党中央财经大学纪律检查委员会书记、副书记。7月14日，中国共产党中央财经大学第五届委员会召开了第一次全体会议，选举产生了中国共产党中央财经大学第五届委员会委员，选举产生了中国共产党中央财经大学第五届委员会书记、副书记，并一致通过了纪律检查委员会的选举结果。具体如下：党委委员25名。党委常委11名（按姓氏笔画为序）：王广谦、王瑶琪（女）、史建平、李俊生、陈明、赵丽芬（女）、胡树祥、侯慧君（女）、袁东、倪海东、梁勇。党委书记：胡树祥，党委副书记：倪海东、侯慧君（女）、袁东。纪委委员7名。纪委书记：侯慧君（女，兼）。

（三）第六次党代会

2015年9月11~12日，召开了中共中央财经大学第六次代表大会。党委书记傅绍林同志代表学校第五届党委作了题为《深化改革 创新驱动 依法治校 为全面建设高水平研究型大学而努力奋斗》的工作报告。报告回顾和总结了第五次党代会以来的主要工作和取得的成绩，客观地分析了我校发展建设中存在的不足，分析了当前学校发展所面临的形势，明确提出了未来五年工作的基本目标和今后五年学校改革发展的主要任务。报告还提出了今后五年党建和思想政治工作的主要任务。报告指出，时代赋予了我们国家实现"两个一百年"奋斗目标的历史责任，也同样赋予我校办好中国特色、世界水平大学的光荣使命。今后五年，是学校发展历史上极其重要的一个时期，让我们在中共教育部党组和北京市委的正确领导下，高举中国特色社会主义伟大旗帜，全力深化改革、创新驱动、依法治校，团结奋进，为把中央财经大学全面建设成为高水平研究型大学而努力奋斗！大会选举产生了中国共产党中央财经大学第六届委员会和第六届纪律检查委员会。9月12日，中国共产党中央财经大学第六届委员会召开了第一次全体会议，选举产生了中国共产党中央财经大学第六届委员会常委委员，选举产生了中国共产党中央财经大学第六届委员会书记、副书记，并一致通过了纪律检查委员会的选举结果。具体如下：党委委员25名。党委常委11名（按姓氏笔画为序）：王广谦、王瑶琪（女）、史建平、朱凌云（女）、李俊生、陈明、赵丽芬（女）、倪海东、梁勇、傅绍林、蔡艳艳（女）。党委书记：傅绍林。党委副书记：倪海东、梁勇、陈明。纪委委员7名。纪委书记：陈明（兼）。


# 第九节　基础能力建设不断加强


条件保障水平是建设高水平研究型大学的重要基础。基础能力比较薄弱是影响和制约我校长远发展的一大瓶颈。通过加快校园建设、多渠道筹集办学经费和建立科学的管理与服务支撑体系，促进学校办学条件保障显著提高，财务、资产、图书、信息、实验室、体育设施、后勤、医疗等管理与服务的科学化、规范化、精细化水平进一步提升。

## 一、办学经费持续增长，办学空间和办学条件进一步改善

"十一五"期间，共完成投资 9.94 亿元，新建校舍 19.02 万平方米；学院南路校区研究生公寓、科研教学综合楼相继投入使用；沙河新校区正式启用。通过多渠道筹措办学资金，学校财务状况明显改善，"十一五"期间年均经费增幅达 18.1%。固定资产总值从 4 亿元增加到 11 亿元。建成了经济社会仿真实验室等现代化实验教学设施，完成了覆盖两校区的校园网络系统及校园安全防范系统工程。

"十二五"期间，学校累计总收入达 50.20 亿元，是"十一五"期间 21.97 亿元的 2.28 倍；"十二五"期间学校接受捐赠收入累计达到 1.79 亿元，是"十一五"期间捐赠收入的 5.08 倍，有力地支持了学校事业的发展。学校沙河校区新增建筑面积 91520 平方米，累计完成 218404 平方米，约建成规划建筑面积的 43%，其中建成宿舍楼 8 栋、教学楼 1 栋、图书馆 1 栋、食堂 1 栋、专业实验室 65 个，完成了体育场配套工程，多媒体教学教室增加到 196 间，通过两校区办公资源调整新增学院办公用房 102 间，教师办公条件明显改善。2013 年，我校获得昌平高教园区安置房和公租房 1265 套，教职工住房条件获得较大改善，解决了无房教职工的安居问题，为学校未来几年人才引进提供了有力的保障。

截至 2015 年，我校固定资产达 16.78 亿元，其中教学、科研辅助仪器设备值已达 1.04 亿元，图书馆纸质藏书 180.38 万余册，电子图书 380 万册，初步建立专业主文献库和学科服务平台。我校信息化建设投入近 5000 万元，实现了两校区双路万兆互联以及办公区域和室外无线网络全覆盖。

## 二、沙河新校区建设

1999 年中国高校扩招，随之带来的问题不断出现，办学条件不足的问题逐渐显现。随着学校办学规模的飞跃式发展，本部和清河分部的办学条件已经无法适应快速的发展步伐，因此，建设校园新区，扩大校园面积势在必行。

2002 年 12 月 14 日，学校常委会议确定沙河新校区总体设计规划方案。2005 年 5 月 24 日，北京市国土资源局通过学校沙河新校区一期 641.97 亩工程规划建设用地预审，认定学校沙河新校区一期工程建设项目 641.97 亩用地。2005 年 12 月 30 日，与昌平区政府签订了《北京沙河高教园区土地划拨协议书》补充协议。2006 年 4 月 19 日，与昌平区沙河镇大洼村签订了《征地补偿安置协议》。2006 年 6 月 2 日，与昌平区南邵镇景文屯村签订了《征地补偿安置协议》。2006 年 6 月 9 日，北京市规划委员会根据《中华人民共和国城市规划法》相关规定，颁发中央财经大学沙河新校区一期工程《中华人民共和国建设用地规划许可证》，认定沙河新校区一期工程建设项目 642.6 亩用地，符合城市规划要求，准予办理征用划拨土地手续。2007 年 4 月 12 日，北京市规划委员会根据《中华人民共和国城市规划法》相关规定，颁发学校沙河新校区二期工程《中华人民共和国建设用地规划许可证》，认定沙河新校区二期工程建设项目 542.73 亩用地，符合城市规划要求。2007 年 9 月 8 日，"中央财经大学沙河校区奠基仪式暨开工典礼"在昌平区沙河镇隆重举行。奠基仪式由校长王广谦主持，校党委书记邱东致辞。教育部、财政部、国家发改委、北京市委教育工委、昌平区区委、区政府等相关领导出席了奠基仪式并讲话，北京师范大学、北京邮电大学校领导，设计公司，施工单位中建一局二公司代表，校领导班子，老领导班子及百余名师生参加了奠基仪式。新华通讯社、《人民日报》、《光明日报》等多家媒体参加了奠基仪式并进行了报道。新校区第一期 1 阶段工程是新校区重点工程建设项目，总建筑面积 126888 平方米，其中主教学楼 1 栋，总建筑面积 18200 平方米；学院楼 7 栋，总建筑面积 25454 平方米；大学生活动中心及食堂工程，总建筑面积 31267 平方米；宿舍楼共 10 栋，总建筑面积 51967 平方米。该阶段工程全部竣工完成后可供 5000 名学生入住。

2009 年 9 月 8 日，沙河校区启用仪式暨 2009 级新生开学典礼在新落成的沙河校区隆重举行。2008 级和 2009 级 4300 余名学生的入住，标志着沙河校区正式启用，成为昌平区沙河高教园区 5 所高校中第一个入住的学校。应邀出席典礼的嘉宾有教育部副部长李卫红，北京市委常委、市委教育工委书记赵凤桐，昌平区区委书记关成华等领导以及北京师范大学、北京航空航天大学、外交学院、北京邮电大学的领导等。新华社、《人民日报》、《光明日报》、《中国教育报》、《中国教育电视台》、《北京日报》等新闻媒体参加了典礼。

### 三、建设节约型校园

坚持可持续发展理念和勤俭办学方针，以事业规划和年度工作计划为基本依据，加强预算定额标准和项目库建设，提高中期支出规划能力，科学配置资源，完善预算管理；加强内部控制体制建设，强化预算执行，推进绩效评价，规范国有资产使用和管理，提高资源使用效益；完善能源管理体系和目标措施，努力建设节约型校园。

2000 年后，我校的研究生招生规模不断扩大，研究生的校舍问题亟待解决。学院南路校区研究生公寓、科研教学综合楼相继投入使用。校园公共服务体系建设有力推进，图书资料利用率提高；建成了经济社会仿真实验室等现代化实验教学设施，完成了覆盖两校区的校园网络系统及校园安全防范系统工程，数字化校园建设稳步推进。

为了进一步提高服务质量与水平，提升后勤集团的服务质量，后勤集团于2006 年 2 月启动了 ISO 9001 国际质量管理体系贯标认证工作。经过三个阶段，即贯标阶段（人员培训和文件制定）、体系运行阶段、内审阶段的工作，后勤集团上下认识不断深入，从思想上重视，从行动上落实，努力按照科学管理体系工作，做到每项工作都有标准，按标准检查、落实，减少了工作中走弯路，避免了相互扯皮、推诿，从而提高了工作的效率。饮食服务中心历经一年时间的准备、培训、整改，2006 年 4 月，取得了 ISO 9001 国际质量管理体系证书，2006 年 5 月，取得了 HACCP 食品安全管理体系证书，成为北京市唯一取得HACCP 食品安全控制体系证书的高校。2007 年，两个食堂获得了 A 级食堂证书。新体系的导入使饮食服务中心在各方案的计划落实、事先预防和过程控制工作以及质量、食品安全目标的有效实施与绩效管理的有机结合，变"任务管理"为"目标管理"等方面起到了极大的促进作用，提高了员工树立以学生和教职工为中心的服务意识，在服务中体现以师生利益为中心的思想。2014年，建立了后勤集团物业管理巡检制度。2014 年，中央财经大学资产经营有限公司、北京财经大学昌欣物业管理有限公司获得国家物业服务企业三级资质，校园物业管理的市场化、规范化水平有效提升。

# 第十节 建设文明和谐校园

## 一、全心全意依靠广大教职工办学

我校致力于协调好各方面的利益关系，使个人利益、局部利益与全校整体利益相统一，维护和实现公平公正。重视解决好贫困学生、困难职工和青年教师在学习、工作和生活中遇到的问题。致力于促进人的全面发展，构建和谐的校园。倡导科学的学习方式、工作方式和生活方式，大力开展有益身心健康的文体娱乐活动，努力把学校建设成为社会主义先进文化和精神文明建设的示范单位，建设成为广大师生理想的精神家园。学校通过完善工会和校院两级教代会制度，充分发挥工会代表群众利益、反映群众呼声的桥梁纽带作用以及教代会民主决策、民主监督作用，积极推进民主政治建设。进一步加强对共青团的领导，坚持以党建带团建，充分激发共青团组织、学生组织和广大青年学生的朝气和活力。

## 二、切实推进校园文化建设

校园文化建设是我校发展的精神动力。我校高度重视校园文化建设，进一步完善了校园文化建设的长效机制，增加了经费投入，形成了以主题教育、学术科研、社会实践、志愿服务、文化交流、艺术体育为主要内容的校园文化活动平台。我校确立了新的校徽、"求真求是、追求卓越"的办学理念和"担当责任、勇往直前"的中财精神。学校以教师的师德建设、干部的作风建设和学生的学风建设为主要内容，构建物质文明和精神文明协调发展的校园文化格局，不断完善包括科学精神、人文精神、创新精神、治学理念以及优良的教风、学风和校风等诸因素在内的中财精神文化体系。努力形成健康向上、丰富多彩，既反映高校共性又体现中财特色的高品位的校园文化氛围。

我校深入开展理想信念教育，加强校园精神文明建设，全面提高师生员工的思想道德水平。通过理顺机制，整合资源，大力推进校园文化建设，弘扬主旋律，突出高品位，通过连续举办富有生命力和吸引力的艺术节等系列活动，着力塑造和宣传积极向上、健康文明、丰富多彩、特色鲜明、底蕴丰厚的校园文化。切实把握意识形态的主导权，加强校园各类媒体和宣传阵地建设，严格课堂、讲座、社团、网络和研讨会、报告会的管理。进一步强化正确的舆论引导，加强校园舆情调研，增强了应对突发事件的舆论引导能力。与《人民日报》《光明日报》等几十家新闻媒体建立了更加紧密的联系，充分展示了学校的良好形象。2015 年 1 月 1 日，中央电视台综艺频道（CCTV3）播出了《艺术人生》特别节目——《温暖 2014》。节目中，我校师生与著名主持人朱军、著名作曲家戚建波共叙中国梦，共同祝福祖国美好的未来。在主持人朱军的访谈环节中，我校师生代表与节目现场的嘉宾一起分享了中财人"未来的梦想"，很好地展现了中财学子勇于担当的广阔胸怀与追求卓越的青春风采，获得了访谈嘉宾和现场观众的赞许。在戚建波老师的隆重介绍下，我校学生登上《艺术人生》的舞台，精彩演绎了由王广谦作词、戚建波作曲的校园歌曲《未来》，赢得了现场嘉宾和观众们热烈的掌声。节目最后，我校师生与国学大师范曾、著名歌唱家阎维文、张也一起点亮了 2015 "温暖之灯"，共同祝福美好未来。

### 三、做好统一战线工作

大力支持民主党派和无党派人士围绕学校中心工作和国家经济建设多做贡献；进一步做好党外代表人士的举荐和党外后备干部的培养选拔工作；进一步规范共事协商委员会工作制度，认真组织共事协商委员和党外人士开展活动，发挥作用；进一步完善学校民族宗教工作机制，深入做好民族宗教工作，发挥统一战线围绕中心、服务"四个全面"和学校发展大局的政治优势。

### 四、离退休人员工作

切实保障离退休人员的各项待遇，努力提高离退休人员服务的质量和水平，让离退休老同志共享学校改革发展的成果，正在逐步将他们的宝贵经验转化为学校发展的动力。

### 五、加强了校友会和教育基金会的建设

召开了首次校友工作会议，成立了第一个海外校友会——北美校友会。中

央财经大学校友基金会顺利筹建；中财明基（北京）管理咨询有限公司经工商局正式注册，成为整合校友资源的重要平台；成功召开校友总会理事会会议，加强了校友总会理事会的制度建设，完善了理事会工作机制。进一步密切与广大校友的联系，积极拓展与社会各界的交流合作，以关爱和帮助谋求校友的关心，以服务和贡献赢取社会的支持。

## 六、校园安全稳定

高度重视安全稳定，加强保卫保密工作，落实校园综合治理责任制，确保校园安全稳定。学校进一步巩固"平安校园"创建达标验收成果，进一步健全和完善安全稳定责任制，把安全稳定工作与业务工作一起部署、一起落实、一起检查；加强法制宣传教育，推进校园安全"网格化"和精细化管理，加大技防投入力度，推进平安校园信息化建设，健全安全稳定工作应急预案机制和应急处置体系，维护校园平安稳定。2015 年顺利通过首都高校平安校园创建检查验收。

## 七、工会、教代会

进一步健全和落实校院两级教代会工作制度，做好提案办理、代表答询等工作，充分发挥民主管理和民主监督作用；努力提升教职工之家建设水平，切实维护教职工合法权益；2007 年 4 月 26~27 日，"中央财经大学第五届教职工代表大会暨第六届工会会员代表大会"召开。王广谦校长作了《校长工作报告》，党委副书记、纪委书记兼工会主席袁东作了《建设先进教职工之家，为学校建设有特色、多科性、国际化的研究型大学做出新的贡献》的工作报告。大会选举了第五届教代会执委会、第六届工会委员会及第六届工会经费审查委员会，审议通过了《中央财经大学第五届教职工代表大会暨第六届工会会员代表大会决议》。

## 八、共青团工作

坚持党建带团建，促进青年学生在相互教育、自我教育中全面发展。2007年 12 月，共青团中央财经大学第十次代表大会召开。大会进行了共青团第十届委员会选举，共 20 名同志当选为共青团中央财经大学第十届委员会委员。

2009 年 5 月 10 日，中央财经大学第十次学生代表大会在主教学楼学术报告厅召开，全校 262 名学生代表参加了大会。大会审议并通过了第九届学生会工作报告和《中央财经大学学生会章程（修订案）》，选举产生了新一届学生委员会成员。2011 年 12 月 18 日，共青团中央财经大学第十一次代表大会在学院南路校区学术会堂 206 报告厅召开。来自全校各基层团总支的共计 191 名代表参加了大会。

### 九、六十周年校庆

2009 年 10 月 11 日，中共中央政治局委员、国务委员刘延东同志亲临学校视察，代表党中央、国务院亲切问候学校师生员工和海内外校友，热烈祝贺学校 60 周年校庆，充分肯定了学校的办学成绩，对学校今后的发展提出了殷切的希望。10 月 16 日，原中共中央政治局常委、国务院副总理李岚清和夫人章素贞到我校看望广大师生，并在学术会堂作了主题为"音乐·艺术·人生"的讲座。

10 月 17 日，中央财经大学举行建校 60 周年庆典。全国政协副主席李金华，共和国五位财政部部长王丙乾、刘仲黎、金人庆、项怀诚、谢旭人，全国社保基金理事会理事长戴相龙、教育部副部长李卫红、兄弟院校领导、5000余名校友和师生出席大会。

前党和国家领导人李岚清、田纪云、王丙乾和原财政部部长刘仲黎、项怀诚等分别为建校 60 周年题词或发来贺信。教育部、财政部、北京市委、市政府及北京大学、清华大学、人民大学、北京师范大学、复旦大学、香港大学等兄弟院校，国际合作高校英国帝国理工学院、澳大利亚莫纳什大学、俄罗斯联邦政府财政科学院等以及相关单位也先后发来贺信表示祝贺。

王丙乾、刘仲黎、项怀诚、金人庆、谢旭人五任财政部长齐聚中央财经大学，为中央财经大学 60 周年校庆庆典添上了浓墨重彩的一笔。莅临的五位部长纷纷表达了对中央财经大学的良好祝愿。当时 84 岁的王丙乾老部长亲历了中央财经大学的诞生、发展和壮大的过程，对中央财经大学始终高度关注，倾注了深深的感情。刘仲黎部长指出，"中央财经大学是新中国中央人民政府直接创办的第一所高等财经学校，60 年来，为国家经济建设和社会发展培养了许多高素质人才。""希望中央财经大学办成高水平的国际知名大学，为国家培养更多的优秀财经人才。"项怀诚部长说："中央财经大学发展到今天，不是一个高歌猛进的过程，也不是一个艰难万险的过程，而是一个有曲折有起伏但始终向前、向上、向高、向好的发展过程。""在新中国成立后的36天，中央税务学校成立了，它是中央财经大学的前身。由于当时特殊的国情，国家相当重视税务财政工作，因此当时还盛传'县税务局长比县委书记重要'的说法。我也做过税务工作，中央税务学校在老一辈税务干部心目中，是很神圣的。现在中央财经大学学生的素质也很高，是就业率最高的学校之一"。谢旭人部长为中央财经大学题词："培养高素质人才，建设高水平大学"。他指出，学校在今后的发展中应当注重学科建设、人才培养、经济研究与社会服务等相结合，发扬优良传统，适应经济发展变化的新形势和要求。作为62级财政系的校友，再度重回母校的金人庆感慨万千。他回忆说："我上学的时候学校规模不大，如今的中财，有着比以前更加完备的教学设施，更加科学和全面的学科设置体系，同时对于经济的研究则比以前更深更广。"金人庆对母校日新月异的发展感同身受。他深情地说："希望我的母校继续秉承教书育人的理念，注重学生各方面素质的拓展，培养出更多的经济学家、财经干部，特别是需要培养更多的有社会觉悟、有责任感的财经战线高素质人才。"谢旭人在庆祝大会上的讲话中同时指出，自中央财经大学创建以来，财政部历任领导都十分关心学校的建设与发展，倾注了大量的心血与汗水。学校规模不断壮大、各项事业快速发展、社会影响力持续增强，学校已经成为国家高级经济管理人才培养和财经政策研究的重要基地。作为我们国家在财经高等教育方面具有重要影响的大学，希望中央财经大学以建校60周年为新的起点，以邓小平理论和"三个代表"重要思想为指导，深入贯彻科学发展观，大力弘扬"担当责任，勇往直前"的精神，以高度的责任感和使命感，为国家培养更多高素质创新人才，提供更多关于中国与世界经济问题方面高质量的学术成果，为我国经济社会发展做出更大的贡献。

校庆活动以回顾和总结60年来的办学成就和经验，增强师生、校友凝聚力，促进学校更好、更快地建设和发展为目的，以举办60周年校庆学术论坛为主。

校庆实况通过视音频网络直播系统实现了学院南路校区、昌平沙河校区两校区同步传播，启用40天的沙河校区师生通过大屏幕也感受到了校庆的喜悦氛围。

庆典会后，沙河校区图书馆奠基仪式在沙河校区隆重举行。10月17日晚上7点30分，中央财经大学校庆60周年联欢晚会在学院南路校区举行，广大校友和师生载歌载舞，表达了对学校六十华诞的热情礼赞。

# 第十一节　推进治校理教能力建设

以《中央财经大学章程》（以下简称《章程》）制定为契机，总结办学理念和发展历史，明确办学使命、特色、管理体制以及师生权益等重大问题，2015年3月，凝聚全校智慧的《章程》经教育部核准生效，成为学校依法自主办学、实施管理和履行公共职能的基本准则。《章程》进一步明确了学校未来的发展目标和愿景，是学校建立现代大学制度的坚实基础，为推进治理结构改革提供了依据和指引。《章程》明确划分了学校党委、行政和学术委员会等学术组织的职责，合理界定了行政权力和学术权力的范围，进一步完善了民主监督的路径与方式。学校依据章程对校内管理制度体系进行了系统梳理和废、改、立。

《章程》是集体智慧的结晶，广泛征求意见，反复论证，数次修改，民主决策。2011年11月8日，在行政楼605会议室召开了以"我校大学章程制定的主要原则和目标"为主题的座谈会。会议由副书记袁东主持，党委书记胡树祥、校长助理陈运超，发展规划处、科研处、学生处、财政学院、工会、研究生院、学校办公室、教务处、法学院等单位负责同志和有关研究人员参加了会议。发展规划处处长吕世彦首先汇报了全国高等教育研究会2011年年会、兄弟院校大学章程建设情况以及发展规划处自2009年起为制定中央财经大学章程所做的前期研究和准备工作情况。其后，与会人员就制定大学章程的目的和意义、大学章程制定的原则和目标、大学章程的历史和中外大学章程的比较、大学章程的地位和效力、我校章程的特色、校院两级管理权限与监督机制、行政权力与学术权力的划分、学术委员会作用的发挥、教职工代表大会的职责与权限、教师与学生的权利和义务、大学章程的审定程序等进行了热烈的讨论，提出了很多建设性的意见和建议。

2012年10月31日，《章程》第二专题研究小组——教学、学科专业设置与招生制度研究组在办公楼605召开专题讨论会。会议由史建平副校长、赵丽芬副校长主持，发展规划处处长吕世彦、教务处处长杨金观、副处长林光彬、学生处副处长蒋西河、研究生院副院长徐淼、贾玉革、继续教育学院副院长赵凡、教学技术服务中心副主任傅强参加了会议。会上，发展规划处处长吕世彦就《章程》（第1稿）起草的基本情况做了简要介绍。随后，参会人员就《章程》中"教学、学科专业设置与招生制度"等相关内容进行了深入、细致的讨论，特别就学术委员会、教学管理委员会及其他相关工作委员会的职权、职责、教学工作的地位与人才培养目标、学科专业设置规范等问题进行了热烈的讨论。最后，史建平副校长、赵丽芬副校长指出，制定《章程》是学校发展的大事，各相关单位要高度重视，系统安排，要认真阅读《章程》（第1稿）内容，根据实际工作提出修改意见，由教务处汇总，提交发展规划处。

2014年10月15日，在学术会堂604会议室召开"大学章程征求意见"工作布置会。党委书记胡树祥、学校各单位、部门党政主要负责人参加了会议，会上，发展规划处处长林光彬就《章程》草案编制的依据、过程、框架内容进行了简要说明。随后，胡树祥书记就《章程》草案（征求意见稿）在全校范围内广泛征求意见和建议做了工作部署。胡书记首先就《章程》的目的、意义、要求、时间安排和重点讨论问题进行了讲解，阐明了大学章程编制工作的重要性和紧迫性，指出编制大学章程不仅是教育部今年的工作重点之一，而且也是落实依法治校、理顺学校内外部办学关系的重要举措。胡书记要求各单位、各部门深化认识，高度重视，通过学习和讨论熟悉办学的基本规范、基本关系和基本要求，树立大局意识；在10月24日前，召开一次由本单位教代会代表、师生员工代表和领导班子成员参加的座谈会，结合各自办学和工作实际，对《章程》草案（征求意见稿）的相关部分广泛征求意见和建议；学校有关部、处和校友总会又分别组织由不同对象参加的4次座谈会，包括教师代表座谈会、学生代表座谈会、共事协商委员座谈会、校友座谈会，通过集思广益进一步提高章程编制的科学性。胡书记最后指出，按照学校章程编制工作时间安排，在广泛征求意见的基础上，10月31日，《章程》草案提交给学校教职工代表大会讨论。会议由李俊生副校长主持。学校章程经教育部高等学校章程核准委员会评议，于2015年1月20日教育部第3次部务会议审议通过，并于3月11日作为《中华人民共和国教育部高等学校章程核准书第49号》通过核准，正式生效。

《章程》的核准通过对学校的发展具有重大意义，一方面《章程》为我校实现自主办学、建立现代大学制度提供依据和保障；另一方面《章程》将校内各利益相关者的权责法制化，有利于调动各方积极性，促进学校人才培养、学术研究和管理服务工作有效、有序运行。

2015年5月22日，国家教育体制改革领导小组办公室通过了《中央财经大学综合改革方案》的备案（教改办函〔2015〕27号），要求我校坚持正确的改革方向、细化落实改革措施、探索授权备案机制、主动做好舆论引导、切实加强组织领导。

《中央财经大学综合改革方案》（以下简称《方案》）获国家教育体制改革领导小组批复备案，《方案》聚焦改革发展难题，明确了我校未来深化改革的攻坚方向和重点举措。

2014年，深入贯彻落实《关于坚持和完善普通高等学校党委领导下的校长负责制的实施意见》的文件精神，修订发布了《中共中央财经大学委员会议事规则》《中共中央财经大学委员会常务委员会议事规则》和《中央财经大学校长办公会议事规则》，推进现代大学制度建设。进一步加强对各部门工作的统筹协调，修订完善相关管理制度，确保各项规章制度得到有力执行，工作效率与管理水平有所提高。

发挥了"双代会"委员和共事协商小组成员作用，切实加强了民主管理和民主监督工作，切实保障师生员工知校情、参校政、议校事、督校务的权利。讨论两校区办学定位和资源调整等重大事项时组织师生就相关议题进行广泛充分讨论，充分发挥师生员工在学校办学中的主体作用，确保决策的科学化、民主化、法制化。

# 第十二节　优化组合机构设置与领导干部换届和干部选任

为了适应教学科研事业发展的需要，进一步落实"内涵提升，特色强校"，我校对部分内设机构进行了调整，部分领导干部进行了轮岗与交流，通过优化重组，提升了干部队伍的整体素质，充分激发了内部活力。

## 一、优化机构及调整设置

以创新体制机制为切入点，努力构建权责统一、运行高效的组织职责体系，具体优化组合的机构及调整设置时间如下：

2005年1月成立了会计专业硕士（MPAcc）教育中心，该中心挂靠在会计学院。3月，成立国防经济与管理研究院和高等教育研究中心，高等教育研究中心与发展规划处合署办公，原高教研究室撤销。4月，成立国际文化交流学院。20日，将"港澳台工作办公室"更名为"港澳台事务办公室"。2005年9月，成立中国经济与管理研究院，2006年，进一步合理调整组织机构和院系设置，推进了校院两级管理体制改革。调整后学校设有24个教学单位、40个科研单位、21个党群和行政管理部门、2个分部（西山分部和清河分部）以及8个教辅和直属单位，组织机构设置趋于合理，职能划分更加清晰明确，责任主体更加突出，学院的主动性与创造性得到更好的发挥。2009年，随着沙河新校区的启用，我校确定了沙河校区的管理模式，成立了沙河校区办公室，完成了沙河新校区的人员编制方案，沙河物业管理公司组建完成，各项工作顺利展开；成立了继续教育管理办公室。

2006年5月11日，在调研和论证的基础上，对各机构及其职能进行了调整，具体包括：

### （一）党群和行政管理部门、教辅和直属单位机构及职能的调整

①统战部与宣传部、新闻中心分离，统战部独立设立。②教学技术服务中心与教务处分离，独立设置。③总务处与资产管理处分离。总务处更名为后勤处。后勤处与后勤服务产业集团合署办公，现有职能和体制不变；将学校办公室对学校办公设备、教务处对教学设备的采购和管理等工作职能划至资产管理处。④在综合档案室的基础上成立档案馆。负责学校文书档案、人事档案的管理和运用、年鉴编写、校史编纂和校史馆的建设和管理工作（此项未能全部落实人事档案的管理和运用仍然是人事处负责，校史编纂和校史馆的建设和管理工作还是由宣传部、新闻中心负责）。⑤成立中财资产经营有限公司。负责学校经营性资产的管理工作。⑥校医院与总务处分离，独立设置。⑦校园网管理办公室由学校办公室调至宣传部、新闻中心。⑧成立数字化校园建设办公室，设在学校办公室。负责学校数字化校园的规划建设工作。⑨成立学校党校办公室，设在组织部。负责党校

的日常工作和二级党校的管理。⑩成立学校人才工作办公室，设在人事处。负责学校人才队伍建设、高层次人才引进和博士后流动站的管理工作。⑪成立学校学科建设办公室，设在研究生部。负责学校学科规划建设工作和学科点评审申报工作。⑫成立校友总会秘书处，独立设置。教育发展基金办公室与学校办公室分离，与校友总会秘书处合署办公。⑬高等教育研究中心更名为高等教育研究所。

**（二）教学科研单位机构的调整**

①在财政与公共管理学院公共管理系的基础上成立公共管理学院。财政与公共管理学院更名为财政学院。②在投资经济系的基础上成立管理工程学院。③在保险系的基础上成立保险学院。④在经济学院统计系的基础上成立统计学院。⑤在社会学系马克思主义哲学、毛泽东思想概论和邓小平理论教研室的基础上成立马克思主义学院，政治理论教学部保留在马克思主义学院。在社会学系的基础上成立政治与社会学学院。⑥在外语系的基础上成立外国语学院，保留外语教学部。⑦在经济数学系的基础上成立应用数学学院，保留数学教学部。⑧在体育经济与管理系的基础上成立体育经济与管理学院，保留体育教学部。⑨国际文化交流学院与国际合作处分离，作为教学单位独立设置。⑩成立网络教育学院（筹）。⑪撤销独立学院筹备组，成立独立学院（筹）。

2006年7月，成立仿真实验室。在财政与公共管理学院税务系基础上成立税务学院；筹建中的公共管理学院名称确定为"政府管理学院"；筹建中的政治与社会学学院名称确定为"社会发展学院"。2006年10月，成立中国金融发展研究院和中国公共财政与政策研究院。12月，成立外国语学院。2007年1月5日，成立管理科学与工程学院。2007年3月26日，成立中国第一家危机管理学院——中央财经大学危机管理学院。2007年5月26日，成立中国煤炭经济研究院。2007年11月7日，成立现代管理学院。学院与独立学院筹备组合署办公。2007年12月，数字化校园建设办公室独立设置；体育经济与管理学院、体育教学部分别单独设置。2007年12月，成立网络教育学院。2009年6月，成立继续教育工作管理办公室，该办公室为我校继续教育领导小组办事机构。2011年10月8日，成立研究生院。

**二、领导干部换届与干部选任**

学校适应新形势新要求，全面从严治党，从严管好用好领导干部，推进干部能上能下能转，树立"重品行、重实干、重公认"的正确选人用人导向，坚持"信念坚定、为民服务、勤政务实、敢于担当、清正廉洁"的"好干部"标准，把"平常时候看得出来、关键时候站得出来"的人才优选出来，建设一支忠诚干净担当的高素质专业化干部队伍。

### （一）校级领导班子调整

2005 年 3 月 1 日，在学术报告厅召开了党委领导班子调整宣布大会。教育部副部长、党组成员吴启迪宣布了我校党委领导班子调整的通知，北京市委教育工委副书记刘建到会讲话。

2009 年 3 月 16 日上午 9 时，中央财经大学党委书记宣布大会在中央财经大学厦二层报告厅召开。教育部党组成员、副部长李卫红代表教育部党组宣布了关于胡树祥、邱东同志职务任免的决定，任命胡树祥同志为中共中央财经大学委员会书记，免去邱东同志中共中央财经大学委员会书记、常委职务。教育部人事司司长吴德刚、北京市委副秘书长、教育工委常务副书记张建明等上级领导出席会议，电子科技大学党委副书记王志强也出席了会议。参加会议的校内人员有学校领导班子成员，校党委委员，纪委委员，人大代表、政协委员，各单位、部门负责人，机关党委、各党总支、直属党支部负责人，离退休人员代表，共事协商委员会委员，教代会执委等 100 余人。会议由王广谦校长主持。2012 年 9 月 4 日下午，在学术会堂 402 报告厅召开会议，宣布了我校行政领导班子换届结果及党政领导班子工作分工调整情况。胡树祥、王广谦、倪海东、袁东、梁勇、李俊生、陈明、王瑶琪、史建平、赵丽芬等全体校领导出席了会议。会议由党委书记胡树祥主持。胡树祥书记宣读了教育部的有关任免文件。经研究，教育部任命王广谦为中央财经大学校长，李俊生、陈明、王瑶琪、史建平、赵丽芬为副校长；免去梁勇的副校长职务（另有任用）。教育部党组经研究并与北京市委商得一致，任命袁东为中央财经大学纪委书记，梁勇为党委副书记；因工作调动，免去侯慧君的党委副书记、常委、委员及纪委书记职务。

2015 年 1 月 21 日，教育部党组成员、纪检组长王立英在中央财经大学宣布了教育部党组的任免决定，傅绍林同志任中央财经大学党委书记；因年龄原因，胡树祥同志不再担任中央财经大学党委书记职务。教育部有关司局、北京市委有关方面负责同志出席宣布大会。

### （二）中层领导班子换届

2005~2015 年，学校进行了三次中层领导干部换届，现将三次中层领导换届的概况分述如下：

2006 年，按照《中央财经大学中层领导干部选拔任用工作规定》的程序，经过民主推荐、考察、酝酿和讨论，决定拟任人选、任职前公示、任职前谈话等程序，进行了中层领导班子换届。学校党委确定了 149 名中层领导干部的任用，经过公示，最终任用 148 名。其中，有 71 名的职位未发生变化；42 名调整到新的工作岗位；有 35 名为新提任的中层领导干部。此外，通过开展面向校内外公开选聘院长工作。为了拓宽选人渠道，学校对 24 个学院院长职位面向校内外进行公开选聘。公告在校园网公布后，先后被国内 110 多家网站，包括 30 多所高校的校园网转载。共 30 人申报了 17 个职位，经过资格审查后，有 29 人参加了面试。经过多方努力，学校聘请了社会知名人士、专家和学者分别担任 6 个学院院长和 3 个学院的名誉院长。2006 年 7 月 11 日，学校中层干部聘任大会在图书馆配楼报告厅召开，邱东书记和王广谦校长为新聘任的 149 位中层领导干部和 13 位调研员、组织员、纪检员颁发了聘书并提出工作要求。随后还开展了中层领导干部境外培训和新任中层领导干部上岗培训；首次进行大规模的教学科研单位主要负责人任前述职活动，进行任期目标规划评议，取得了良好的效果。

2010 年 5 月 14 日下午，第七轮中层领导干部聘任大会在学术会堂二层报告厅隆重召开。校领导、现任和新任的中层领导干部 200 余人参加了大会。校党委书记胡树祥、校长王广谦作了重要讲话，并向新任中层领导干部颁发了聘书。本次中层领导干部聘任工作体现了四个特点，分别是：教职工广泛参与，切实扩大了干部选拔任用中的民主；坚持竞争择优，进一步深化了干部选拔任用制度改革；规范运作程序，逐步完善了干部选拔任用工作机制；合理搭配班子，不断优化了干部队伍的结构。6 月 30 日，新一届中层领导干部任职廉政谈话暨廉政责任书、承诺书签订仪式在学术会堂举行。全体中层领导干部签订了《廉政责任书》和《廉洁自律承诺书》。

2013 年 7 月 10 日上午，学校第八轮中层领导干部聘任大会在学术会堂 202 报告厅召开。校领导、现任中层干部、新任中层领导干部和组织员、纪检员参加了大会。共任用中层领导干部 191 名，组织员和纪检员 7 名。这一届中层领导干部的平均年龄为 44 岁，与上一届基本相当；从学位结构上看，具有博士学位的 95 人，具有硕士学位的 60 人，共计 155 人，占 84.29%；从专业技术职务来看，具有正高级专业技术职务的 76 人，具有副高级专业技术职务的 69 人，共计 145 人，占 80.63%，中层干部中具有硕士及以上学位和副高级及以上专业技术职务的比例较上一届均有所提高。从这些数据中可以看出，我校的干部队伍正趋向"年轻化、知识化和专业化"。

这三次中层干部换届，认真贯彻相关文件精神，从制度和环节上防止和克服选人用人上的不正之风。做到"两个坚持"，优化岗位设置强化用人原则，在厘清干部岗位、职数、职级、职责的基础上，坚持正确的用人导向，严防"带病提拔""带病上岗"。严把"三个关口"，严格规范干部选拔任用工作程序，牢固树立规范意识、程序意识、细节意识，做到执行程序一道不少，履行程序一道不乱。注重突出重点，抓住关键环节，严把推荐提名关、组织考察关和讨论决定关。落实"四项权利"，充分发扬干部选拔任用工作民主，落实教职工的知情权、参与权、选择权和监督权，所有通知、公示文稿通过校园网内网面向全校教职工发布，开展民主推荐，扩大教职工参与面，充分尊重群众意愿，并给教职工充分发表意见的时间和渠道。健全"五项机制"，增强干部工作活力，根据上级文件精神修订了学校处级干部选拔任用管理实施办法，完善学院和技术服务部门行政领导不设行政级别操作机制，探索健全干部选拔竞争上岗机制，探索干部试用期满考核任用机制，坚持党政领导干部选拔任用工作全程记实制度。换届实现了预期目标，学校进一步加大了年轻干部、党外干部、少数民族干部的培养选拔力度，优化了干部队伍的学科专业、学历职称、年龄性别和整体结构，为实现学校新时期发展目标和任务提供了强有力的组织保证和人才支撑。

2005~2015 年这十年来，我校坚守办好中国特色、世界水平大学的光荣使命。在中共教育部党组和北京市委的正确领导下，高举中国特色社会主义伟大旗帜，全力深化改革、创新驱动、依法治校，团结奋进，全体中财人在"全面加强党的领导""提升人才培养质量""持续推进人才强校战略""建设世界一流学科""提升科研创新能力""强化服务社会功能""建设中财特色校园文化""推进国际交流合作""建设文明和谐美丽校园"方面呕心沥血，勠力同心，取得了显著的成绩。可以说，这十年的奋斗史，正是全体中财人致力于把中央财经大学全面建设成为高水平研究型大学的奋斗史。

# 第五章　开启建设"世界一流大学和世界一流学科"新征程（2016～2019 年）

2016 年以来，我校深入贯彻落实第六次党代会部署和"十三五"事业发展规划，坚持以"全面深化综合改革、全面推进'双一流'建设、全面改善办学条件、全面提高管理水平"四大攻坚任务为改革发展着力点，大力推进"精英教育、协同创新、人才强校、国际化办学和依法治校"五大发展战略。我校党委领导班子充实了新的力量，行政领导班子实现换届，管党治校不断深入，推动学校各方面工作取得了新进展、新成效，建设"有特色、多科性、国际化的高水平研究型大学"，努力成为"世界一流，中国特色"的国际名校。

## 第一节　学校发展的历史背景

全国高校思想政治工作会议、党的十九大、全国教育大会先后召开，中国特色社会主义进入新时代。国家实施高校"双一流"建设工程，我校成功跻身"一流学科建设"高校行列。在这一时代背景下，对我校来说，既是战略机遇期，又面临着严峻的挑战，学校进入了一个新的发展阶段，加快建成有特色、多科性、国家化的研究型大学，努力成为"中国特色，世界一流"的国际名校。

当今世界，国际政治经济处于复杂、深刻的变动之中，全球化、信息化和新技术革命正在深入改变着人类的生活和发展方式，世界各国都把发展教育和科技作为推动增长、调整结构的重要支撑。

从全球上看，我国已经是世界第二大经济体，这要求我国要承担起更大的国际责任和国际义务。我国主导的"一带一路"倡议和亚洲基础设施建设投资银行，以及政治、经济、文化、教育等全面"走出去"战略，都需要培养更多的国际化高素质拔尖人才和一大批创新型人才来支撑，需要产出更多具有国际影响的科研成果作为基础。

从国内形势看，未来五年是全面落实国家中长期教育、科学与技术、人才三个发展规划纲要的收官阶段，也是教育率先实现现代化的最后攻坚阶段。党中央提出了"创新、协调、绿色、开放、共享"的发展理念，制定了"四个全面"的发展战略布局，推进创新型国家、人力资源强国和高等教育强国建设，国家正在积极实施"教育优先发展"战略，我国高等教育进入了全面深化综合改革的新时期，颁布了《统筹推进世界一流大学和一流学科建设的总体方案》《国家教育事业发展"十一五"规划纲要》《关于实施高等学校创新能力提升计划的意见》《深化科技体制改革实施方案》《关于深化考试招生制度改革的实施意见》《关于深化高等学校创新创业教育改革的实施意见》等指导性文件，这为我国高等教育发展指明了方向，提供了难得的发展机遇，同时也对高校能否紧跟社会发展步伐，适应新常态、引领新常态提出了更高的要求。

"十三五"时期是我校加快发展、把握未来的机遇期。国家一系列战略和改革举措的实施为我校提供了良好的发展环境。在教育部、财政部和北京市的大力支持下，学校将努力加快建设中央财经大学沙河校区，解决长期困扰学校办学空间不足的问题。"十三五"时期也是我校锐意进取、争创一流的内涵发展期。

2016 年 12 月 7~8 日，全国高校思想政治工作会议召开。中共中央总书记、国家主席、中央军委主席习近平出席会议并发表重要讲话强调，高校思想政治工作关系高校培养什么样的人、如何培养人以及为谁培养人这个根本问题。要坚持把立德树人作为中心环节，把思想政治工作贯穿教育教学全过程，实现全程育人、全方位育人，努力开创我国高等教育事业发展新局面。2018年 9 月 10 日，全国教育大会的召开，习近平出席会议并发表重要讲话，为我国教育事业发展提供了根本遵循。对加快推进教育现代化、建设教育强国作出总体部署和战略设计，强调坚持把优先发展教育事业作为推动党和国家各项事业发展的重要"先手棋"，教育必须把培养社会主义建设者和接班人作为根本任务，培养一代又一代拥护中国共产党领导和我国社会主义制度、立志为中国特色社会主义奋斗终生的有用人才。培养德智体美劳全面发展的社会主义建设者和接班人。

如何在未来的一段时期内贯彻落实两次大会的精神，积极深化改革、推动发展，是我校在此期间面临的形势。

我校高举中国特色社会主义伟大旗帜，以习近平新时代中国特色社会主义思想为指导，增强"四个意识"，坚定"四个自信"，坚决做到"两个维护"，全面贯彻党的教育方针，落实立德树人根本任务，坚持以人才培养为中心，推动从严治党向纵深发展，全力推进学校内涵式发展和"双一流"建设。

2019年11月28日上午，教育部党组书记、部长陈宝生到中央财经大学调研，指出在新时代建设教育强国、推进教育现代化历史进程中，高等学校的工作应该从"特色看学科、水平看专业、实力看老师、质量看学生、动能看改革、发展看班子、根本看党建"八个维度正确看待，抓牢抓好。为我校的发展进一步明确了要求，指明了发展方向。

# 第二节　精英人才培养质量不断提升

三年来，学校结合全国教育大会、北京市教育大会等会议精神，教育部新时代全国高等学校本科教育工作会议、教育部"新时代高教40条"、"六卓越一拔尖"计划、双万计划等工作要求，坚持"以本为本"，推进"四个回归"，以学生为中心，以课程规划建设和核心能力培养为着力点，从人才培养方案设计、创新创业教育开展、实践教学组织、教学过程管理、教育教学改革、教学制度激励等多方面为一流人才培养提供充分的支撑条件。通过资源的优化配置，加强教学技术支持，完善智慧教室、高水平实验室和文献数据库，提供优良的教学环境，推动学生自主化、个性化、多样化学习。

## 一、深化教育教学改革，系统推进各项工作

### （一）课程体系建设

统筹推进一流本科教学改革，全面修订本科人才培养方案，推进大学生

文化素质教育体系建设，课程体系进一步优化，重点进行"通识核心课程""在线开放课程""翻转课堂"和"网络通识课程"等项目建设工作。国家精品在线开放课程认定是国家推动高等教育教学改革，提高高等教育教学质量，推进教育公平的重要行动，也是学校打造"金课"，实施一流课程的重要内容。为此，我校大力推进高水平课程建设，重点立项资助建设 11 门高质量通识核心课程，引进近 400 门"超星尔雅"在线通识课程，15 门在线开放课程在中国大学 MOOC 平台"爱课程"公开上线；立项支持 16 个专业开展实践教学体系暨双创实践平台建设，支持 5 门精品实验课及 10 项精品实验实践项目建设；结合数字时代人才培养新需求，建设 22 门数据科学技术相关课程。自 2015 年教育部出台《关于加强高等学校在线开放课程建设应用与管理的意见》以来，在线开放课程建设取得初步成效。截至 2018 年 10 月，已有 10 门在线开放课程在国内大型慕课平台"爱课程"网——中国大学 MOOC 平台公开上线开课，累计开课 21 期，总学习人数超过 91 万。我校在线开放课程因课程质量高、共享范围广、应用效果好、示范性强，受到了社会的广泛好评和热烈欢迎。

2017 年 10 月，《投资学》MOOC 在中国大学 MOOC 上线，在经济管理类 MOOC 课程中名列前茅，被许多高校列为学生选修的开放课程，在社会上受到了广泛好评和热烈欢迎，刘志东教授获评"中国大学 MOOC 2017 年度新锐奖"。李健教授的《金融学》课程、刘志东教授的《投资学》MOOC 被认定为国家精品在线开放课程。

此外，为了发挥人文学科优势，大力传承和弘扬中华优秀传统文化。学校认真贯彻落实《关于实施中华优秀传统传承发展工程的意见》，将中华优秀传统文化融入课堂教学，提高学生传统文化素养。作为教育部"国家大学生文化素质教育基地"，构建了通专结合人才培养模式，推出六大模块化通识课程。学校成立了文化经济研究院、创建了国家文化创新研究中心、成立了国内首个文化 PPP 研究中心，举办了国学大讲堂等系列中华优秀传统文化讲座。公开出版文化素质教育专刊《文心》。

**（二）高水平教材建设**

开展高水平教材建设，编写了 20 种面向财经类大学本科学生的"财政部'十三五'规划教材"。

### （三）教学改革

2008年以来，马克思主义学院坚持问题导向，首创"问题链教学法"。持续推进基于"问题链教学"的思政课综合改革：创设"问题链"驱动的"主课堂+"立体化教学模式，打造教学内容整合、教学方法创新、教学模式集成"三大平台"助力创新主课堂，打造行走课堂、网络课堂、人文课堂"三大课堂"助力拓展教学时空，有效增强教学针对性和吸引力；有效地解决了教学中教材体系向教学体系的转化难题、理论深刻性与教学生动性的有效矛盾、教学时空有限、教学模式单一的问题，教学改革取得显著成效。

学校在2016年北京市思政课教学督导评估优秀，得到北京市政府教育督导室、教工委等部门领导高度评价；"高校思想政治理论课重难点问题教学研究"首批入选教育部高校思政课教学科研团队"择优支持计划"重点项目；学校首批入选"北京市高校思政课教学改革示范点""北京高校中国特色社会主义理论研究协同创新中心""北京市习近平新时代中国特色社会主义思想研究基地"，"问题链"教改经验依托上述平台向京津冀高校及全国广泛辐射。教改成果和经验受到新华社、中央电视台《新闻联播》、《人民日报》、《光明日报》等20余家重要媒体宣传报道，30余所高校同行来访交流，在全国产生广泛影响。2017年，财税学院王文静获得北京市青年教师教学基本功比赛文史类A组一等奖。

2018年，经济学院依托北京高等学校教育教学改革立项和北京市专业建设共建项目——经济学高层次创新人才培养基地，创设了"经济学家梦工场"教学改革示范基地，以精益求精的工匠精神，探索互联网背景下经济学拔尖创新人才培养路径。

### （四）教学成果与教学名师奖

冯秀军教授主持的"基于'问题链教学'创新的高校思想政治理论课综合改革"荣获高等教育国家级教学成果一等奖。2018年3月26日，《光明日报》教科新闻版头条文章报道了中央财经大学思政课教学法改革成果。中央财经大学在多年的思政课教学改革与探索中，用"问题链教学"点燃学生的头脑和心灵，取得了良好成效。11项教改成果荣获2017年北京市优秀教育教学成果奖，其中一等奖4项，二等奖7项，获奖总数及一等奖获奖数量均创历史新高。详见表5-1。

表 5-1 优秀教育教学成果奖项

| 序号 | 成果名称 | 成果完成人 | 获奖等级 | 获奖年份 | 级别 |
|---|---|---|---|---|---|
| 1 | 《营销风险管理》精品资源共享课程建设 | 张云起、李军、耿勇、王毅、李煜伟、李季、王生辉、孙国辉、崔新建、苗月新 | 一等奖 | 2017 | 市级 |
| 2 | 打造"五位一体"的保险应用型创新人才培养模式 | 郝演苏、李晓林、徐晓华、许飞琼、徐景峰、郭丽军、郑苏晋、周桦、张楠楠、王庆焕 | 一等奖 | 2017 | 市级 |
| 3 | "以问题为导向"的财经数学创新型人才培养模式改革与实践 | 尹钊、殷先军、贾尚晖、孙晓伟、武修文、杨凤红、张宝军、满向昱、孙博、林木 | 一等奖 | 2017 | 市级 |
| 4 | 基于"问题链教学"创新的高校思想政治理论课综合改革 | 冯秀军、陈文娟、谢玉进、黄刚、郭红梅、韩美兰、王雪梅、柳建营、李志军、韩小谦 | 一等奖 | 2017 | 市级 |
| 5 | 以财经法学为特色，打造面向财经法律实务的卓越专业硕士研究生培养模式 | 尹飞、陈华彬、吴韬、李轩、王克玉、李伟、曹富国、刘燕、艾茜、于文豪 | 二等奖 | 2017 | 市级 |
| 6 | 税务专业应用型创新人才培养模式优化改革 | 樊勇、庞淑芬、刘金科、杨志清、梁俊娇、曹明星、宋立岩、刘桓、杨虹、汤贡亮 | 二等奖 | 2017 | 市级 |
| 7 | 学会研究：建构主义视野下的心理学研究方法课程体系 | 辛自强、张红川、孙铃 | 二等奖 | 2017 | 市级 |
| 8 | 财经创新人才英语教学模式研究：基于 CBI 的任务型大学英语教学改革 | 傅强、黄振华、师文杰、郭娟、闫书颖、李新英、温剑波 | 二等奖 | 2017 | 市级 |
| 9 | 龙驹传播：广告学专业实战型教学与人才培养模式 | 王晓乐、宫丽颖、李志军、黄可、刘蕾、庞云黠 | 二等奖 | 2017 | 市级 |
| 10 | 基于创新能力提升的高校会计专业人才培养模式研究与实践 | 刘红霞、李晓慧、陈运森、王玉涛、段友三 | 二等奖 | 2017 | 市级 |
| 11 | 卓越·提升·特色：高水平财经大学"分类式"专业综合改革研究与实践 | 王瑶琪、聂建峰、贾雪峰、蔡佳林、杨金观、杨晓波、李爱民、王自义 | 二等奖 | 2017 | 市级 |
| 12 | 基于"问题链教学"创新的高校思想政治理论课综合改革 | 冯秀军、陈文娟、谢玉进、黄刚、郭红梅、韩美兰、王雪梅、柳建营、李志军、韩小谦 | 一等奖 | 2018 | 国家级 |

2018 年 4 月 18 日上午，"全国高校黄大年式教师团队"牌匾和荣誉证书颁发活动在北京外国语大学举行。法学教师团队入选首批"全国高校黄大年式教师团队"。团队负责人、法学院陈华彬教授出席活动并接受牌匾和证书。财政税务学院姜爱华教授荣获"第二届北京市高等学校青年教学名师奖"。

学校共有 22 人次入选新一届教育部教学指导委员会，入选 20 个教指委、1 个分教指委；1 人获选主任委员，5 人获选副主任委员，1 人获选秘书长，15 人获选委员。入选人数历年最多，比上一届 13 人次增长 69%。入选人次在人文社科领域位居全国高校前列，在财经类大学中位列第一。

## 二、迎评促建，奠定一流本科质量基石

2017 年 7 月，编制并印发了《本科教学工作审核评估工作方案》，同时召开了迎评工作启动会，系统布置相关工作。在迎评过程中，多次召开党委常委会、校长办公会、本科教学专题工作会推进工作。本科教学工作审核评估不仅是一个总结经验、查找问题、整改提升的过程，更是促进全校上下进一步凝聚共识、明确方向、真抓实干的动力。学校按照"以评促建，以评促改，以评促管，评建结合，重在建设"的方针，确立了"内涵式发展、常态化迎评"的工作思路。在准备过程中，邀请专家解读评估方案，引导师生正确认识审核评估。

按照教育部关于评估的部署与安排，专家组一行 16 人受教育部评估中心的委托，于 2018 年 5 月 13~17 日对学校开展为期四天半的审核评估进校考察工作。2018 年 5 月 17 日下午，本科教学工作审核评估专家意见反馈会在沙河校区图书馆报告厅举行。审核评估专家组组长樊丽明教授，专家组副组长黄进教授和专家组成员王玲、彭龙、贾益民、杜金柱、宋敏、刘仁山、刘俊、佟家栋、计国君、马秋武、史静寰等，教育部高等教育教学评估中心副主任周爱军，评估中心院校处副处长王红出席会议。学校领导班子成员、校长助理，全体中层干部，教学委员会委员、师生代表参加会议。樊丽明向中央财经大学反馈了本次审核评估总体情况。专家组在校期间，听取了校长对学校办学情况的补充介绍，综合考察了学校的本科教学情况，集中考察了学校实验中心、沙河校区图书馆，听课、看课 116 门次，查阅 46 门课程 1856 份试卷，查阅 31 个专业 985 份毕业设计、毕业论文，走访 23 个教学单位，召开 38 次座谈会，访谈校领导和有关党政职能部门负责人共 109 人次，考察 2 个校外实习基地和用人单位，

同时还考察了大学生活动中心、心理咨询中心、学生食堂、体育场馆等学生活动生活设施，并查阅了有关支撑材料。樊丽明代表专家组从六个方面对学校本科教学工作取得的成绩进行了意见反馈，肯定了我校本科教学所取得的成绩，针对存在的问题提出了意见建议。意见反馈会后，专家组将在进一步讨论交流的基础上，形成对学校本科教学工作审核评估的意见，由教育部高等教育教学评估中心审核后，以书面形式正式反馈给我校。2018 年，圆满了完成本科教学工作审核评估工作，为实现一流本科教育目标提供了坚实支撑。

### 三、深化创新创业教育和实践教学改革

2016~2019 年，我校进一步推进了专业提升计划、卓越人才培养计划，深化专业综合改革，精算教育获得了北美精算师协会认证，学校成为第一所通过北美精算师协会认证的内地高校。

深化创新创业教育改革，实验课程建设和实践教学水平不断提升。我校的经济与管理实验教学中心，先后于 2012 年和 2015 年获评国家级实验教学示范中心和国家级虚拟仿真实验教学中心（75 所部直属高校中仅有 7 所，在经管学科拥有两个国家级实验教学中心）。"基金经理模拟交易大赛实验案例"也荣获全国高校经管类实验教学案例大赛一等奖，"龙驹传播"创新实践基地入选北京高等学校示范性校内创新实践基地。

深化实践，推进创新创业教育。2018 年，我校成功入选第三批"全国高校实践育人创新创业基地"（高校主导型）。截至 2018 年，共建设 150 家，其中高校主导型 123 家。

### 四、完善研究生培养体系

加强研究生教育改革和课程建设。深入贯彻国家《关于深化研究生教育改革的意见》的要求，以全面提高研究生教育质量为目标、以实施研究生教育改革方案为重点，实施研究生智慧教学改革试点项目，组织实施"课程思政"教改项目，推进翻转课堂、混合式教学模式改革；立项建设 9 门研究生在线开放课程，出版研究生精品教材 5 部，出版专业硕士教学案例集 5 部。

强化过程管理和质量监督。学校启动了研究生优质课程和研究生教育教学改革建设项目，进一步完善研究生课程体系建设，推动教学改革研究成果在教

学实践中运用；发布了《专业学位研究生教育发展报告》，系统梳理了研究生教育中取得的成绩与不足，促进研究生教育教学水平提高。推进选拔与培养机制改革，出台了《中央财经大学硕博连读研究生选拔与培养管理办法》；加强过程管理，制定《中央财经大学研究生教学管理规定》《中央财经大学关于进一步加强研究生学位论文质量管理的指导意见》，编制了《中央财经大学学位与研究生教育质量报告（2015～2016 学年)》，实施课程论文抽检查重制度，制定《中央财经大学研究生课程论文学术不端行为检测工作实施办法（试行)》，加大力度预防和治理学术不端行为，修订了《博士学位论文过程管理办法》《硕士学位论文过程管理办法》等文件，进一步完善了学位论文质量控制体系。修订了《中央财经大学研究生公派出境学习成绩与学分认定管理办法》，扩大研究生境外学习成绩与学分认定范围；组织开展清退超学制研究生工作，彻底解决了历史遗留的研究生超学制问题。

### 五、打造继续教育"互联网+学习平台"

继续教育积极应对社会经济发展的新需求，改革专业及课程体系，引入优质实践课程及岗位证书课程，实行完全学分制；打造互联网+学习平台，推进优质教育资源共享，继续教育信息化程度进一步提升。

### 六、生源质量和就业率持续保持高位

三年多来，学校的生源质量和就业率持续位居全国高校前列。

2016 年录取本科生 2530 人，文、理科录取最低分平均高出一本线 75.44 分和 132.70 分，继续位居全国前列。2016 年，录取硕士研究生 1809 人，博士研究生 147 人，扩大夏令营方式选拔推免生和硕士大类招生试点范围，不断完善博士招生多元考核机制，扩大学院和博士生导师招生自主权，研究生生源质量有所提升。

2017 年，我校紧随国家高考大类招生改革趋势，实施大类招生计划，共有 13 个学院设置 15 个专业大类，包含 38 个专业，涉及招生人数 1730 人。在录取分数方面，我校 2017 年文科录取最低分平均高于重点线 88.62 分，理科录取最低分平均高于重点线 132.76 分，位居全国前列。

创新招生宣传，2018 年首次启动学院包干制的分省招生宣传模式，构建

立体招生宣传体系，录取本科生 1932 人，生源质量持续居全国前列。

在就业方面，实施基层就业培养项目，引导和鼓励毕业生服务基层和国家发展战略，做好定向选调生招录工作，同时组织"走近国际组织"系列活动，开展联合国教科文组织驻华代表处实地参访等活动，为学生走向国际舞台搭建平台。2016~2019 年，毕业生总体就业率为 97.39%~98.19%，本科生深造率保持在 50% 以上，就业结构进一步优化。学校荣获首批北京地区高校示范性创业中心称号。

### 七、各类赛事获佳绩，彰显学子风采

在世界数独锦标赛、全球商业模拟大赛、掉阖国际辩论挑战赛、全国英语演讲大赛、北京大学生音乐节等多项国内外重要赛事中学校学子表现优异，或摘桂冠，或进三甲。在国际大学生数学建模竞赛、CFA 协会全球投资研究挑战大赛、ERPSim 全球大赛、"21 世纪杯"全国大学生英语演讲比赛等国内外高水平赛事中摘金夺银，在第 23 届联合国气候变化大会等国际会议上，我校学生代表中国青年作主旨发言，为学校和祖国赢得了荣誉。在北京市"互联网+"大赛、亚洲数独锦标赛、国际大学生数学建模竞赛、全国大学生电子商务挑战赛、首都高校大学生冰壶锦标赛等比赛中屡获佳绩，斩获了包括第 12 届世界数独锦标赛团体冠军、全国大学生英语辩论赛一等奖、全国国际商务专业学位创新创业精英挑战赛三连冠（2017~2019 年）、首都大学生记者基本功大赛一等奖、北京大学生书法大赛一等奖、中国谜题锦标赛冠军在内的诸多荣誉。

2016 年 5 月 18~24 日，我校代表队获得第十九届外研社杯全国大学生英语辩论赛全国总决赛二等奖。2017 年 4 月 13 日，备受全球关注的 2017 年世界顶级美国大学生数学建模竞赛（MCM/ICM）成绩揭晓，学校参赛学子在 MCM 和 ICM 各有一队获得特等奖提名奖。由 2015 级管理科学黄钰瑛和房地产开发与管理专业杨玉琪、王羚睿组成的队伍在 MCM C 题的 1527 个参赛队中脱颖而出，获得特等奖提名奖（Finalist Winners）；由 2015 级学生金融数学专业王可心、信息安全专业李嘉丰和金融学专业胡佳义组成的队伍在 ICM E 题的 3621 个参赛队中战胜诸多对手，获得特等奖提名奖。此外，还有 29 支队伍在 MCM/ICM 竞赛中获得一等奖，96 支队伍获得二等奖。

2017 年，我校学子不仅在国际大学生数学建模竞赛、CFA 协会全球投资

研究挑战大赛、ERPsim 全球大赛等多项国内外重要赛事上摘金夺银，而且在第 23 届联合国气候变化大会等国际会议上代表中国青年作主旨发言。

2018 年 3 月 10~14 日，第二届亚太地区商学院蓝冰徒步挑战赛在俄罗斯伊尔库茨克州贝加尔湖畔举行，由 12 名 MBA 在校生和校友组成的中财沙鹰代表队经过 2 天的奋勇拼搏，从亚太地区 36 所 MBA 院校中脱颖而出，夺取团体亚军，同时斩获本次赛事的团队最高奖——金海豹奖。此外，2015 级 MBA 王淑杰获得女子组冠军，2016 级 MBA 赵泉胜获得男子组季军。2018 年 6 月 2~3 日，2018 年大学生校园铁人三项赛总决赛暨首都高等学校第七届校园铁人三项赛在中国石油大学（北京）举行。我校代表队参加了小轮车三项、小轮车两项、轮滑两项和水陆两项等项目，最终获 2018 年大学生校园铁人三项赛总决赛乙组团体总分第六名，金玥获得"轮滑两项比赛"女子乙组第二名，文继憶获得女子乙组第三名。金玥与倪成博获"铁人精神奖"。2018 年 11 月，财税院龙佳希、孙思燕、寇程恺、颜静雯四位同学组成的代表队在决赛中发挥出色，获得 2018 德勤税务精英挑战赛全国总决赛季军。2019 年美国大学生数学建模竞赛（MCM/ICM）成绩揭晓，我校学子再创佳绩，2 支队伍获特等奖（Outstanding Winner），1 支队伍获特等奖提名奖（Finalist），25 支队伍获一等奖（Meritorious Winner），46 支队伍获二等奖（Honorable Mention），这是我校学生在这项比赛中取得的历史最好成绩。

2019 年 1 月 25~28 日，2019 亚洲数独锦标赛在菲律宾克拉克举行，来自中国、韩国、日本、印度、泰国、菲律宾等国家的 200 多名选手参赛。信息学院研究生王炜凡代表中国参加比赛，并获得成人组银奖。2019 年 3 月 25 日至 4 月 3 日，2018~2019CUVA 中国大学生排球联赛二十四强赛（女子组）在浙江工业大学举行。本次比赛由中国大学生体育协会排球分会主办，由南方赛区前 12 名和北方赛区前 12 名组成的 24 支队伍参赛。我校女排以 2018~2019CUVA 中国大学生排球联赛（北方赛区女子组）季军的身份晋级全国二十四强赛，经过激烈的比拼，最终获得第四名。

2019 年 3 月 7 日，在俄罗斯克拉斯诺亚尔斯克第 29 届世界大学生冬季运动会上，国际经济与贸易学院中澳 2016-2 班韩雪容代表中国队参赛，荣获女子大回转项目第 60 名，是本次中国队在该项目中取得的最好成绩。2019 年 10 月 2~6 日，第 28 届世界谜题锦标赛在德国吉希海姆举行，来自世界各地的 61 支团体代表队共 241 名选手参加比赛。信息学院研究生王炜凡代表中国参加该项赛事。最终中国队获得团体第七名的好成绩，首次闯入世锦赛团体前八名。以上成就的取得，为学校赢得了荣誉，充分彰显了中财大学子的时代风采。

# 第三节　学科建设再上新台阶

学科水平是学校办学质量与办学水平的主要标志，建设一流学科是建设一流大学的关键。学科水平是大学办学水平、办学特色和办学实力的体现。三年多来，我校高度重视学科建设工作，各部门、单位形成合力，围绕"坚持科学内涵式发展，加快'双一流'建设"的主题，服务好以学科为基础的"双一流"建设这一学校中心工作。进一步明确建设目标，完善运行机制，彰显学科特色；确立经管法为主体、多学科协调发展的办学思路，加大学科强强联合、交叉融合力度；完善考核机制，在充分论证、广泛听取各方意见的基础上加强学科动态调整；扩大国内外交流，努力提升国际化建设水平；逐步建立了多部门参与的多方位质量保障体系；多方争取资源，努力搭建平台，服务学科发展，有力地推进了"双一流"建设的各项工作。

## 一、布局"双一流"建设，学科建设稳步推进

2016 年，完成了第四轮学科评估和学位授权点合格评估试点工作，加入教育部学位中心"学科自检平台"，开展学位授权点自我评估，对学科进行动态监测和绩效评估，学科评估体系不断完善。科学安排了中央高校建设世界一流大学（学科）和特色发展引导专项资金预算，激发"双一流"创建的内生动力；应用经济学、理论经济学等 4 个博士学位授权一级学科完成了一流学科建设计划，2016 年还召开了"创新平台"十周年座谈会，总结运行经验，"双一流"建设蓄力待发。

## 二、入选"双一流"建设高校，学科建设取得新突破

高度重视"双一流"建设工作，在广泛征求全校师生意见的基础上，党委

常委会多次研究，制定了《中央财经大学一流学科建设高校建设方案》。全面开展了学位授权点自我评估工作，组织完成了 2017 年博士硕士学位授权审核申报工作，新增马克思主义理论一级学科博士学位授权点，学科建设取得新突破。

2017 年 12 月 28 日，教育部学位与研究生教育发展中心公布了全国第四轮学科评估结果，学校应用经济学一级学科与北京大学、中国人民大学并列第一，评估结果为 A+，位次百分位进入全国前 2%。工商管理一级学科评估结果为 A-，位次百分位进入全国前 10%。这不仅是对我校学科建设成绩的肯定，更是全面推进发展的历史性的机遇。这一年，我们迎来了跨越式发展的又一座里程碑。

之后，组织开展了"双一流"建设大调研讨论活动。活动聚焦人才培养、师资建设、教学科研、管理服务等重大问题，在学院层面先进行广泛讨论，随后校领导带领职能处室负责人深入学院进行集中交流，然后按专题由职能处室进行梳理和汇报。大调研、大讨论活动充分调动了师生员工的智慧和力量，深入聚焦了学校发展中的主要矛盾和问题，汇集了高质量的意见和建议，也凝聚了全校师生共识。为后续全面推进"双一流"建设提供了坚实的基础。

### 三、全面推进"双一流"建设工作，学科建设成效显著

2018 年是学校正式进行"双一流"建设的元年。年初，学校召开"双一流"建设大调研大讨论，在高等教育百舸争流的背景下，凝聚了全校师生乘势而上、抢抓机遇、提高内涵的共识。在 2018 年初"双一流"建设大调研、大讨论基础上，形成了《"双一流"建设大调研大讨论专题调研报告》，为进一步开展体制机制改革和推进落实"双一流"建设打下了良好的基础。结合我校实际情况，修改完善了中央财经大学《一流学科建设高校建设方案》并于 2018 年 3 月正式发布。3 月 22 日，在学术会堂 402 报告厅召开"双一流"建设推进暨年度重点工作布置会议。校领导班子成员、全体中层干部、教授代表、青年教师代表、离退休教师代表和学生代表参加了会议。会议对学校"双一流"建设推进和 2018 年重点工作做了动员和部署。学校成立了"双一流"建设工作领导小组，独立设置了学科建设办公室，出台了《加快"双一流"建设引领内涵式发展实施意见》《"双一流"建设三年行动计划》《一流大学（学科）和特色发展引导专项管理办法》《一流大学（学科）和特色发展引导专项资金管理办法》等重要文件，开展一流学科建设项目遴选，规范项目立

项、实施及考核工作，优化专项经费支持模式。我校注重学科内涵建设，学科建设水平得到提升。2018 年，还成立了学科建设专家咨询委员会，充分发挥了专家的指导和把关作用；学科体系进一步完善，学科领域得到拓展，除了新增的马克思主义理论博士学位授权一级学科，数学、心理学、网络空间安全、新闻传播学、外国语言文学 5 个硕士学位授权一级学科，以及社会工作、新闻与传播、艺术、翻译、汉语国际教育 5 个硕士专业学位授权类别；专业学位授权点建设水平取得新进展，在全国首次专业学位水平评估中，学校会计专业学位获评 A；推动新兴交叉学科发展，培育新的学科增长点，金融学院和国防经济与管理研究院结合学术前沿和国家区域重大需求，与相关学科交叉融合，凝练金融安全工程、战略经济与军民融合 2 个新兴和交叉学科，凸显了我校的学科特色。

学校加大了对学科建设单位追踪学科前沿的资金支持力度，设立"原创性研究支持计划"，从 2019 年引导专项提升自主创新和社会服务能力大类中设置"一流学科建设项目"（950 万元）用于学院学科建设，并开展一流学科建设项目的遴选工作，截至 2018 年，共选出 19 个学院的 24 个建设项目，进一步激发了学科建设单位的内生动力。

2019 年 5 月 17 日，北京市教育委员会公布了北京高校高精尖学科建设名单，学校"金融安全工程""战略经济与军民融合"两个学科入选北京高校高精尖学科。北京高校高精尖学科主要目标是面向北京高校遴选一批"高精尖"学科进行重点建设，力争经过两三个周期建设，推动北京高校调整和优化学科布局结构，促使学科间进一步融合发展，形成一批国际或国内一流的优势特色学科以及新兴前沿交叉学科，更好地服务于北京"四个中心"城市战略定位和世界一流和谐宜居之都建设。经高校申报、专家委员会论证评审、遴选结果公示等严格程序，本次共有 53 所北京高校的 99 个学科入选，其中有 33 所中央部属高校的 59 个学科入选。根据北京市教育委员会《关于开展北京高校高精尖学科申报工作的通知》（京教函〔2018〕385 号）文件精神，我校于 2018 年 7 月启动校内北京高校高精尖学科申报工作。在我校党委和行政的统一领导下，学科建设办公室组织金融学院、国防经济与管理研究院等相关单位在已有应用经济学优势学科的基础上，融合相关交叉学科，结合国际学术前沿和国家区域重大战略需求，凝练了"金融安全工程"新兴学科和"战略经济与军民融合"交叉学科，并组织了由校内外专家参加的预答辩及相关材料的报送工作。学校将以此为契机，推行新兴交叉学科建设计划，着力加强跨学科交叉融合，挖掘已有一定基础和特色、能够紧跟学术发展前沿或国家社会重大需求、有良好学科发展潜力的新兴、交叉及前沿学科进行培育，促进生成新的学科增长点，推动学校"双一流"加快建设、特色建设和高质量建设。

2019年7月15日，教育部网站"一线风采"栏目以《中央财经大学积极实施五大战略加快推进"双一流"建设》为题，对学校"双一流"建设的举措与成效进行了报道。

2019年9月3日下午，中央财经大学"双一流"建设中期自评专家评议会举行。以中国高等教育学会原会长瞿振元教授为组长，中国人民大学郭庆旺教授、清华大学白重恩教授、北京大学龚六堂教授、南开大学盛斌教授、华东师范大学周勇教授等为成员的专家组对学校"双一流"建设中期进展情况进行了评议和指导。校党委书记何秀超，校长王瑶琪，副校长史建平、孙国辉、马海涛，校长助理李涛，各学科建设单位以及相关职能部门负责人参加了会议。会上，王瑶琪从总体情况和建设目标、自评组织实施情况、建设的符合度和达成度、总结诊断与改进措施等方面对学校"双一流"建设中期进展情况进行了汇报。随后，相关单位汇报了特色发展典型案例。与会专家认真听取汇报并审阅了自评材料，针对相关问题进行了现场问询和指导。专家组肯定了学校在推进"双一流"建设各项任务中取得的成效，一致认为学校"双一流"建设思路清晰、措施有力、特色鲜明，达到了预期建设目标。同时，专家组指出，学校应当进一步树牢对标意识，找准自身定位；进一步完善学术评价体系，加强标志性成果建设；进一步健全激励机制，推进高水平师资队伍建设；进一步强化人才培养，尤其是加大博士生培养力度。

## 第四节　大力提升科研创新能力

2016~2019年，学校持续深化科研体制机制改革，制定《纵向科研项目奖励办法》《科研机构管理办法（试行）》，完善科研评价和激励机制，激发科研创新动力。进一步健全学术治理体系，邀请校内师生旁听学术委员会议，增强了学术委员会议的科学性和透明度。面向国家重大战略、北京城市战略定位和学科发展前沿，学校鼓励开展原创性研究，积极参加教育部、财政部及北京市重点研究课题，为国家和社会发展积极建言献策。

## 一、深化科研体制改革创新

学校持续深化科研体制机制改革，不断完善科研评价和激励机制，2018年制定发布《纵向科研项目奖励办法》，激发科研创新动力；制定发布《科研机构管理办法（试行）》，进一步规范和加强了学校科研机构的管理；为进一步健全和规范学术治理体系，邀请校内师生旁听学术委员会议，增强了学术委员会议的科学性和透明度。

## 二、加强理论创新，持续推进高端智库建设

学校创新机制，把服务国家战略与智库建设、"双一流建设"结合起来。2016 年，学校"马克思主义与中国经济发展道路"协同创新中心入选北京高校十大协同创新中心之一；2016 年 8 月 17 日，学校与天风证券股份有限公司签署战略合作框架协议及捐赠协议。根据协议，天风证券将在 2016 年 8 月 17 日至2021 年 8 月 16 日期间，每年分期向学校捐赠人民币 400 万~800 万元，资助成立"中央财经大学绿色金融国际研究院"。这是国内首家以推动绿色金融发展为目标的绿色金融国际研究院，在国内外引起良好反响。同时，双方还将从联合开展科学研究、建立人才交流机制、建立实习就业基地、整合资源加强合作、建立非学历教育渠道五个方面展开全面深入的合作。"保险风险分析与决策学科创新引智基地"获得 2017 年国家"111 计划"立项。2017 年，面向国家重大战略，北京城市战略定位和学科发展前沿，鼓励开展原创性研究，积极参加国家部委政策研究和制定工作，智库建设初见成效。新市场财政学理论，蓝色金融理论实践前瞻性研究、中国互联网金融发展报告、中国人力资本指数分析报告等成果引起学界、政界和业界的广泛关注。2018 年，成立了中央财经大学—电子科技大学联合数据研究中心、中央财经大学绩效管理研究中心等高端智库机构。

## 三、开展科研合作与工作交流

2016 年，与澳大利亚维多利亚大学签署了关于建立商学和经济学联合研

究中心合作协议，双方将立足国际前沿和中澳经济社会发展的重大需求开展合作研究工作，提高双方科研成果的产出水平和国际声誉。

2016 年 10 月 26 日，组织承办了中国高等教育学会高等财经教育分会科研工作协作组成立大会暨科研管理创新驱动发展论坛，全国 35 所财经类高校的科研管理工作负责人参加了论坛，会议搭建了全国财经类高校科研工作交流和沟通的新平台。科研工作协作组的成立大会，内容丰富，目标长远，既有当前推进的工作步骤，又有长远建设发展的内容，科研工作协作组的成立为促进形成充满活力的科研管理和运行机制，为加快中国特色哲学社会科学发展贡献了力量。

此外，我校 9 个团队与财政部建立长期战略合作伙伴关系，为国家财税体制改革和政策制定提出了一系列的政策建议，发挥了重要的智库作用。

### 四、提升科研创新实力

#### （一）科研成果

2016 年，学校承担国家级科研项目 66 项、省部级 38 项，申报的 6 个教育人文社会科学重点研究基地重大项目全部获准立项；承担横向科研项目 255 项，全年科研项目经费总额同比增 11%。2 项科研成果获全国教育科学研究优秀成果奖，6 项科研成果获北京市哲学社会科学优秀成果奖。学术论文转载排名进一步跃升。2016 年 3 月，学校 2 项课题获得"研究阐释党的十八届五中全会精神"国家社科基金重大项目立项。6 月 17 日，2016 年度国家社科基金项目评审结果公布，我校 19 项课题获得立项，立项率达 23.75%，同比 2015 年增长 6.03%，相比全国高校平均立项率高出 9.75 个百分点。8 月，2016 年度国家自然科学基金项目评审结果公布，学校 31 项课题获得资助立项，其中面上项目 10 项，青年科学基金项目 21 项，总资助金额 860.2 万元。2016 年 5 月，中国人民大学人文社会科学学术成果评价研究中心发布 2015 年度《复印报刊资料》转载学术论文指数排名，学校转载量位列第 22，综合指数位列第 23。在高等院校分学科转载排名中，经济学转载量位列第 8，综合指数位列第 8；应用经济学转载量位列第 6，综合指数位列 6；心理学转载量位列第 8，综合指数位列第 10；工商管理转载量位列第 11，综合指数位列第 12；法学转载量位列第 18，综合指数位列第 17。

2017年获得国家社科基金立项17项，国家自科基金立项40项，省部级科研项目立项35项，横向科研项目283项，科研项目经费总计达6416.9万元。A类以上论文发表255篇，被SSC1收录96篇，SCI收录94篇，E收录60篇，在国际检索论文数量增加的同时，顶级期刊论文数量也逐渐提高。此外，推动建立交叉学科研究中心，启动了大数据与系统决策实验室建设。具有标志性影响的中国人力资本指数、中财—国证绿色债券指数、中国互联网金融发展报告等科研成果引起广泛关注。中国人民大学人文社会科学学术成果评价研究中心联合书报资料中心根据论文作者所属机构，从转载量和综合指数两个量度，按专业学科对高校及其二级院所进行排名。学校在2017年人大复印报刊资料转载排名中喜获佳绩，转载量位列第30，综合指数排名位列第22。其中在高等院校"经济学"分学科转载排名中，我校转载量位列第6，综合指数位列第6；"应用经济学"分学科转载排名中，我校转载量位列第3，综合指数位列第3；"心理学"分学科转载排名中，我校转载量位列第7，综合指数位列第7。

2018年，我校科研成果再创佳绩。全年发表论文1600余篇，出版著作150余部，A类以上论文270篇，被SSCI收录170篇，SCI收录122篇，EI收录54篇，国际检索论文数量比2017年同期增长40%，在国际顶级期刊发表论文数量超过2017年的两倍；获得国家社科基金立项17项，国家自科基金立项28项，省部级科研项目立项42项，横向科研项目268项，科研项目经费总计达9199万元，实现新的突破。

财政部与共建高校2018年联合研究课题评审结果揭晓，其中委托性研究课题21项，竞争性研究课题6项。学校共获批课题7项，其中委托性研究课题4项，竞争性研究课题3项。

尤为可喜的是，信息学院朱建明教授牵头申请的项目"智能服务交易与监管技术研究（2017YFB1400700）"[科技部《关于国家重点研发计划"现代服务业共性关键技术研发及应用示范"重点专项2017年度项目立项的通知》（国科高发计字〔2018〕4号）]获得国家重点研发计划重点专项立项支持。这是学校首次作为项目牵头单位承担的国家重点研发计划重点专项，获得中央财政批复资金1694万元。本次项目申报过程中，朱建明教授作为项目负责人，带领信息学院团队与北京航空航天大学、西安电子科技大学、江苏大学等13

家参与单位，经过近一年的准备、审核与答辩，最终获得立项。项目面向智能服务交易与监管需求，主要基于区块链理论技术，研究智能服务交易与监管的理论与技术。国家重点研发计划是由原来的国家"973"计划、"863"计划、国家科技支撑计划、国际科技合作与交流专项等整合而成，针对事关国计民生的重大社会公益性研究，以及事关产业核心竞争力、整体自主创新能力和国家安全的重大科学技术问题，以期突破国民经济和社会发展主要领域的技术瓶颈，为国民经济和社会发展主要领域提供持续性的支撑和引领。自 2016 年开始启动时就受到了高校、科研院所等的高度关注。近年来，我校在计算机科学与技术、网络空间安全与管理学、经济学交叉融合方面取得显著成绩，先后承担了多项国家自然科学基金和国家社会科学基金重点项目，产生了一批重要的学术成果，凝练了学科方向，培育了学术骨干，形成了学术团队，在现代服务业、金融科技、区块链技术及应用等交叉领域已经成为国内重要的研究力量。学校首次作为首席科学家单位牵头组织的国家重点研发计划项目申报成功，是学校科研项目的历史性突破，对于扩大学校的学术影响力，进一步凝练学科方向，提高科研水平和推动学校"双一流"建设具有重要意义。

我校人工智能团队长期从事大数据以及人工智能的理论及应用研究，学科领域主要涉及计算机科学和管理信息系统，计算机领域偏重于理论研究，管理信息系统领域偏重于应用研究。该团队近几年取得一大批高水平的研究成果，特别是在《中国科学》、*Pattern Recognition*、*Decision Support Systems*、*Expert System and Applications*、*IEEE Transactions on Cybernetics* 等 AAA 类期刊上以第一作者身份发表论文 10 余篇。

金融学院谭小芬教授申报的重大项目《中国非金融企业杠杆率的分化与结构性去杠杆研究》获得 2018 年度教育部哲学社会科学研究后期资助项目立项资助。2018 年，学校文化与传媒学院魏鹏举教授作为首席专家主持申报的《中国特色现代文化产业体系和市场体系研究》项目获得了全国哲学社会科学规划办公室研究阐释党的十九大精神国家社会科学基金专项课题立项。该课题获得国家社科基金立项是我校围绕经济学学科推动"双一流"建设，促进文化经济学等学科方向形成新的增长点的重要突破。以魏鹏举教授为带头人的科研团队将以此项目为依托，助推学校文化经济学学科和科研实力的进一步提升，也将对探索中国文化产业国家战略的实施具有重要学术推进作用和现实启发意义。

2019年7月，我校又斩获国家社科基金17项①，持续彰显了我校的科研实力。近年来的部分科研成果如表5-2和表5-3所示。

表5-2　2016~2018年部分科研成果

单位：篇，种

| 类别 | | 2016年 | 2017年 | 2018年 |
|---|---|---|---|---|
| 核心期刊论文 | SSCI收录论文数量 | 97 | 96 | 170 |
| | SCI收录论文数量 | 98 | 99 | 122 |
| | CSSCI收录论文数量 | 388 | 343 | |
| 其他 | 著作 | 77 | 75 | |
| | 译著 | 25 | 18 | |
| | 教材 | 63 | 22 | |
| 合计 | | 748 | 653 | |

表5-3　2016~2018年科研课题

| 年份 | 纵向课题 | | 横向课题 | | 科研经费合计（万元） |
|---|---|---|---|---|---|
| | 数量（项） | 经费（万元） | 数量（项） | 经费（万元） | |
| 2016 | 106 | 2534.02 | 255 | 3970.30 | 6504.32 |
| 2017 | 92 | 2202.08 | 283 | 4214.77 | 6416.85 |
| 2018 | 87 | | 268 | | 9199.00 |

2019年3月26日，由中国人民大学人文社会科学学术成果评价研究中心（以下简称评价研究中心）联合中国人民大学书报资料中心研制的2018年度复印报刊资料转载指数排名正式发布。学校主办的《财经法学》全文转载量排名、全文转载率排名、综合指数排名均再次进入前30，其中转载率排名第19、综合指数排名第20。

2019年4月22日，2019年财政部共建联合研究课题评审结果揭晓。学校共9项课题中标，其中，委托性研究课题5项，竞争性研究课题4项，中标

①　全国哲学社会科学官网，http://www.npopss-cn.gov.cn/n1/2019/0712/c219469-31231470.html，浏览日期：2019年7月12日。

数量占招标课题总数近1/3，为近三年最高。具体中标情况如表5-4所示。

**表5-4　我校"2019年财政部共建联合研究课题"中标情况**

| 课题类型 | 课题名称 | 课题主持人 | 对接司局 |
|---|---|---|---|
| 委托性课题 | 国际涉军群体权益保障政策研究 | 王沙骋 | 社保司 |
| | 国家信用价值体系建构与国际经济竞争格局趋势研究 | 马海涛 | 国经司 |
| | 我国农业保险风险区划研究 | 廖朴 | 金融司 |
| | 新时期财政与金融政策协调配合研究 | 李慧青 | 金融司 |
| | 新时代财政部事业单位领导班子建设问题研究 | 宋砚秋 | 人事教育司 |
| 竞争性课题 | 当前房地产市场存在的主要问题及政策建议 | 李文斌 | 综合司 |
| | 国际能源结构转型相关财税政策研究 | 李向军 | 经建司 |
| | 新形势下政府促进就业创业政策研究 | 林嵩 | 社保司 |
| | 普惠金融发展中的政府定位及财政支持方式研究 | 王卉彤 | 金融司 |

### （二）成果获奖

2017年4月20日，中国财政学会2017年年会暨第21次全国财政理论研讨会在京盛大开幕。为表彰对我国财政理论研究做出突出贡献的老专家，首次设立了"中国财政理论研究终身成就奖"，姜维壮教授荣获该项殊荣。大会还公布了第六次全国优秀财政理论研究成果评选结果，李俊生、马海涛、于文豪的三项研究成果获得一等奖，一等奖获奖数量位居参评单位之首；白彦锋、姜爱华、严成樑、姚东旻的四项研究成果获得优秀财政理论研究成果二等奖。

2018中国书法风云榜评审工作在陕西省西安市举行，文化与传媒学院书法学专业张冰、范丽娜所著《从雅好秘玩到流动的博物馆：中国古代书法鉴藏与交易》荣获"年度学术著作奖"。

2018年11月，两项成果荣获第二十届"安子介国际贸易研究奖"优秀成果奖：唐宜红及其团队撰写的《全球贸易与投资政策研究报告（2016）——国际贸易与投资新规则的重构》荣获优秀著作奖三等奖；李林岳等撰写《"一带一路"沿线国家与中国的贸易发展状况研究——夜间灯光数据在盈利模型中的实证分析》荣获优秀论文三等奖。

2019年5月，四项成果荣获北京市第十五届哲学社会科学优秀成果奖：经济学院陈斌开教授和张川川副教授撰写的论文《人力资本与中国城市住房价格》荣获一等奖。高等教育研究所林光彬教授撰写的著作《财局与政局：中国的政治经济关系》、法学院尹飞教授撰写的论文《体系化视角下的意定代理权来源》、经济学院史宇鹏教授和李新荣副教授撰写的论文《公共资源与社会信任：以义务教育为例》均荣获二等奖。

2019 年 6 月 13 日，美国会计学会公布了 2019 年奖项评选结果，南加州大学 Clive Lennox 教授与我校会计学院吴溪教授合作的 *A Review of the Archival Literature on Audit Partners*[①] 获得美国会计学会三大会刊之一——Accounting Horizons 2018 年度最佳论文奖。

2019 年 3 月 27 日，2019 年北京市哲学社会科学规划工作会议举行，对 2018 年度北京市哲学社会科学优秀研究基地和基金项目管理工作先进个人进行了表彰。我校首都互联网经济发展研究基地被评为优秀研究基地，科研处处长李桂君教授被评为北京市社会科学基金项目管理工作先进个人。

**五、学术国际影响力显著提升**

2016 年 9 月 23~24 日，第七届亚太经济与金融论坛在学校举行，本届论坛主题为"全球宏观经济治理：挑战与政策选择"。来自美国、日本等国家和地区的 20 多位大会演讲嘉宾，以及国内高校、科研机构、金融机构、新闻媒体的专家学者和我校师生近百人参加了此次论坛。

12 月 3 日，学校举办第六届资产评估新发展国际论坛。该论坛由学校财政税务学院、全国资产评估专业学位研究生教育指导委员会和资产评估研究所主办，40 余所国内高校代表，监管机构领导、资产评估机构代表、知名专家学者和高校学生共 300 余人参加了此次论坛。论坛以"资产评估、知识产权与资本市场"为主题，针对新的经济形势和政府改革措施，围绕突破资产评估行业发展困境、发挥资产评估在资本市场的经济发展中的作用、拓展资产评估的新业务和新领域等问题进行了讨论。

2017 年 5 月 20~21 日，由我校商学院、汕头大学商学院、中国市场杂志社等机构联合举办的第六届国际工商人类学大会在我校学术会堂举办。本次国

---

① Clive Lennox，WuXi. A Review of the Archival Literature on Audit Parters［J］. Accounting Horions，2018，32（2）：1-35.

际工商人类学大会是在"一带一路"高峰论坛之后，在我校举办的一次国际学术交流大会，对促进跨学科研究具有非常重要的意义。

2018 年，我校举办了第八届亚太经济与金融论坛（"全球金融危机十周年反思"国际研讨会）、中央财经大学—维多利亚大学商学和经济学联合研究中心第二届学术会议，第十届中国人力资本指数及报告发布暨人力资本国际研讨会等 19 场国际及港澳台会议，发布了《中国人力资本报告（2018）》《互联网经济蓝皮书：中国互联网经济发展报告（2018）》等有世界影响力的国际合作学术成果，建立了展示学校高端科研成果的国际化平台。

2019 年，我校科研国际化程度进一步深化，国际学术影响力得到提升。2019 年 5 月，我校管理科学与工程学院与美国史蒂文斯理工学院商学院联合主办了"建校 70 周年高端论坛暨新技术与新经济国际学术研讨会"。5 月 22 日，社会与心理学院邀请孟买大学拉特南学院（NES Ratnam College of Arts, Science and Commerce）学术代表团一行 8 人到我校参观访问，开展学术讲座，并举办"中印合作：商业、经济、科学和历史"学术交流研讨会。

# 第五节　推进人才强校战略

三年多来，我校大力推进人事人才工作改革，规范人事管理，探索建立薪酬激励体系，加大高层次人才引进培育力度，为高水平研究型大学建设发展提供有力保障。

## 一、完善规章制度，推进队伍建设

优化人才队伍建设体系，围绕国家、教育部重大人才项目，以人事体制机制创新为突破口，搭好"引才、育才、用才、留才"平台，2017 年先后出台《关于加强人才队伍建设的实施意见》《"龙马学者"支持计划实施办法》《引进高水平人才工作办法》等制度。推进职称评审制度改革，将教学科研系列副高级职称初审权全面下放，实行成果代表作制度，修订高级职称破格评审中的教学条件，学校制定出台《教育管理研究系列专业技术职务任职资格评审暂行规定》《思政（党务）系列专业技术职务任职资格评审暂行规定》，进一步健全了专业技术职务评审系列制度文件，非教学科研系列实行重点推荐制，思政（党务）系列指标单独下达；进一步完善激励保障机制，出台《中央财经大学绩效工资实施暂行办法》。2018 年，我校加大引才、育才、留才工作力度，进一步健全制度体系规范人事管理，持续加强高水平师资队伍建设，推动学校可持续发展。

## 二、加大高层次人才引进力度，队伍建设成效显著

2016 年，通过"青年教师发展基金""青年英才"培育支持计划等方式，助力青年教师发展，人才梯队不断优化。1 名教师入选"千人计划"创新人才项目，1 名教师入选第二批"万人计划"哲学社会科学领军人才，1 名教师入选"长江学者奖励计划"青年学者，1 名教师获霍英东教育基金会青年教师一等奖，1 名教师入围"2016 年首都十大教育新闻人物"评选，1 名教师当选《新周刊》"年度艺术家"。进一步下放职称评审权，将教学科研系列副高级专业技术职务评审权试点学院扩大至 10 个，职称评审工作机制进一步完善。

2017 年，1 名教授成功入选"百千万人才工程"国家级人选；8 名教师获得"北京市优秀教师""北京市高等学校教学名师奖"；6 名教师获得"北京高校第十届青年教师教学基本功比赛"一、二、三等奖等荣誉；1 名教师荣获"会计名家"称号；法学院教学团队入选首批全国高校黄大年式教师团队，5 名教师在北京青年教师教学基本功比赛中获得佳绩；组织了首届中央财经大学教学名师奖评选，为高水平师资队伍建设搭建了平台，10 名教师受到表彰。李继熊教授荣获 2017 年度"中国金融学科终身成就奖"；陈波教授当选首届中国国防经济学年度人物。2017 年 11 月 24 日，人力资源和社会保障部公布了"2017 年国家百千万人才工程"入选人员名单，经济学院陈斌开教授入选，并被授予"有突出贡献中青年专家"荣誉称号。至此，已有 5 位教授入选国家"百千万人才工程"。赵真、缪因知、刘权三名教师入选北京市法学会"百名法学英才培养计划"。2017 年，完成首批"龙马学者"遴选推荐与聘任工作，确定了 8 人为我校首批"龙马学者"特聘教授，14 人为首批"龙马学者"青年学者。

2018 年，北京市总工会在"五一"劳动节前夕，公布和表彰了一批为首都经济建设、政治建设、文化建设和社会发展以及生态文明建设和党的建设做出

突出贡献的先进集体和个人。金融学院李健教授荣获 2018 年"首都劳动奖章"。李健教授从教 30 多年来，矢志教育事业，心无旁骛地履行教师的职责，始终淡泊名利坚守在教学科研第一线，著书立说，立德树人，培养了一大批优秀人才。

2018 年 6 月 2 日，中国城市百人论坛·首届"青年学者奖"评选结果揭晓，经济学院院长陈斌开教授榜上有名。

2019 年，北京市教委公布了北京高校卓越青年科学家计划（以下简称"卓青计划"）项目立项名单，我校李涛教授入选，围绕互联网与数字经济开展相关研究。

# 第六节　持续扩大对外交流与合作

学校本着积极开拓、主动出击，提高海外合作伙伴的层次和水平的原则和目标，服务国家"一带一路"建设，积极完善区域战略布局，建设高水平的国际交流平台，国际合作水平显著提高。

## 一、建章立制，推动对外合作规范化

推动国际合作和港澳台事务管理工作制度化、规范化。2016 年，学校制定《教育对外开放战略规划》，明确对外开放的指导思想、战略目标、重点任务和具体措施。2018 年制定出台了《港澳及华侨学生奖学金管理办法》和《台湾学生奖学金管理办法》。编制完成了《中央财经大学国际化年度发展报告》，为我校国际化建设定位及发展路径提供数据支撑。

## 二、完善区域战略布局，拓展合作关系

2016 年，我校新签署 19 项具有实质内容的合作交流协议，派出 123 个出访团组；选派 264 人次教师赴海外访问、进修与学习，较上年增长 22%；在海外设立商学和经济学联合研究中心和首个学生海外学习基地。获得国家汉办"孔子学院奖学金"招生资质，获批 2017 年北京市外国留学生"一带一路"奖学金项目；全年接待 225 人次学生来校访学。

2017 年，响应国家"一带一路"倡议，与印度、南非等高水平大学签署合作备忘录，拓展与"一带一路"国家高校的合作关系。进一步拓展合作广度和深度，继续与维多利亚大学合作举办本科合作项目，与美国史蒂文斯理工学院签署硕士学生交换协议，与荷兰蒂尔堡大学提亚斯（TIAS）商学院合作举办博士学位教育项目，2017 年我校合作办学工作实现了本科、硕士、博士三个层次的全面布局。

2018 年，学校与国（境）外 22 所一流高校及企业签署合作协议，其中包括加州大学伯克利分校、伦敦政治经济学院、新加坡国立大学等 5 所世界名校，新签署 22 项国际及港澳台合作交流协议，顺利通过第三批来华留学质量试点院校认证，"汉语+"和"中国+"项目正式获准，国际化水平稳步提升，全球区域战略布局得到进一步完善。学校与希腊塞萨利大学、越南国民经济学院等"一带一路"沿线高校签署了合作协议；设立"龙马英才·一带一路"经济社会调研项目专项资助。此外，学校还主导构建国际科研合作网络，发起成立了全球经济与可持续性研究协作体（URNGES）和国际可持续金融研究联盟，成员高校包括牛津大学、剑桥大学、清华大学、北京大学等国内外知名高校；首次在巴西举办中巴经济与发展国际研讨会；在中国、美国、南非成功举办首个联结三洲、三国、三校的国际 MBA 项目（GTMBA）第三届活动，国际学术影响力和知名度显著提升。

### 三、加强引智项目体系建设工作

引智工作是外事工作的组成部分，我校还专门召开了引智工作会议，围绕学科建设进行战略性、系统性的项目设计，立足"国际前沿"和"中国急需"，形成可持续发展项目；聚焦学校发展重点领域，做好项目储备；在全球范围内布局，推进师资队伍国际化；立足我校优势，重视双外语人才的培养；按照规定的经费使用节点，合理安排经费使用。

2016 年，聘请外籍教师 468 名来校讲学。获批 9 个国家重点引智项目（其中新增项目 5 个），获国家"高等学校学科创新引智计划"1 项（全国 4 个社科类基地之一）。2017 年，出台了《中央财经大学引智项目经费管理暂行办法》等制度，推进高素质国际化师资队伍建设工作，新引入包括美国国家工程院院士在内的 4 名高层次外国专家，获批 8 个国家重点引智项目。2018

年落实各类引智项目，成立"111 计划"领导小组，设立"111 计划"管理办公室，执行并支持了 79 个项目；加大长期聘用外籍教师引进力度，2018 年聘请长期、短期外籍及中国港澳台教师共计 606 名，引进了诺贝尔经济学奖获得者、美国斯坦福大学教授、美国波士顿学院教授等高层次外国专家。

### 四、积极开展学生海外交流学习项目

2016 年，为培养具有国际视野、全球胸怀的高素质人才搭建平台，全年共有 480 余名学生赴海外学习，公派出国留学攻读学位和联合培养人数达到 138 人，同比增长 41%。2017 年，编制了项目手册，定时公布学生海外学习交流项目一览表，统一发布我校海外学习交流项目申报时间表及具体申报、审批流程，形成完整的学生海外交流项目体系，2017 年共有约 561 名本科生、研究生以各种形式出国学习。2018 年，组织师生赴缅甸、尼泊尔、俄罗斯等国家开展田野调查和短期学习交流。

### 五、推进孔子学院品牌建设

2017 年，巴西伯南布哥大学孔子学院正式进入全球示范孔子学院的行列。2018 年，孔子学院在伯南布哥州 2 所私立院校新增汉语教学点。2018 年 4 月 2 日，承建的巴西伯南布哥大学孔子学院在巴西伯南布哥州达玛斯学院举行了开设汉语教学点的签约仪式。伯南布哥大学校长佩德罗·法考和达玛斯学院校长玛利亚·维埃拉签署了合作协议，正式宣布伯南布哥大学孔子学院在达玛斯学院开设汉语教学点。2018 年 5 月 6 日，第十七届"汉语桥"世界大学生中文比赛巴西大区赛决赛在巴西南大河州联邦大学举行。经过前期预赛的选拔，共有来自巴西 10 所孔子学院的 17 名选手参加决赛。我校承办的巴西伯南布哥大学孔子学院选派的何伯同获得二等奖。

### 六、积极做好服务国际组织人才培养工作

2018 年，组织两次推荐赴国际组织实习学生的面试，目前 11 名学生被世界自然基金会、亚洲开发银行、经济合作组织、亚投行、联合国开发计划署等国际组织正式录取。

2019 年 7 月，财政税务学院与国家汉办联合举办"孔子新汉学计划——

青年领袖'中外财税对比'"吸引了来自美国、英国、加拿大等多个国际组织和跨国公司的专家参加。

### 七、来华留学教育快速发展

2016 年，先后成为孔子学院奖学金项目、北京市"一带一路"奖学金项目院校。2017 年，成为中国政府奖学金支持地方政府项目院校，并于当年获得汉语国际教有硕士专业学位授权。2018 年，学校通过来华留学质量认证，成为第三批试点院校；成为孔子学院总部/国家汉办"汉语+财经"试点院校；孔子学院奖学金汉语国际教育硕士项目（国际学生）同年获批；7 个学院 21 名教师入选新汉学计划专家库。2019 年，学校成为中国政府奖学金预科教育试点院校，"中国+"项目也被孔子学院总部国家汉办获批。学校来华留学教育呈现出快速发展、欣欣向荣的局面。

# 第七节　强化社会服务功能

我校聚焦当前世界形势和热点问题，加快构建中国特色经济学学科的学术体系和话语体系，推动国际学术理论中国化、中国发展经验学理化、中国经济学话语国际化，努力产出"中国特色、世界水准"的原创性科研成果，服务新时代经济建设。充分发挥在财经领域的特色优势，通过多样化的方式，努力为全面建设小康社会和社会主义现代化强国做出积极贡献。

### 一、加强社会服务与合作

#### （一）智库服务

以服务国家战略、区域发展为己任，通过与各级政府、行业部门、企事业单位共建创新平台、高端智库等合作形式和机构。2016 年，我校成立国内首家以推动绿色金融发展为目标的绿色金融国际研究院，成立了文化经济研究院。研究院在服务国家决策，服务学校人才培养、科学研究等方面取得了不错的成绩，已经成为文化经济理论研究与专业咨询服务的重要学术平台，也是文化部国家文化创新研究基地，在国内具有广泛的影响力。2017年3月15日，联合中文在线数字出版集团股份有限公司共同举办"新业态·新势能·新未来——中央财经大学文化PPP研究中心成立仪式"，国内首个文化PPP研究中心正式宣告成立。此外，我校9个团队与财政部建立长期战略合作伙伴关系，为国家财税体制改革和政策制定提出了一系列的政策建议，发挥了重要的智库作用。主办了"2018中国PPP投资论坛"，本届论坛旨在贯彻落实党的"十九大"和国务院会议精神，以"提质增效，创造价值"为主题，发布了"中国政信金融发展指数（2018）——地市级指数"。众多专家、学者和企业家共聚一堂，围绕影响政信发展和PPP深化的热点难点问题进行深度探讨，助推新时代中国政信合作新发展。此外，按照京津冀协同发展规划纲要的要求，通过改革体制机制，进一步增强了服务北京经济社会发展的能力。2019年，与北京市人大预算监督委员会共同成立政府预算审查监督研究中心。

（二）对口支援

逐步提高对口支援工作质量，促进受援高校管理队伍、师资队伍和人才培养水平不断提高。2016年共接收23名受援高校师生来校挂职锻炼和学习，派出7名干部和授课教师赴外锻炼。为充分整合校友资源，深化校友服务职能，举办了第八届鸿基世业财经论坛、第三届北美大樟树投资论坛等多场校友论坛。

（三）战略合作

深化合作共赢，助力校友企业发展与地方政府建立更紧密的合作关系，努力在区域创新体系建设中发挥更重要的作用。

2016年6月，与贵州省黔西南州签署战略合作框架协议。在守底线、走新路、奔小康的进程中，充分发挥国内金融名牌大学的智力优势、产学研优势，在大山地旅游、大教育、大健康等系统和领域给予黔西南州大力扶持并开展全方位的务实合作。同时，帮助黔西南州提升现代金融理念，培养一批懂金融的干部队伍。

2017年5月，与国投信达投资基金（北京）有限公司签署战略合作及协议，通过共建政信研究院，对政信理论顶级设计展开研究，规范政信市场，使政府民生领域建设更加明确、高效、科学，让社会资本有方向指引并积极地投入到政府基础设施建设中来，真正为政府分忧，为百姓造福，为社会发展贡献力量。此外，进一步发挥学科优势，逐步提高对口支援工作质量，促进受援高校管理队伍、师资队伍和人才培养水平不断提高。

2018 年 4 月，与延边大学签署校际合作协议，双方在学科建设、教学科研、人才培养、服务社会等方面共同发展，共同创造美好未来，为国家和社会发展做出应有的贡献。

2018 年 7 月，先后与北京京东世纪贸易有限公司、恒泰艾普集团股份有限公司正式签署合作框架协议，联合学校优秀师资力量，利用中财金融科技实验室、大数据研究中心等资源，双方在信息技术、大数据、绿色金融、供应链金融等方面加强合作，互助发展。

2019 年 1 月，与山西省人民政府签署战略合作协议，将利用学科建设、人才培养、科研开发及成果转化等方面的优势，支持山西经济社会和高等教育改革发展。1 月 4 日，与山西财经大学共同签署《中央财经大学与山西财经大学全面战略合作实施方案》，将在师资队伍与学科建设、教育教学与人才培养、科学研究与社会服务、办学资源与办学经验等方面，与山西财经大学开展深度合作，结成战略合作伙伴，实现优势互补、共享发展成果，更好地履行财经类高校的重要使命。

为贯彻落实习近平总书记在庆祝海南建省办经济特区 30 周年大会上发表重要讲话精神，践行学校"走出去"战略，2019 年 4 月 15~17 日，校党委书记何秀超一行走访海南省三亚市、陵水县和琼海市等地，与上述市县主要负责人会面，并商谈校地合作事宜。7 月 12 日，我校党委书记何秀超与来访的海南省三亚市副市长谢庆林一行，就双方在教育、金融、科研和产业园区等方面合作的战略合作框架协议（初步）的相关内容进行了商谈。

2019 年 7 月 15 日，与宁夏吴忠市人民政府签署战略合作协议。宁夏吴忠市委常委、政府副市长张志刚，市委常委、组织部部长解峰，市人才办副主任、人力资源与社会保障局党组书记、局长王永福等一行 5 人，副校长史建平以及合作发展办公室、校友总会秘书处、教育基金会秘书处、继续教育学院负责人出席签约仪式。

**（四）社会调研与志愿服务**

2018 年，北京市委教工委公布北京高校师生服务首都"四个中心"功能建设"双百行动计划"团队名单，我校四支教师和学生团队榜上有名。据悉，本次"双百行动计划"共确定 100 个市级青年教师社会调研团队和 100 个市级大学生社会实践团队，深入基层一线开展社会调研和社会实践活动。我校两支青年教师社会调研团和两支青年学生社会实践团最终入选 2018 年"双百行动计划"。

2018 年 11 月，派出 30 名志愿者参加"伟大的变革——庆祝改革开放 40 周年大型展览"志愿服务。作为高校志愿者选定单位，积极响应上级工作号召和要求，进行了严格的志愿招募、遴选和培训，派出专职团干部和学生骨干，圆满完成工作任务。

2019 年 2 月 28 日，中央宣传部、中央文明办在北京召开全国学雷锋志愿服务工作暨岗位学雷锋活动推进会。会上表彰了 2018 年全国学雷锋志愿服务"四个 100"先进典型。我校马克思主义学院博士研究生王万奇喜获表彰，成为"最美志愿者"中唯一一名在校大学生。

**（五）圆满完成国庆 70 周年庆祝活动专项工作**

2019 年 10 月 1 日上午，学校作为主责单位，组织中财大师生和北京市国资委所属 13 家企业干部职工 1818 人共同组成了"春潮滚滚"方阵。"春潮滚滚"方阵谱写的是改革开放的壮丽篇章，唱响的是一代代开拓者和建设者们用拓荒牛的精神创造的一个个让世界瞩目的中国奇迹。我们身着春意盎然的湖蓝色服装，手持象征着朝气和活力的桃花花束，伴随着《在希望的田野上》的优美旋律，簇拥着代表改革开放精神的彩车，热情洋溢地走过天安门广场，喊响"祖国万岁"的口号，接受祖国和人民的检阅。我校师生以"祖国荣誉高于一切"的使命感、全心奉献、团结协作，用满腔的热情表达了中财大人对祖国深深的爱，用坚定的步伐为祖国踏响前行的节奏，用嘹亮的歌声为祖国唱响生日的赞歌。

在本次庆典活动中，学校承担了群众游行、广场合唱和志愿者等工作。经过紧锣密鼓的组织筹划与一丝不苟的集训合练，中财大人不负众望，圆满完成了任务。

**二、积极发展继续教育与培训**

整合继续教育资源，创新发展体制机制；借力"互联网+"等新技术新渠道，不断致力于整合夜大、函授和网络教育，打造继续教育新品牌，为社会提供多样化的优质教育服务。提升教育培训服务能力，努力提升"中财培训"品牌的国际化水平。

立足"商务部援外培训基地"，继续重点挖掘培训潜力。继续做好学校高端人才培训项目。三年多来，培训学员、国际合作项目、在职高级研修班等规模稳中有升。2018 年 10~11 月，由商务部主办、学校培训学院承办了多边援外培训项目——"2018 年'一带一路'沿线国家国际金融交流合作研讨班"，研修班开设中国经济政策与发展、"一带一路"倡议中的金融支持、中国历史文化等内容丰富的学术讲座，并预备组织学员们赴国家电网有限公司、重庆宗申摩托集团等进行考察和交流，以使学员进一步了解我国财政管理的现状及在改革发展中的实践经验。2018 年 11 月 5 日至 12 月 4 日，由商务部主办、我校继续教育学院培训学院承办的双边援外培训项目"2018 年厄立特里亚财政金融管理海外培训班"在厄立特里亚首都阿斯马拉举办。本次研修班系中国政府在厄举办的第二个海外培训项目，是培训学院承办的第 57 期商务部援外短期培训项目，也是首次承办赴境外培训项目。共有来自厄立特里亚中央银行和三家商业银行（住房商业银行、发展银行和商业银行）的 35 名业务骨干参加培训。

### 三、加快大学科技园建设

以提升、汇聚高校科研成果服务国家经济社会文化发展的能力为核心，我校进一步加强学校与政府、业界、科研机构的合作，加强产业孵化器建设，致力于将学校科技园打造成国家级大学科技园和财经产业公共服务平台。

2016 年 10 月，我校大学科技园"长河湾众创空间"正式获批成为第三批国家级众创空间，并被纳入国家级科技企业孵化器管理服务体系。我校大学科技园自建园以来，已先后被认定为北京市大学科技园、北京市众创空间，目前包括海创园、财经园、昌平园、大学生创业园、长河湾众创空间、天作孵化基地等多个专业园区，在园企业 369 家，累计注册资本 1851.18 亿元。

2018 年 11 月 2 日，我校大学生创业园被正式纳入"一街三园多点"北京地区高校大学生创业园孵化体系，确定为"北京地区高校大学生创业园高校分园"。这是我校大学生创业园荣获的首个市级荣誉。

2018 年 12 月，"中央财大海创园"脱颖而出，成功获批首批"中关村人才代办工作站"。作为中关村范围内唯一一家以财经中介与科技金融为特色的园区，中央财大海创园一直致力于为海外人才提供专业化、个性化、便捷化的孵化服务。截至 2018 年 12 月，学校海创园累计孵化海外人才创业企业 51 家，其中外籍华人 5 位，高端领军人才 2 位；国家高新技术企业 12 家，知识产权 110 项，其中发明专利 37 项；挂牌上市企业 2 家，金种子企业 2 家，瞪羚企业 2 家，"2018 中国留学人员创业园最具成长性创业企业" 1 家；累计为海外人才提供各类服务百余次，帮助企业各类政府资金申报、项目申报、资质认定、人才认定 323 项，为企业申请各类政府资金补贴 638.4 万元，成功为 3 位外籍人才申请获得 "中关村外籍人才在华永久居留权"，成功帮助企业融资 1.5 亿元。

此外，我校不断形成有行业影响力的高端咨询产业基地、财经创业基地、财经创意与技术转移中心，文化创意产业研究基地，使大学科技园和金融科技园成为学校科研成果转化的主要出口。不遗余力地完善校属企业管理，着力提高校属企业盈利能力与风险防范能力。

# 第八节　政治组织保障更加有力

围绕习近平总书记新时代中国特色社会主义思想和关于教育的重要论述、全国和北京市教育大会精神、纪念改革开放 40 周年等重大主题和时点，我校开展了一系列专题研讨和多种形式的实践活动。进一步抓好领导班子建设，根据领导干部变化及时、合理调整工作分工，选好配强党支部班子，提高党建的引领性和实效性，不断完善党委统一领导、党政分工合作、协调运行的工作机制。

## 一、思想政治建设落到实处

扎实开展 "两学一做" 学习教育，我校领导班子成员发挥带头作用，积极参加理论中心组学习和所在支部的活动，以上率下；督促二级单位党组织负责人履行第一责任，做到学习教育组织到位、措施到位、抓落实到位。通过学习教育，基层党组织的活力得到激发，师生党员的理想信念进一步坚定，党性觉悟和身份意识得到提升。

认真做好巡视整改工作。根据教育部党组统一部署，部党组第一巡视组对我校进行了为期 40 天的巡视。巡视组进驻我校前，领导班子认真查摆了在党的领导、党的建设和全面从严治党等方面存在的问题。在巡视意见反馈会后，立即召开常委会研究整改工作。整改方案明确了整改任务、具体措施、责任单位、责任人和完成时限，目前整改工作正按计划推进。

高度重视思想政治工作。不断完善全员育人年度考核、成长导师等工作机制，抓好思政工作队伍建设；将社会主义核心价值观教育与新生入学教育、班级建设和党团组织建设相结合，思想政治教育工作的引领性、针对性和实效性得到提升。学校党委注重思政课教学主渠道建设，组织完善并推广"问题链教学法"，在社会上引起良好反响高校思政理论课综合改革获高等教育国家级教学成果一等奖；制定《意识形态工作责任制实施细则》，明确责任分工，意识形态工作细化落地。积极构建全媒体宣传格局，围绕重大主题和学校中心工作开展新闻宣传和舆论引导，坚持主旋律、传播正能量。

2018 年，为深入学习宣传贯彻习近平总书记在北京大学师生座谈会和纪念马克思诞辰 200 周年大会上的重要讲话精神，在全国迅速掀起强大声势，中共教育部党组、中共北京市委联合组织开展"首都百万师生同上一堂课活动"。5 月 29 日下午，"首都百万师生同上一堂课活动"走进中央财经大学，清华大学党委书记陈旭、首都经济贸易大学党委书记冯培分别以"不忘初心、牢记使命 着力培养德智体美全面发展的社会主义建设者和接班人""新时代新征程新作为——使命与奋斗"为题进行了精彩的授课。全体校领导、中层干部、教师代表、学生党支部书记、机关党员近 700 人参加此次活动。

2018 年 12 月 25 日下午，在学术会堂 402 举行了全国及北京市教育大会精神宣讲暨党委书记讲党课活动，校党委书记何秀超以"全面贯彻全国及北京市教育大会精神，加快建设有特色、多科性、国际化高水平研究型大学，以实际行动践行新时代共产党员的使命担当"为题作报告。校领导和全校中层正职干部、教师党支部书记、机关党委和学生党员代表等 260 余人参加了学习。

2018 年 12 月 28 日下午，王瑶琪校长在学院南路校区主教 308 为来自政府管理学院和社会与心理学院的 110 余名 2018 级本科生讲授了一堂主题"立足时代，面向未来，做改革开放再出发的中坚力量"的思政课，讲述中央财经大学人的初心、使命与实践，勉励青年学子坚定信念，勇担使命，做未来社会的引领者和建设者。

## 二、学习贯彻党的十九大精神和习近平新时代中国特色社会主义思想

在党的十九大召开期间，师生员工认真收听收看党的十九大盛况，并进行了座谈、热议。党的十九大胜利召开以来，学校党委高度重视，根据教育部和北京市的要求，将学习好、宣传好、贯彻好党的十九大精神作为学校的首要政治任务和头等大事来抓，精心组织、周密安排、扎实展开，组织干部师生通过自主学习、网络学习、理论中心组学习、教师集中学习、组织生活会、主题党日、主题团日、座谈会、讲座报告会、培训会、校外参观实践等多种形式学习，实现了学习传达的全覆盖，在全校上下迅速掀起了学习宣传贯彻的热潮。

在全覆盖学习的基础上，继续发挥领导干部的示范引领作用，傅绍林书记亲自为广大干部师生党员讲党课，其他校领导也分别到分管部门和联系的学院讲党课。

我校领导班子率先行动，提出"学习要在'广'和'深'上下功夫，宣传要在'精'和'新'上下功夫，贯彻要在'实'和'干'上下功夫"的总体要求；全校各级党组织迅速行动，开展了一系列学习、宣讲、报告、座谈等活动。邀请了一批十九大代表、知名专家学者来校宣讲；组建了由马克思主义学院等 7 个学院 21 位骨干教师和 4 位研究生组成的校内宣讲团，宣讲全覆盖。目前，正结合学校党的建设和"双一流"建设实际，组织全校干部师生在"学懂、弄通、做实"上持续发力，用习近平新时代中国特色社会主义思想武装头脑、指导实践、推动工作。

从 2017 年 11 月至今，我校平均每周举办一场党的十九大精神宣传报告会，陆续邀请到光明日报社总编辑张政、中央民族大学副教授蒙曼、国防大学教授公方彬等党的十九大代表和各位专家为我校师生讲解党的十九大精神内涵。

2018 年，校党委以学习、宣传、贯彻习近平新时代中国特色社会主义思想和党的十九大精神为主线，把学习好、宣传好、贯彻好党的十九大精神和习近平新时代中国特色社会主义思想、习总书记关于教育的重要论述作为学校的

首要政治任务，谋新篇、干实事、征新程。聚焦习近平总书记在北京大学师生座谈会上重要讲话精神、习近平总书记在纪念马克思诞辰 200 周年会议上的重要讲话精神、全国和北京市教育大会精神等重大主题和教育时点，组织开展了一系列形式多样的学习研讨活动，统筹推进理论学习工作。面向全校师生开展了一系列报告、实践等活动，如组织师生参加"首都百万师生同上一堂课"授课活动、邀请专家导读习近平新时代中国特色社会主义思想三十讲、组织师生参观"'伟大的变革'——改革开放四十周年展览"等，让党的十九大精神和习近平新时代中国特色社会主义思想在全校范围内真正实现了入脑入心、见行见效。

### 三、持续加强党的领导能力建设

学校领导班子注重把方向、谋全局、抓大事、带队伍；严格按照议事规则研究问题，作出决策；注重加强班子自身建设，提升了理论素养和履职能力。坚持并不断完善教代会、工代会、学代会、研代会等民主制度，修订《教职工代表大会工作实施细则》，民主管理在校内不断深化。全面梳理党政管理部门和直属单位的工作职责，调整学校内设机构，理顺部门权责；发布《学院党政联席会议议事规则（试行）》，推进二级单位党政班子建设。进一步完善督查工作机制，推动学校重大决策部署落实。

2017 年，校党委领导班子充实了新的力量，行政领导班子实现换届，新一届领导班子继续把思想政治建设摆在首位，坚持党委领导下的校长负责制，建立健全党委统一领导、党政分工合作、协调运行的工作机制，合理确定领导班子成员分工。依据"三重一大"决策制度和议事规则研究重大问题，制定了改进党委常委会和校长办公会议事工作、提高议事质量和效率的意见；学校领导班子在工作中注重把方向、谋全局、抓大事、攻难关，扎实做好巡视整改、校长经济责任审计整改等重点工作。

2018 年修订了《关于坚持和完善党委领导下的校长负责制的实施办法》，不断完善党委统一领导、党政分工合作、协调运行的工作机制；不断完善议事决策机制，推进民主管理和民主监督。日常工作中班子成员注重自身能力提升，不断提高政治站位，既按照分工严抓落实，又默契配合相互补台，共同为学校教育事业发展出谋划策，不断推进学校改革发展。

## 四、推进基层党组织建设，推进"两学一做"常态化制度化

学校领导班子高度重视党的基层组织建设，2016年成立了学院（研究院）党委，选齐配强了学院（研究院）领导班子，在此基础上优化了基层党支部设置。成立各学院党委，设立二级纪委，为落实主体责任和监督责任提供坚强组织保障；顺利完成第九轮中层领导班子换届和中层领导干部选拔任用工作；严格和规范党内政治生活，组织基层党支部和党员开展"党员和党支部标准"大讨论，开展基层党建工作薄弱环节专项整改。2018年4月和2019年3月，连续两年召开了全面从严治党暨警示教育大会。开展党员"佩戴党徽亮身份"设岗定责活动，共设立党员责任区、党员示范岗和党员服务窗口等岗位604个，充分发挥了党员的先锋模范作用。马克思主义学院"高校思政课重难点问题教学"获批北京市首批思政课教学改革示范点，1名教师获北京高校思政课微课比赛一等奖。2016年，1个单位获评北京市先进基层党组织，1个本科生联合党支部获北京高校红色"1+1"示范活动一等奖①。2名辅导员分别荣获全国高校辅导员年度人物提名奖和第五届全国高校辅导员职业能力大赛北京市一等奖；发起成立全国财经类高校共青团工作联盟，助力提升高校共青团工作分类引导、分众培育的针对性和实效性。

2017年，建立了党组织书记抓基层党建工作述职评议考核体系。推进党支部生活标准化、制度化、常态化、长效化，在二级党组织建设"党员之家"活动室38个，大力实施学生党员先锋工程；发挥榜样示范引领作用，开展先进评选。2017年，1个学院获评北京市先进基层党组织，3名教师被评为"北京高校优秀共产党员""北京高校优秀党务工作者"。

深入推进"两学一做"学习教育常态化制度化。发布《关于推进"两学一做"学习教育常态化制度化的实施方案》，各基层党组织开展了形式多样的

---

① 2015年12月21日，我校统计与数学学院党支部携手北京汽车集团北京汽车股份商品中心党支部开展的红色"1+1"共建活动获2016年北京高校红色"1+1"示范活动一等奖。2017年11月22日，2017年北京高校红色"1+1"示范活动展示评审会在北京化工大学举行。学校管理科学与工程学院本科生联合党支部携手中电科国际贸易有限公司第一区域总部党支部开展的红色"1+1"共建活动，在1139个共建学生党支部的角逐中脱颖而出，最终荣获2017年北京高校红色"1+1"示范活动二等奖。2018年11月，学校国际经济与贸易学院第二本科生党支部与赵庄子村党支部开展的红色"1+1"共建活动，从首都高校参评的近1000个共建学生党支部中脱颖而出，荣获二等奖。

学习教育培训和实践活动，引导党员做到"四个合格"、查找和解决实际问题，发挥党支部主体作用，积极申报第二届全国高校"两学一做"支部风采展示征集活动。

2017 年，圆满完成北京高校《党建基本标准》入校检查工作，顺利通过北京市委教育工委贯彻落实全国和北京高校思想政治工作会议精神专项检查。

2018 年，修订了《学院党政联席会议议事规则》，制定出台《学院党组织会议议事规则》《系务会议事规则》；制定《教师党支部书记"双带头人"培育工程实施方案》，"双带头人"选任比例达到 97.40%。认真做好基本标准检查整改落实工作，形成《中央财经大学〈北京高校党建和思想政治工作基本标准〉集中入校检查反馈意见整改落实情况自查报告》。2018 年，经济学院经济史学系教工党支部工作室入选"首批全国高校'双带头人'教师党支部书记工作室建设名单"[①]；金融学院党委入选"首批全国党建工作标杆院系"，国际金融系教工党支部入选"首批全国党建工作样板支部"[②]。

## 五、扎实推进宣传思想工作

学校深入学习贯彻全国高校思想政治工作会议精神，落实中共中央、国务院《关于加强和改进新形势下高校思想政治工作的意见》要求制定责任清单，确保规定动作必到位，自选动作有创新。在"党委全面领导，党政齐抓共管，宣传部门牵头，部门单位负责，师生共同参与，同向同行落实""大思政"工作格局统领下，统筹协调推进以党的十九大精神学习、意识形态工作、思想政治理论课建设、教职工思想政治工作、大学生思想政治教育、新闻舆论工作、法制宣传教育和校园文化建设为主要内容的"大思政"工作。

加强学生思想政治教育顶层设计，通过"三结合"方式构建学生党员教育实践平台，其中的红色主题教育学习实践新阵地——"红趴馆"，以"传承红色基因，点亮党性之光"为理念，2017 年组建了 6 支红色梦想实践团开展

---

① 教育部公布的首批 100 个全国高校"双带头人"教师党支部书记工作室名单中，北京市仅有 18 所高校入选，此次入选首批工作室建设名单是我校党委持续加强和改进基层党建工作取得的新成果。

② 教育部新时代高校党建示范创建和质量创优工作评审结果揭晓，我校金融学院党委入选"全国党建工作标杆院系"，金融学院国际金融系教工党支部入选"全国党建工作样板支部"。据悉，教育部此次在全国高校共遴选出 100 个党建工作标杆院系、559 个党建工作样板支部。

活动，取得了良好的教育成效和示范效应，中青在线、中国大学生在线、现代教育报等作了专题报道。2018 年，印发了《2018 年本科学生思想政治教育工作计划》，开展"爱国·奋斗"精神主题教育活动；巩固和完善日常思想政治教育工作体系，创新教育形式，如开展"最强毕业声"、红色梦想等主题教育活动。2018 年，北京市委教工委公布了北京高校学习宣传贯彻党的十九大精神优秀项目名单，我校两项目入选，分别是宣传部的《精心设计分层宣讲突出重点全面覆盖——中央财经大学组织宣讲十九大精神》和学生工作部的《发声聚力，引导师生谱写奋进新篇章》。

为深入学习贯彻习近平总书记在庆祝改革开放 40 周年大会上的重要讲话精神，深化庆祝改革开放 40 周年主题宣传教育，2018 年 12 月 28 日，由中央宣传部、教育部、共青团中央主办的"改革先锋进校园"宣讲活动走进中央财经大学，改革先锋奖章获得者禹国刚以"资本市场发展的故事"为题进行了精彩的宣讲。

2018 年，我校大力推进思政课教育教学改革创新，深化思政课问题链教学改革。马克思主义学院《基于"问题链教学"创新的高校思想政治理论课综合改革》获 2018 年高等教育国家级教学成果奖一等奖。

2018 年 11 月 4~7 日，校党委宣传部组织全校宣传思想文化工作者赴沂蒙老区开展党性教育培训活动，旨在系统学习沂蒙精神，传承红色基因，深入学习贯彻全国和北京市宣传思想工作会议精神，进一步提高学校宣传思想文化队伍的党性修养、理论水平和工作能力。在校党委副书记、纪委书记陈明的带领下，来自各学院（研究院、中心）、职能部门等二级党组织的 40 余名宣传思想文化工作者赴山东临沂大学沂蒙干部学院开展主题为"传承红色基因，弘扬沂蒙精神"的党性教育培训。2019 年 4 月，我校关心下一代工作委员会、党校、组织部，金融学院党委联合主办了"龙马奋进新时代　峥嵘岁月心向党"纪念"五四"爱国运动 100 周年红色课堂。

加强和改进教师思政建设，2017 年成立教师工作部，通过思想教育、文化熏染等积极引导，通过干部任免、派出挂职、组织学习等增强能力，把思想政治情况、师德表现作为教师年度考核、岗位聘任（聘用）、职称评审、评优奖励的首要标准，实行师德"一票否决制"。2018 年，以师德师风建设为重点，成立了中央财经大学师德建设委员会，发布《关于建立健全师德建设长效机制的实施意见（试行）》《教师职业道德规范》《师德"一票否决制"实施细则》，持续健全师德建设长效机制；将思想政治情况、师德师风表现作为教师引进、岗前培训、年度考核等的首要标准。2018 年，我校共 3 名教师获得北京市师德师风奖励，其中李健获"首都劳动奖章"称号，张碧琼和齐兰获 2018 年"北京市师德先锋"称号。"润行空间"辅导员工作室成功入选北京高校辅导员工作室建设名单。2 名辅导员分别荣获全国高校辅导员年度人物提名奖和第五届全国高校辅导员职业能力大赛北京市一等奖。

## 六、深入开展"不忘初心、牢记使命"主题教育

2019 年 9 月 18 日上午，中央财经大学"不忘初心、牢记使命"主题教育动员大会在学术会堂 202 举行。教育部直属高校"不忘初心、牢记使命"主题教育第二巡回指导组副组长万志建出席会议并讲话。校党委书记、校主题教育领导小组组长何秀超作动员讲话，对全校开展主题教育进行部署。第二巡回指导组其他同志到会指导。全体校领导，近期退出校领导班子的老领导，全体中层干部，教工、学生党支部书记和师生党员代表等共 190 余人参加大会。

自 9 月 9 日教育部召开视频会议，对直属高校主题教育进行动员部署以来，学校迅速行动，扎实推动主题教育全面开展，聚焦主题主线主责，推动深学细研实改，营造爱党爱国爱校的浓厚氛围，确保主题教育收实效、见真章。9 月 22 日，《人民日报》要闻版以《聚焦主题 确保实效（守初心 担使命 找差距 抓落实·深入开展"不忘初心、牢记使命"主题教育)》为题，对我校"不忘初心、牢记使命"主题教育开展情况进行了报道。

9 月 25 日下午，校党委书记、校主题教育领导小组组长何秀超，校长王瑶琪等学校党委理论学习中心组成员集体赴北京香山革命纪念地开展现场教学。教育部第二巡回指导组组长王芳、副组长万志建及其他成员、学校"不忘初心、牢记使命"主题教育领导小组办公室成员一同参加活动。马克思主义学院党史党建研究专家赵付科教授进行现场教学。

按照学校"不忘初心、牢记使命"主题教育的安排部署，9 月 27 日下午，教育部社科中心主任王炳林教授应邀来校做题为"学习党的历史，坚守初心使命"的专题报告。校党委书记、校主题教育领导小组组长何秀超，校长王瑶琪等学校党委理论学习中心组成员参加报告会。

学校领导班子立足实际、深入一线、深入师生员工，把自己摆进去、把职责摆进去、把工作摆进去，开展了广泛深入的调研。在学习调研基础上，校党委书记、校主题教育领导小组组长何秀超，校长王瑶琪分别于 10 月 24 日、10月 25 日面向校领导班子、全体中层干部与师生党员代表讲授党课，其他校领导班子成员紧密跟进，于 10 月 28~31 日，结合主题教育学习和工作实际面向领导干部、师生党员，讲授了思想深刻、富有实践指导意义的系列专题党课。

10 月 26 日上午，学校在学术会堂 604 会议室召开"不忘初心、牢记使命"主题教育调研成果交流会，校级领导班子成员交流汇报了调研进展和成果，教育部第二巡回指导组组长王芳及其他成员到会指导，学校"不忘初心、牢记使命"主题教育领导小组办公室成员参加会议。

11 月 8 日，校党委书记、校主题教育领导小组组长何秀超带领学校党委理论学习中心组成员赴西柏坡，在革命圣地开展"不忘初心、牢记使命"主题教育现场学习，重走党中央赴京"赶考"之路，弘扬"敢于斗争、敢于胜利"的西柏坡精神。

# 第九节　优化教育教学环境

三年多来，我校进一步改善办学条件，提高服务保障水平。加大资金筹措力度。探索学校办学经费保障与长效增长机制，通过争取主管部门和共建单位支持、举办更多高层次办学项目、做好科研成果转化、提高校办企业效益等方式，增加办学收入，提高经济收益。大力吸引社会捐赠，将筹资工作与对外合作、校友活动有机结合，加强时点性筹款项目开发与运作等方式拓宽资金渠道。

按照资源集中管理、统一调度、有效配置的思路，推进办学资源在校内的共享共用。在全面查清办公场所、学生宿舍等资源基础上，继续做好周转房等办学资源的清查，理顺办学资源管理机制；完成资产管理信息系统建设；加强资源基础数据研究与分析运用，科学调配资源，提升使用效益。根据两校区的功能定位，逐步完成两校区办学资源调整。

## 一、沙河校区图书馆正式投入使用

2016 年 3 月，现代化的沙河校区图书馆正式投入使用。沙河校区图书馆的建设得到了国家教育部、财政部、国家发展和改革委员会以及北京市及昌平区政府的大力支持，于 2012 年 12 月 30 日破土动工，2013 年 3 月 17 日正式开工，2015 年 11 月 25 日竣工。馆总建筑面积 30501 平方米，建筑高度 23.5 米。地上五层，地下二层。该建设工程获得了"全国建筑业绿色施工示范工程"等多项奖励。

2016 年 3 月 6 日上午 9 时，沙河校区图书馆启用仪式举行，北京市委副秘书长郭广生，北京市昌平区副区长刘淑华，骋望集团董事长马伟强，校友代表、中国华融资产管理股份有限公司总裁柯卡生，图书馆设计者和建设者崔愷院士、曹国章董事长等领导、嘉宾和学校领导班子成员及各部门、学院主要负责人、师生代表等参加了启用仪式。启用仪式由学校党委书记傅绍林主持，副校长王瑶琪教授介绍图书馆的基本情况。然后，重要领导和嘉宾共同为沙河校区图书馆揭牌，接下来，校长王广谦代表学校致辞。上午 10 时，沙河校区图书馆正式开馆。图书馆管理进入了学院南路校区图书馆和沙河校区图书馆两馆共同运营时期。

沙河校区图书馆空间布局采用大开间为主，多功能小空间为辅的模式，完全开放，提供以读者服务为中心的多样化服务。开放空间包括地上和地下两部分。地上开放空间有 3 个直达顶层的空间和无处不在的书墙、阅览区、研讨室、小型视听室、3D 打印室和设施、会议室及休闲咖啡厅等。地下一层开放空间有学术报告厅、展厅、培训教室、多媒体视听室和密集书库等。各层都有的固定阅览座位共 2513 个，休闲阅览座位 506 个；分布在三层、四层的 30 间研讨室共有座位 124 个；一层东南角的信息空间共有机位 42 个，视听室座位 128 个，学术报告厅座位 216 个，咖啡座 68 个。

两馆共营后，各项服用合理安排，资源共享。调整了两校区图书馆馆藏并开放使用。沙河馆密集书库于 2017 年 3 月开放，古籍库于 2018 年 11 月开放。

截至 2018 年末，全馆共拥有图书 201.5 万册。学院南路图书馆收藏 61 万册，沙河校区图书馆收藏 140.1 万册。拥有中外文数据库 74 种。

## 二、信息化建设持续推进

2016 年 1 月 8 日，教育部科技发展中心发布了《高等教育信息化发展研究报告（2015）》，我校 2015 年度信息化工作在全国 223 所高校中排名第 7 名。目前，我校校园网出口总带宽 13.6GB，校园网主干带宽为万兆级，全校网络信息点多达 29000 余个，校园电子邮件用户数量超过 39000 个，数字资源量达到 76000GB，校园网同时为用户提供了大容量电子邮箱、用户认证计费、VPN 访问、IPv6 视频组播、综合网站群、虚拟化云服务等多种网络应用服务。学校信息化管理部门力量配置、校园网、信息化设备配置方面"表现良好"，校园一卡通应用完善，在全国高校范围内处于"较高水平"。

2017 年，我校顺利完成智慧校园一期建设，"数据交换平台"基本框架初步建成，校园新信息门户开始试运行。2018 年，我校加快了信息化建设步伐，制定了《中央财经大学管理信息标准》，完成了校园综合服务门户框架和数据交换平台建设，综合校情分析系统、人事信息采集系统和非招生学生管理系统上线运行，解决了学校人员信息采集难问题；此外，我校还持续升级投入移动校园平台、流程服务平台、OA 系统、财务系统等大批方便师生校园生活和管理服务的信息系统。

在特色方面，我校上线了一站式办事大厅综合服务平台，压缩了审批时限，提高了办事效率，赢得师生的一致好评；定制开发了专属中财人的移动 APP，为全校师生提供随时随地了解学校动态以及与自己工作学习相关信息服务；选用了登录方便、信息容量大且永久保存，与微信绑定、即时提醒的腾讯企业邮箱；搭建了具备集中部署、统一管理、分布维护的网站群管理系统；建设了云资源共享平台，给全校在职教职工提供一个跨平台的文件存储与共享协作系统；为方便全校师生办公学习，搭建了微软正版化平台。完成公房管理信息系统一期建设、学生宿舍管理系统二期建设、重新搭建采购管理信息平台系统，逐步建立起现代化管理模式。

2019 年，智慧校园二期建设顺利完成验收，人力资源管理服务平台上线试运行，完成了流程服务平台、移动校园平台升级、高校电子票据管理系统、对外合作项目管理系统、中央财经大学的官网全新升级与改版等项目建设，促进我校信息化建设又快又好发展。

## 三、办学条件和保障水平进一步提升

2016年获得教育部追加财政资金7758.08万元，学校总收入11.2亿元，为改善基本办学条件、学科建设、师资队伍建设等提供了财力保障。学院南路校区食堂改造一期工程竣工。沙河高教园区公租房和安置房验收交付使用，教职工住房困难得以缓解。财政资金预算执行进度保持在部属高校前列，获得预算执行绩效奖励，资金使用效益进一步提高。积极争取社会资金支持，2016年教育基金会收入3006.92万元，同比增长35%。

2017年，我校实现总收入12.8亿元，较2016年增长14.33%；中央财政专项资金预算执行进度100%，在部属高校名列前茅。顺利完成了两校区学生宿舍楼电路改造，学生宿舍楼全部安装了空调（共1034台）并投入使用，学院南路校区学生宿舍普遍安装电开水器，进一步改善了学生的学习生活条件；学生就业指导大厅改造完成；沙河校区3栋学院楼陆续完成主体结构施工，于2018年交付使用；2017年4月，沙河校区与北大国际医院建立了医疗联合体，医疗水平进一步提高。沙河新教工食堂开业、清真餐厅基本外包，元创易站入驻沙河校区，学生取快件变得更加方便快捷，学校后勤工作水平不断完善和提高。

2018年10月，我校师生事务服务大厅顺利启用试运行。首批入驻大厅开展的业务涵盖了财务日常报销、科研立项、户籍服务、学生证补办、开具成绩单、校友接待等85个服务事项。师生事务服务大厅的顺利运行将为师生带来更多的便捷和更优质的服务。

2018年，多渠道筹集办学资金，财政收入稳步增长。2018年实现总收入14.21亿元，较2017年增长了1.4亿元，增长率为10.93%；纳入考核的中央财政专项资金预算执行进度100%，在部属高校中持续名列前茅。

稳步推进基本建设工作，沙河校区二期C8-10/11/13学院楼项目完工，学院南路校区学二食堂改扩建项目建成并投入使用，改善了师生员工的就餐环境和品质。教学环境进一步优化，办学条件持续改善。

2019年3月22日下午，由北京市教育委员会组织召开的2019年学校安全和后勤管理工作会暨北京市高校"标准化学生公寓"授牌表彰大会召开，对2017年度、2018年度做出贡献且成绩突出的北京高校"公寓标准化"达标院校进行了表彰。我校沙河校区于2017年12月11日接受北京高校标准化学生公寓创建达标验收工作组的检查和验收，获评为北京市高校"公寓标准化"达标院校。

总之，新时期，我校增加办学投入途径，加快新校区的建设，提高资源利用效益，为学校"双一流"建设大力提升保障能力。

# 第十节　推进建设文明和谐校园

从物质文化、精神文化和制度文化三个层面全面加强校园文化建设，把社会主义核心价值观融入学校建设、改革、发展和教育教学全过程。

## 一、深化校园文化建设，不断提升外宣工作水平

2017 年，我校在北京高校纪念建党 96 周年表彰大会荣获四项表彰。为庆祝中国人民解放军建军 90 周年，组织 700 余名师生参观"铭记光辉历史　开创强军伟业"主题展览。自 9 月 25 日"砥砺奋进的五年"大型成就展开幕至 10 月 14 日，通过学校组织和师生自发前往，前后近 5500 人次参观了这次大型成就展，师生们踊跃参观并纷纷热议。此外，圆满举办的还有"中央财经大学与英国精算师协会合作 25 周年庆典"、中财龙马公益基金会成立三周年庆典等纪念活动。2017 年的校园文化建设同样丰富多彩。学校开展各式寓教于乐的活动，举办高水平赛事不仅有第一届全国高校绿色金融研究大赛决赛、第七届全国高校"模拟市长"大赛校际总决赛等面向全国大学生的活动，也有校园首届朗读大赛活动、校园一卡通卡面设计大赛等面向本校学生的活动，这些活动充分展示了中财人的出众才华。

同样，第六届艺术节将高雅艺术带进校园，包括室内罗盘音乐会，各项山水、花鸟画展、民俗摄影展等丰富活动也充分开拓了学生的眼界。素有"中财春晚"美誉的学校 2018 年新年联欢晚会上，更是以"一朵花开的时间"，祝福最美的中财。

2018 年，我校以建校 70 周年校庆为契机，统筹推进校园文化建设，如举办人文艺术大讲堂，推进高雅艺术进校园，开展大学生艺术节等文化建设项

目，进一步挖掘了优秀文化元素，凝练和培育具有中央财经大学特色的大学文化精神。在外宣工作上，加强与主流媒体合作交流，在中青在线、中国经济网、北京市教工委宣教之窗网站、网易、搜狐网等媒体上主动发出中央财经大学声音，我校的社会影响力持续提升。

**（一）弘扬主旋律**

2018 年，在"12·4"国家宪法日到来之际，全国总工会 2018 年"宪法宣传周"暨北京市总工会"尊法守法·携手筑梦"服务农民工法治宣传行动启动仪式 11 月 30 日在北京奥体中心举行。活动期间，主办方为参加 2017 年"尊法守法·携手筑梦"服务农民工法治宣传行动的 10 所优秀高校颁发奖牌和证书，学校荣获普法宣传优秀高校奖。

为迎接建校 70 周年华诞，我校开展了系列活动，具体来说：

一是举行 70 周年校庆倒计时一周年启动仪式暨新闻发布会。2018 年 10 月 19 日下午，学校举行 70 周年校庆倒计时一周年启动仪式暨新闻发布会。校党委书记何秀超，校长王瑶琪，校党委副书记、纪委书记陈明，副校长史建平，总会计师蔡艳艳，副校长孙国辉，各学院、职能部门负责人，教师代表、学生代表、离退休教职工代表，来自世界各地、不同时期的校友代表、捐赠人代表及媒体朋友 180 余人欢聚一堂，共襄盛举。校党委副书记梁勇主持启动仪式和新闻发布会。陈明副书记发布校庆主题和校庆徽标。史建平副校长开通校庆专题网站并发布校庆主要活动安排。教职工代表、法学院教师曹晓燕，校友代表、中国石油化工总公司财务公司原总经理、金融 1965 级唐文清，捐赠人代表、国内第一家人寿相互保险社创始人、信美相互保险社董事长、财政 1988 级杨帆和华泓（海南）投资有限公司总经理、投资 1990 级张永便，学生代表、社会与心理学院 2017 级硕士研究生刘哲分别致祝福语，表达了作为中财大人的自豪和骄傲，以及对母校的深厚感情和美好祝愿，表达了永远关心和支持母校、为母校的建设与发展做贡献的诚挚愿望。党委书记何秀超，教职工代表、国家级教学名师孟焰教授，校友代表、尤尼泰税务师事务所有限公司董事长刘志忠，学生代表、财税学院 2017 级硕士研究生彭倩茜共同启动 70 周年校庆一周年。

二是召开 70 周年校庆 Logo 评审会和主题讨论会。9 月 14 日下午，中央财经大学 70 周年校庆主题讨论会在沙河校区学院 1 号楼 105 召开。会议由校党委副书记、宣传部部长、校庆办公室主任陈明主持，校党委副书记、校庆办公室主任梁勇以及相关职能部门负责人参加。9 月 18 日下午，中央财经大学 70 周年校庆 Logo 评审会在学术会堂 603 会议室召开。校党委副书记、校庆办公室主任陈明主持会议，校庆办公室相关成员以及专家教师代表、校友代表、学生代表参会。

三是先后发布了校庆一号、二号、三号公告。

四是启动了迎 70 周年校庆"龙马奋进"全球师生校友健步走活动。2019 年 4 月 20 日上午，"龙马奋进"全球师生校友健步走公益活动在沙河校区正式启动。1000 余名中央财经大学师生校友在春意盎然的沙河校园阔步健走，共庆建校 70 周年华诞。

五是开展书画和摄影作品展活动。本次书画摄影作品展的征集工作于 2018 年 7 月初开始，通过工会、校友会、团委等部门广泛向校内外传播；于 2019 年 5 月中旬截止，历时 10 个月。最终，收到近百名师生、校友的投稿，共计 231 幅。其中，书法作品 90 幅、绘画作品 9 幅、篆刻作品 11 幅、摄影作品 121 幅。

六是开展"我爱我的中财大"系列活动。在此期间，陆续组织了随手拍、话剧之夜、"我爱我的中财大"咖啡文化讲座与品鉴等活动。

七是组织了"'筑梦新征程'献礼建国建校 70 周年"文艺晚会。2019 年 5 月 11 日，学术会堂 206 报告厅歌声与掌声交织回荡，在校研究生用一场精心准备的"'筑梦新征程'献礼建国建校 70 周年"文艺晚会，歌咏祖国与母校 70 华诞，唱响属于财经黄埔青年的壮志豪情。

八是召开中央财经大学建校 70 周年校长论坛。

2019 年 10 月 18 日，中央财经大学建校 70 周年校长论坛隆重召开。作为献礼校庆的系列学术活动之一，本次论坛的主题为"社会变革中大学的责任与担当"。来自北京师范大学、厦门大学、北京交通大学、西南财经大学、对外经济贸易大学、上海财经大学、北京外国语大学、北京工商大学、江西财经大学、东北财经大学、吉林财经大学、兰州财经大学、贵州财经大学、内蒙古财经大学、新疆财经大学、海南大学、辅仁大学、澳大利亚维多利亚大学、美国新泽西州立罗格斯大学、英国伯明翰大学、伦敦大学学院、史蒂文斯理工学院、南昆士兰大学、伯南布哥大学、塞尔希培州联邦大学、色萨利大学、越南国民经济大学、洛约拉玛丽蒙特大学等 30 余所知名大学的校长和国内外 200 余名专家学者齐聚一堂，围绕论坛主题展开了热烈而深入的研讨。

何秀超书记回顾了中央财经大学的历史，以"红蓝黄"三色阐释中财大的办学理念与精神传承，高屋建瓴地概括了高等教育对国家经济社会发展的基础支撑作用。他提出本次论坛以"社会变革中大学的责任与担当"作为主题，期望各位嘉宾能畅所欲言，为高等教育发展贡献智慧。

学校校长王瑶琪教授、北京师范大学校长董奇教授、澳大利亚维多利亚大学校长 Peter Dawkins、美国新泽西州立罗格斯大学副校长 Eric Garfunkel、西南财经大学校长卓志、英国伯明翰大学助理校长 Jon Frampton、厦门大学原副校长邬大光教授等先后进行了主旨演讲。

在主论坛结束后，举行了三个平行分论坛，与会专家学者分别以"人工智能时代的高等教育变革""高等教育国际化背景下的哲学社会科学：新机遇、新挑战"和"'双一流'建设背景下创新创业教育与专业教育融合路径探索"为主题展开研讨，20 余名国内外高等教育学科领域的知名专家学者分别在三个论坛作了高水平学术报告。

本次论坛是高等教育管理领域的一次学术盛会，中外专家汇聚智慧，共同探讨在社会变革背景下大学的责任与担当，为高等教育发展建言献策。

九是举行"与祖国同行"——建校 70 周年文艺晚会。

2019 年 10 月 18 日晚，"与祖国同行"中央财经大学建校 70 周年文艺晚会在学院南路校区学术会堂 206 隆重举行。学校领导和历任老领导与兄弟院校领导、海外高校领导，来自全球各地的校友代表、捐赠单位代表、在校师生代表齐聚一堂，共同欢庆学校 70 周年华诞。

十是隆重召开中央财经大学建校 70 周年纪念大会。

在全国人民共同庆祝中华人民共和国 70 华诞之际，中央财经大学迎来了建校 70 周年。2019 年 10 月 19 日上午，中央财经大学建校 70 周年纪念大会在学院南路校区田径运动场隆重召开。大会由校党委书记何秀超主持。

十三届全国政协副主席、台盟中央主席、校友苏辉，十一届全国政协副主席、审计署原审计长、校友李金华，教育部副部长孙尧，财政部副部长程丽华，北京市副市长张家明，财政部原部长刘仲藜，财政部原部长、校友金人庆，财政部原部长谢旭人，财政部原部长、十三届全国政协常委、外事委员会主任楼继伟，中国人民银行原行长、校友戴相龙，解放军总后勤部原副部长、校友孙志强（中将），中央办公厅调研室原主任、校友杨凌隆，甘肃省原副省长、校友崔正华，中国银行业监督管理委员会原副主席、校友史纪良，国务院派驻中国建设银行监事会原主席、校友丁先觉，国有重点大型企业监事会主席、校友刘长琨，青海省人大常委会原副主任、校友贾国明，全国人大财经委原副主任、校友郝如玉，中国光大集团股份公司监事长、党委副书记、校友朱洪波，中央纪委常委、中央和国家机关工委副书记、校友侯凯，中国人民银行原副行长、校友李东荣，中国储备粮管理集团有限公司董事长、校友邓亦武，中国五矿集团有限公司副总经理、校友任珠峰，中国人民保险集团公司副总裁唐志刚出席大会。

中国人民大学校长刘伟、中国农业大学党委书记姜沛民、北京理工大学党委书记赵长禄、北京航空航天大学党委书记曹淑敏、大连理工大学党委书记王寒松、四川大学党委书记王建国、西北农林科技大学党委书记李兴旺、澳大利亚维多利亚大学校长道金斯、澳大利亚南昆士兰大学董事会主席多恩布施、美国罗格斯大学副校长加芬克尔、美国玛丽蒙特大学副教务长韦瑟罗尔、美国史蒂文斯理工学院副教务长卡萨佩斯、英国伯明翰大学助理校长弗兰普顿、越南国民经济大学党委书记陈寿达、巴西伯南布哥大学校长佩德罗等 100 多位国内外兄弟高校校领导，日本广岛大学北京研究所主任本田義央、日本毕马威会计事务所理事长高波博之、德国英德杰国际管理公司总经理安德里斯特、中国建设银行股份有限公司、中信建投证券股份有限公司、中粮集团有限公司等科研院所、用人单位代表，部分中央和国家机关、省市区、企事业单位领导，校友总会及 88 个校友组织代表、教育基金会理事、监事、捐赠单位代表以及中央财经大学老领导、老教授、老同志、全体校领导、各学院和职能部门负责人、海内外校友和在校师生代表参加大会。

会上播放了《龙马奋进——中央财经大学建校 70 周年》宣传片，回顾了学校 70 年峥嵘岁月的奋进历程。

上午 10 时，纪念大会在雄壮的国歌声中开幕。

教育部副部长孙尧、财政部副部长程丽华、北京市副市长张家明在大会上讲话。中央财经大学校长王瑶琪，十三届全国政协副主席、台盟中央主席、校友苏辉，中国人民大学校长刘伟，澳大利亚维多利亚大学校长皮特·道金斯

（Peter Dawkins）教授，国家级教学名师、中央财经大学会计学院孟焰教授，中央财经大学金融学院 2016 级本科生张欣宇先后致辞发言。

孙尧代表教育部向中央财经大学建校 70 周年表示热烈祝贺。他指出，中央财经大学是一所有光荣历史的学校，为国而生，与国同行。多年来，在财经、金融等众多领域为国家培养了大批优秀人才，希望学校不断发展，不断前进，为国家做更大的贡献。他对学校教师、学生、校友提出了希望和要求。他指出，我们现在处在一个大变革的时代，新时代需要培养出能适应未来发展的财经、金融领域的人才，希望老师们具有前瞻性，放眼未来，为国育才。他勉励同学们，今天在校的你们在本世纪中叶正处在年龄、精力和能力最佳的状态，是担当大任、成为国家栋梁骨干的年纪。在校期间，要牢记习近平总书记对青年学生的嘱托，真正成为国家未来需要的社会主义建设者和接班人。他希望学校校友能一如既往地关心支持母校发展，同时依托学校，为国家做出更大的贡献，使中央财经大学的明天更加美好。

程丽华在讲话中指出，中央财经大学发扬"忠诚、团结、求实、创新"的优良传统，秉承"求真求是、追求卓越"的办学理念，主动顺应国家高等教育改革发展的新形势，以扎根中国大地办好高水平大学为己任，守正创新，攻坚克难，成为高层次财经人才培养和国家财经政策研究的重镇，为中国特色社会主义经济建设做出了重要贡献。希望学校密切对接国家重大战略需求，深入联系财经改革实践，在高水平财经人才培养和财经政策研究方面继续发挥引领作用，在深化教育改革、加快教育现代化的进程中取得更大的成绩。财政部将一如既往地关注并大力支持中财大，助推学校早日实现"双一流"建设目标，为全面建成社会主义现代化强国作出新贡献。

张家明向中央财经大学建校 70 周年表示祝贺，向为中央财经大学建设与发展做出突出贡献的老领导、老专家表示崇高的敬意。他指出，中央财经大学发挥自身的优势和特色，坚持扎根北京、情系北京、服务北京，积极开展校地合作，为首都经济文化蓬勃发展做了大量卓有成效的工作。张家明希望学校勇担责任，奋发有为，以 70 周年华诞为新起点，扎根中国，立足时代、面向世界、面向未来，坚持改革创新，提高教育质量，更好担负起国家发展、民族振兴赋予的历史重任。他表示北京市委、市政府将一如既往地关心中央财经大学的改革与发展，为学校"双一流"建设创造良好的环境和条件。

王瑶琪在致辞中简要回顾了中财大 70 年发展历程。她说，作为新中国中央人民政府直接创办的第一所财经高校，中央财经大学与共和国发展同向同行、同频共振。回首 70 年发展历程，中央财经大学在新中国成立之初百废待兴中起步，在艰苦岁月中不忘初心，在改革开放中焕发生机，在新时代里龙马奋进。七十载岁月峥嵘，中央财大始终奋斗在富国裕民、求真求是的道路上。七十载弦歌不辍，中央财大始终奋进在育才为国、追求卓越的道路上。七十载倍道兼行，中央财大始终奋力在忠诚报国、担责向上的道路上。王瑶琪指出，学校在办学过程中得到了党和国家几代领导集体的亲切关怀。重温历史，回顾成就，我们衷心感谢党和国家的亲切关怀，教育部、北京市、财政部、中国人民银行和国家税务总局、兄弟高校和社会各界对学校的关心、支持和帮助，诚意致敬为学校创建和发展做出不可磨灭贡献的老一辈教育家、老教授、历任校领导和离退休教职工，以及以卓越才华奋斗在教学科研管理服务一线的老师们和在各行各业担责奋斗的海内外校友们。王瑶琪强调，面向未来，我们要持续推进精英教育战略，坚定落实立德树人根本任务，以一流师资培育一流人才；要着力加强人才强校战略，建设高素质师资队伍，产生推动社会进步的新思想和前沿理论；要深入推进体制机制创新，充分激发基层组织和教职工、学生的创造潜力。在教育强国的新征途中，中央财经大学将不忘立德树人初心，牢记教育报国使命，在忠诚中奋斗，在团结中奋进，朝着建设"有特色、多科性、国际化的高水平研究型大学"目标奋勇前进，将中央财经大学建设成为"中国特色、世界一流"大学，为全面建成社会主义现代化强国，实现中华民族伟大复兴做出新的、更大的贡献。

苏辉代表海内外校友向母校表达真挚的祝福。她以感恩之情回顾了自己在中财大的求学时光。她说，在学校学习期间，老先生们为国为民的风骨，学高为师、身正为范的师道风范深深地影响着广大学子，学子们就是在这片不大的天地里涵育出经世济民的梦想。她希望母校牢记总书记嘱托，肩负起党和国家寄予的厚望，继续为社会主义建设培养人才、贡献智慧，将中央财经大学建设成学子求学问道的乐园和心灵寄居之所，早日实现建设世界一流大学的宏伟目标；希望广大校友同舟共济，扎实奋斗，为母校建设尽心出力、增光添彩，把母校这个共同家园建设得更美好，为我国实现"两个一百年"奋斗目标和中华民族伟大复兴贡献中财大人的力量。祝愿母校永远年轻，永远生机勃发，拥有美好未来。

刘伟回顾了中国人民大学与中央财经大学特殊的历史渊源。中国人民大学是中国共产党亲手创办的第一所新型正规大学，中央财经大学是新中国人民政府创办的第一所财经高校。1953 年院校调整时，中央财经大学前身中央财经学院的一部分师生曾并入中国人民大学，有力地支持了人大的学科建设和人才培养。改革开放以来，两校师生合作更加密切，学术交流更加频繁，每年两校都有一批优秀毕业生选择到对方进行深造或者工作。他期待两校在未来继续守望相助、相携前行，保持并不断深化友谊，推动深层交流和合作再结硕果，为我国高等教育事业的蓬勃发展再立新功。

皮特·道金斯（Peter Dawkins）祝贺中央财经大学建校 70 周年。他回顾了中央财经大学与澳大利亚维多利亚大学 16 年的合作成就。截至 2018 年，两校通过中澳合作本科教育项目已为社会培养了近 3000 名具有国际视野、掌握国际贸易和金融风险管理的理论知识和专业技能、英语应用能力突出、具有较高综合素养及较强竞争优势的复合型人才。

在中财大度过第 41 个年头的教师代表孟焰分享了在中财大求学、从教的经历。他有幸见证了改革开放以来中财大曲折的发展历程和中财大敢为人先、艰苦奋斗取得的辉煌成就。作为一名老教师，他表示始终相信并坚持：对国家，要勤奋工作，尽心回报；对事业，要博学、审问、慎思、明辩、笃行；对自己，要脚踏实地，诚信做人，服务社会；对学生，要心中充满爱，燃烧自己，甘为人梯。

在校生代表、金融学院 2016 级本科生张欣宇说，"忠诚、团结、求实、创新"是无数中财大学子精心绘制的灿烂底色，更是母校给予每一位中财大学子最宝贵的财富和不竭动力。新一代中财大学子满载着延续"财经黄埔"灿烂辉煌的希冀，必将牢记总书记"爱国、励志、求真、力行"的嘱托，坚定自信、坚守信仰、脚踏实地，在推动经济社会高质量发展、建设社会主义现代化强国的征程上，贡献中财大人的智慧和力量。

纪念大会上举行了汇旗仪式。今年 4 月，中央财经大学在沙河校区启动了全球师生校友健步走活动，近万名校友以全球 88 个校友组织为依托，走过了亚洲、欧洲、北美洲和大洋洲的 60 余座城市，用健步前行的方式，传承中财大龙马奋进的激情和斗志，展示中财大人蓬勃向上的精神风貌。今天，校友代表们从全世界带来了各地校友会的签名旗帜，带来了 14 万中财大校友对母校的期待和祝福。

何秀超在主持大会时指出，中央财经大学在 70 载的办学过程中，得到了党和国家几代领导集体的亲切关怀。2009 年，习近平同志致信勉励学校要"不断提高办学水平，培养更多适应现代化建设需要的高素质管理人才，争取早日建成特色鲜明、国际知名的高水平大学，为经济社会发展作出更大贡献"。全校上下备受鼓舞、倍感振奋。中央财大 70 周年校庆，是学校发展历程上的一个里程碑，是振奋精神、昂首向前的崭新起点。在新的前进征程上，我们将牢记总书记的嘱托，不忘育人初心，牢记报国使命，不负党和人民的众望，加快"双一流"建设，推进内涵式发展，朝着"建成有特色、多科性、国际化的高水平研究型大学"目标阔步前行，为我国高等教育事业繁荣发展，实现中华民族伟大复兴的中国梦做出新的、更大的贡献。

校庆之际，上级部门、往来单位、国内兄弟高校和海外合作院校发来贺信，向中财大送上美好的祝福。

七十春秋写华章，龙马奋进起新航。在场嘉宾和师生校友共同唱响《歌唱祖国》，祝福母校，祝福祖国。

纪念大会在学院南路校区主会场和沙河校区分会场同步进行。大会还通过新浪微博、新华社现场云、哔哩哔哩、抖音、斗鱼直播、爱奇艺、虎牙直播、战旗直播、YY 直播、西瓜视频、今日头条等各大平台进行了网络直播。

新华通讯社、《人民日报》、人民网、新华网、中国网、《中国日报》、《中国教育报》、中国教育电视台、《中国青年报》、《经济日报》、《中国财经报》、《金融时报》等媒体也前来报道我校建校 70 周年纪念大会。

（二）坚持教学科研为中心的文化导向

以教学科研为中心着力维护校园秩序，以人为本营造宁静和谐、崇尚学术的校园文化氛围。学校鼓励支持师生在学术领域奋力开拓、追求真理、百花齐放、百家争鸣。加强师德师风和学术道德建设，完善学术诚信机制，提倡静心教学，潜心治学，严谨扎实的学术风气，弘扬优良校风、教风、学风。

（三）支持开展学术和社会实践活动

大力支持挑战杯、创新创业竞赛等学生课外学术实践活动。鼓励学生从事志愿服务，推进学生社会实践活动定点化、项目化，努力繁荣校园社团文化。

进一步丰富校园文体活动，建设高水平的学校体育代表队和学生艺术团。强化面向全校的体育教育、艺术教育、公共卫生与健康教育，促进学生全面健康成长。

### （四）加强新闻宣传工作

积极开展以"树形象、展风采、聚人心、添力量"为核心内容的对内对外宣传工作，全面提升学校的社会影响力和学校建设的向心力。建立健全校园媒体管理体制机制，重点做好校报、校园网、新闻网建设，提升英文网站水平，加强学校"两微一端"新媒体建设和运营，实现传统媒体与新媒体的充分融合。2017 年 11 月，"首都高校传媒联盟第十一届全委会预备会议暨新媒体界别会议"在沙河校区大学生活动中心 105 会议厅召开。其中，我校官微作品《迎校庆 15761 次快门下的大洼朝夕，只为留住你 67 载》《进击的局座——军事专家张召忠全国巡讲第一场开讲啦》分别获评金牌作品和银牌作品。2018 年 1 月 6 日，北京市委教育工委、市教委主办的"2017 年第五届北京高校普法微视频征集展映活动"评选结果揭晓，学校推荐的 7 部普法微视频全部获奖，其中《齐柯求职记》《不懂法律，不搞创作》《校园普法小课堂》荣获二等奖，《这纸合同不简单》《漩涡》荣获三等奖。我校获得"优秀组织奖"。2018 年 12 月，"全国大学生法治宣传微电影微视频大赛"揭晓。我校推荐的作品《失落的雨季》荣获大赛微电影单元"最佳剪辑奖"，我校荣获"最佳组织奖"。12 月 4 日，由北京市委教育工委、市教委主办的"2018 年第六届高校法治动漫微电影征集展映活动"评选结果揭晓，我校推荐的 10 部普法微电影全部获奖，在获奖等级和获奖数量上均创历史最好成绩。我校还荣获"优秀组织奖"。2017 年 7 月，"中央财经大学"微信公众号从近千家全国高校校园微信公众号中脱颖而出，荣获"校媒·全国高校新媒体评选""十佳运营创新奖"。2016 年 1 月 13 日，2016 年度中国高校校报好新闻评选结果揭晓，我校共有 4 件作品获奖，其中，一等奖 1 件、二等奖 1 件、三等奖 2 件。12 月 3~4 日，中国高校校报协会 2018 年年会暨第三届中国高校传媒发展高端论坛在福州举行，公布并颁发了 2017 年度"中国高校校报好新闻奖"。我校有 4 件作品获奖，其中，一等奖 1 项、二等奖 1 项、三等奖 2 项。2019 年 3 月 22 日下午，由中财大香港校友会、大信金融集团主办，中央财经大学画院协办的"落花无言"——中央财经大学陈明、王强、老树书画展在沙田大会堂开幕。

香港中联办副主任杨健，中联办九龙工作部部长郭亨斌，陈明，王强，刘树勇，中央财经大学香港校友会荣誉会长路和平，中国文化产业协会会长张斌，大公文汇传媒集团董事长姜在忠，紫荆杂志社社长、总编辑杨勇，"一带一路"国际合作香港中心大湾区香港中心董事、中国银行香港分行前行长岳毅等嘉宾出席开幕式并上台剪彩。

## 二、安全保卫护航和谐校园

持续推进"平安校园"建设，校园安全网格化管理进一步加强，2016年获评北京市国家安全人民防线建设工作先进集体。2017年，完善校园安全稳定工作制度保障，进一步明确学校安全稳定领导小组常态运行机制和成员单位职责，发布了《中央财经大学安全稳定工作办法》《中央财经大学"十三五"安全稳定工作规划暨"平安校园"建设提升工程实施方案》等制度，开展定期会商和专题研判，全年共进行各类安全检查及整治活动近50次，稳妥处置突发事件，确保校园安全稳定。2018年，我校制定出台《"平安之家"创建工作实施方案》，开展平安之家创建活动，夯实网格化安全管理责任制，强化了安全发展理念；发布《处置和预防突发事件预案》，进一步规范突发事件处置流程，有效预防、及时控制、妥善处置了各类突发事件，保障了校园和谐稳定和师生的切身利益。

## 三、统战工作凝人心

2016年顺利完成党外知识分子联谊会换届，积极搭建和完善党外代表人士发挥作用的平台，我校统战工作"五个一"活动荣获北京高校统战工作"十大特色"奖。2017年，贯彻落实中央、教育部和北京市关于高校统战工作的新精神新要求，制定了《中共中央财经大学委员会关于进一步加强新形势下统一战线工作的意见》，加强思想政治引领，有序推进民主党派和党外知识分子工作；顺利完成了全国北京市政协人选推荐工作，1名无党派人士入选全国政协委员，1位民主党派人士和2位无党派人士入选北京市政协委员，其中2位入选市政协常委，位居北京高校前列。2018年，围绕重大政治事件、改革开放实践成果、社会热点问题等内容，积极开展思想交流研讨、专题讲座等活动；加强党外代表人士队伍建设，制定出台《党外人士校内挂职锻炼实施办法》，拓宽党外干部培养锻炼渠道。

## 四、工会工作丰富多彩

2016年，围绕学校中心工作，推进工会精准化"五家"模式建设，效果显著。进一步健全民主管理机制，2017年修订了《教职工代表大会工作细则》《教职工代表大会提案工作规则》，顺利召开"双代会"，选举产生了新一届教代会工会领导机构；创新提案工作机制，教代会提案逐步实现常态化，教职工合法权益得到有力的保障。2019年3月29日，中央财经大学第七届教职工代表大会暨第八届工会会员代表大会第三次会议在学术会堂召开。开幕式后，分六个代表团进行了讨论。代表们以高度的责任感和使命感，以求真务实的态度，对《校长工作报告》《教代会、工会工作报告》《财务工作报告》《工会财务工作报告》《工会经费审查报告》《教代会提案工作报告》《大会决议（草案）》等进行了热烈的审议和讨论，并围绕"双一流"建设、教学科研、师资队伍建设、学校管理及校园建设、后勤服务和工会建设等积极建言献策。

2018年3月13日，北京市总工会2017年度基层工会工作考评结果揭晓，校工会等6个教育系统工会获评北京市工会工作标兵单位。同时，校工会等20个教育系统工会在北京市教育工会2017年度考核中，荣获北京市教育工会"先进单位奖"。

## 五、共青团工作有声有色

2016年，学校发起成立全国财经类高校共青团工作联盟，以"芮+"计划为依托，深入实施基层团支部"活力提升"工程，基层组织建设活力得到激发；2017年，深入实施基层团支部"活力提升"工程，以"芮+"计划为依托，基本形成了"支部引领、班团融合、协同发展"的基层工作模式，有效提升了基层团支部的吸引力和凝聚力，"芮+"计划直属团支部被共青团中央授予"全国高校活力团支部"荣誉称号。2018年，以"芮+"计划为依托深入实施高校基层团支部"活力提升"工程，全年共有76个新生团支部分别在"芮+"导师的指导下完成了团支委选举，形成了"支部引领、班团融合、协同发展"的基层工作模式。

## 六、关工委工作蓬勃发展

重视做好关心下一代工作，二级关工委从 2016 年的 10 个发展到 2018 年的 16 个。2018 年召开关工委换届大会，在全校所有学院建立二级关工委，实现了二级关工委全覆盖。

# 第十一节　推进依法治校

2016～2019 年，我校加大依法治校工作力度，以政府会计制度改革试点工作为契机，推进会计改革，提升财务管理工作水平；深入推进二级单位内部控制建设，加大制度合法性审查，促进内部控制逐步贯穿学校经济活动的决策、执行和监督全过程。加大力度梳理办学资源，提高管理精细化水平。全面摸查学校土地和房屋资源，落实两校区功能定位方案和资源调整专项工作。

## 一、加大依法治校力度，深入推进学校内部控制建设

加大依法治校工作力度。2016 年围绕我校《章程》加强以学术委员会为核心的学术体系建设，《学术委员会章程》《教学委员会章程》《学位评定委员会章程》《专业技术职务评审委员会章程》相继出台，四个学术组织完成改选，为学术组织在教学科研过程中更好地发挥作用、规范和完善学校内部治理结构提供了制度和组织保障；制定《"十三五"教育事业发展规划》并进行任务分解，为今后一个时期学校的发展提供了顶层设计和政策框架；开展规章制度和议事协调机构系统清理，完善了制度体系，为依法治校奠定了坚实的基础。制定《规章制度制定办法》，进一步规范规章制度的立项、起草、审查、决定、公布、评估与清理等相关环节的工作；修订《科研经费管理办法》《科研项目间接费用管理办法》《差旅费管理暂行办法》《会议费管理办法》等制度，推进科研经费管理机制创新，以调动科研人员积极性和创造性。以教育部国有资产专项检查整改为契机，理顺学校国资委管理职责及校属企业投资关系，制定《国有资产管理委员会议事规则》《公用房出租出借管理暂行办法》

《所属企业国有资产管理暂行办法》等一系列制度；以政府会计制度改革为载体，制定政府会计制度改革实施方案，稳步推进会计改革试点工作，使财务工作向更高水平迈进，受到了上级领导、专家和兄弟院校的一致好评；深入推进二级单位内部控制建设，建立全方位的内部控制体系，加大制度合法性审查力度，促进内部控制逐步贯穿学校经济活动的决策、执行和监督全过程，我校管理效能和风险防控水平得到进一步提高；在内部审计工作方面，加强制度建设，2016 年，建立经济责任审计联席会议制度，实施《中层领导干部经济责任审计实施办法》。2018 年制定出台《中层领导干部经济责任审计整改工作办法》《审计档案管理办法》《委托社会中介机构审计管理办法》，审计工作规范化水平不断提高；根据教育部 41 号令的有关精神，为规范学生管理行为，保障学生合法权益，2017 年修订了《中央财经大学学生管理规定》。

推进学校经济活动内部控制建设试运行工作。各单位将经济活动中的风险评估、经济决策、业务执行和评价监督融入业务流程的各个环节，2017 年制定了《中央财经大学内部控制评价实施办法（试行）》，初步完成了学校制度体系梳理工作，印发了《中央财经大学制度汇编》，内部控制体系逐步完善，并形成经验材料《夯实内控环境基础，突出内控顶层设计，建立全面高效的风险管控体系》上报教育部。组织修订了《中央财经大学预算管理办法》，成立财经工作领导小组作为学校预算审议机构，预算管理体制逐步规范；制定《中央财经大学修缮工程采购管理办法》《中央财经大学修缮工程管理办法》，对修缮工程进行规范管理。完成资产公司集中内部投资管理梳理，正式组建学校资产公司，进一步理顺了资产公司的投资框架和管理层级，公司的整体规模和运行管理大幅提升。

## 二、提高办学资源使用效率，全面实施资源排查

2016 年，我校开展资产清查，完善资产管理基础数据，为资源合理配置与效益提高奠定了基础；发布《节约型校园建设实施意见》和节能监管等文件，提高资源使用效率。2017 年，全面启动两校区资源排查专项工作，制定全面排查工作方案，对学生宿舍、教室、实验室和办公用房等资源总量和使用情况进行全面梳理。加大建设修缮力度，顺利完成两校区学生宿舍楼电路改造，学生宿舍楼全部安装了空调（共 1034 台）并投入使用，学院南路校区学

生宿舍普遍安装电开水器，进一步改善了学生学习生活条件；学生就业指导大厅改造完成；学院南路校区学二食堂改扩建于 2018 年 3 月底主体竣工；沙河校区 3 栋学院楼陆续完成主体结构施工，已于 2018 年交付使用，第二主教楼和综合楼完成前期工作，已于 2018 年 3 月开始动工建设。推进信息化建设，顺利完成智慧校园一期建设，"数据交换平台"基本框架已初步建成，校园新信息门户开始试运行。2017 年 4 月校医院医药分开综合改革顺利实施，沙河校区与北大国际医院建立了医疗联合体，医疗水平进一步提高。对历史遗留问题校园东南角四号院平房区开始进行违建拆除、隐患整改，制定详细排查安置方案，目前拆除违建面积约 500 平方米，安置排查各类人防地下室 109 间，人员 309 人，在一定程度上缓解消防安全隐患。

2018 年，全面摸查学校土地和房屋资源，努力提高办学资源使用效益；完成一卡通清理专项工作，修订《校园一卡通管理办法》，进一步规范了校园一卡通的管理和使用，为保障学校办学需要、推进学校管理服务水平提升奠定了基础；落实两校区功能定位方案和资源调整专项工作，两校区 14 个学院整体入驻沙河校区，13 个学院整体入驻学院南路校区；对两校区办公资源进行调整，教学科研单位办公用房面积总体由调整前的 65.24%增至 68.83%，教师人均办公使用面积由 11.8 平方米增至 14.45 平方米；积极服务新校区建设发展，沙河校区师生事务服务大厅正式投入使用，首批入驻大厅开展的业务涵盖了财务日常报销、科研立项等 85 个服务事项，为两校区办学提供了基础保障，此外，还启动了两校区医疗服务联合体，两校区资源实现了进一步的优化配置。如 3 月 16~17 日，后勤服务产业集团饮食服务中心通过 2017 年 ISO 9001 质量管理体系和 HACCP 食品卫生安全认证体系的审核。专家组对饮食服务中心的质量控制和食品卫生安全监控工作给予了充分肯定，学院南路校区和沙河东校区食堂均认证通过。12 月 11 日，"北京高校标准化学生公寓"创建达标验收工作组检查我校标准化学生公寓创建情况。作为 2016 版《北京高校公寓标准化标准》颁布以来第一所接受验收的高校，我校的标准化学生公寓创建工作得到了工作组的充分肯定。

### 三、健全学术组织事务决策机制

2017 年，制定了《学术委员会议题征集办法》《第八届学术委员会工作规程》并经学术委员会表决通过执行，使学术委员会在行使学术事务的决策、审议、评定和咨询等职能时更具有规范性。

2017年，随着学校继续深化改革，不断完善内部治理体系，不仅完成了制度清理并制定发布了63项新制度，依法治校工作同样扎实有效推进。这一年，我校迎来了各项重要检查。7月14日上午，北京市委教育工委思政工作专项督查调研组对我校贯彻落实全国和北京高校思想政治工作会议精神的情况开展了专项督查调研，我校相关工作得到了调研组的充分肯定。11月23日，以北京市委教育工委副书记郑登文为组长的北京高校《基本标准》检查组莅临沙河校区检查我校的党建和思政工作，通过听取学校党委工作汇报、审阅材料、召开座谈会、实地走访等形式，对我校过去五年来的党建和思想政治工作情况进行了全面深入的检查。

### 四、进一步完善全球校友组织体系

2016年，成立了欧洲校友会和英国校友会，进一步完善全球校友组织体系；着力强化各级校友组织建设，积极推进线上线下校友服务平台建设。在境外新成立越南校友会、墨尔本校友会、大纽约地区分会等，在国内成立了西藏校友会、雄安校友会，不断规范和健全各校友会工作机制；加大力度整合校友资源，通过举办校友讲坛、"校友导师计划"等凝聚中财大力量；加强与知名企业合作，拓展筹资渠道，助推学校建设。

# 第十二节　优化组织机构与领导班子换届和干部选任

全面深化改革必须加强和改善党的领导，必须把各方面优秀人才集聚到深化改革的伟大实践中。我校严格坚持党管干部原则，深化干部人事制度改革，优化组织机构，构建有效管用、简便易行的选人用人机制，使各方面优秀干部充分涌现；打破干部部门化，拓展选人视野和渠道，加强干部跨条块领域交流；建立集聚人才体制机制，以巨大的勇气和智慧推进干部人事人才制度和体制机制改革，使各方面优秀干部充分涌现，把各类优秀人才集聚到教育事业中来。

## 一、组合优化，统筹做好组织机构调整

2016 年 4 月 25 日，对校内机构及其职能进行了调整：资产管理处和后勤处合并成立资产与后勤管理处；后勤服务产业集团单独设置，列入学校直属单位序列；成立招标与采购事务中心，由资产与后勤管理处管理；在继续教育工作管理办公室，继续教育学院、网络教育学院和培训学院的基础上组建成立新的继续教育学院，列入教学科研单位序列；撤销教职工住宅建设推进办公室；将学生处本科生学籍管理职能调整到教务处；将基建处基建财务管理职能调整到财务处；在财政学院和税务学院的基础上组建财政税务学院；社会发展学院更名为社会与心理学院；中财大资产经营有限公司与中央财经大学科技园管理办公室合署办公，两块牌子，一套人员；在学院党总支（含经济学与公共政策优势学科创新平台 3 个研究院党总支）的基础上，成立学院（研究院）党委；成立中财大资产经营有限公司党总支；后勤、校医院党总支更名为后勤集团与校医院党总支。调整后的组织机构更为科学、规范和合理。

2019 年 6 月 14 日，为进一步适应学校事业发展的需要，按照理顺工作关系，厘清工作权责，凝聚学科优势，优化机构设置，稳定干部规模，提高管理效能，加强服务保障的原则，学校对内设机构及其职能进行了调整。具体如下：

1. 党群和行政管理部门，直属机构设置及职能调整

（1）党群和行政管理部门。将沙河校区办公室的职能调整至学校办公室。不再保留沙河校区办公室；将合作发展办公室并入学校办公室，负责学校的合作发展专项工作；成立学校网络思政中心，由宣传部、新闻中心管理；将纪委、监察处更名为纪委办公室、监察处，与党委巡察工作领导小组办公室（简称巡察工作办公室）合署办公；将督查室职能调整到巡察工作办公室，不再保留督查室；发展规划处与学科建设办公室合署办公；将高等教育研究所作为学校的科研机构，由科研处管理；继续教育工作管理办公室与继续教育学院合署办公，两块牌子，一套人员，名称调整为"继续教育学院、继续教育工作管理办公室"；培训学院和网络教育学院由继续教育学院、继续教育工作管理办公室管理。

（2）直属单位。将网络信息中心、数字化校园建设办公室和教学技术服务中心的职能整合，组建智慧校园建设中心，列入直属单位序列。经济与管理实验教学中心由智慧校园建设中心管理。不再保留网络信息中心、数字化校园建设办公室和教学技术服务中心，不再保留仿真实验室。

2. 基层党组织设置调整成立北京学院直属党支部

## 二、精心做好领导班子换届和领导干部选任，着力建设忠诚干净担当的高素质干部队伍

学校党委按照全面从严治党、从严管理干部的要求，严格执行有关规定，树立正确用人导向，建立科学规范的干部选任制度，扎实有序地开展干部选拔任用工作。

### （一）校级领导班子调整

2017 年 9 月 27 日，在学院南路校区召开全校干部教师大会，会上，教育部党组成员、副部长林蕙青宣读了关于王瑶琪、王广谦职务任免的决定，任命王瑶琪为中央财经大学党委副书记、校长。因年龄原因，王广谦不再担任中央财经大学校长、常委职务。教育部人事司副司长吕杰、北京市委教育工委常务副书记郑吉春、北京市委教育工委委员陈江华等领导和部门负责同志出席了大会。学校领导班子成员，部分老领导，各职能部门及各学院、研究院负责同志，省级以上党代会代表、人大代表、政协委员，民主党派、群众团体负责人，知名专家学者和骨干教师代表，离退休教职工代表出席会议。12 月 29日，中央财经大学党委全委会扩大会议召开，学校党委书记傅绍林主持会议并宣读了教育部和教育部党组关于学校干部的任免决定：经教育部研究决定，任命史建平、孙国辉、马海涛、朱凌云为中央财经大学副校长，免去李俊生、赵丽芬副校长职务；经与中共北京市委商得一致，教育部党组研究决定，任命孙国辉为中央财经大学党委委员、常委，马海涛为常委，免去李俊生、赵丽芬常委职务。至此，学校的行政换届工作正式完成，新一届行政班子正式成立。

2018 年 9 月 29 日上午，在学院南路校区学术会堂 202 报告厅召开全校干部教师大会。教育部党组成员、副部长朱之文，教育部人事司副司长吕杰，北京市委教育工委副书记、市政府教育督导室主任唐立军及教育部和市委教育工委相关负责同志出席大会。会上宣布了《中共教育部党组、教育部关于中央财经

大学党委书记的任免决定》：何秀超任中共中央财经大学委员会委员、常委、书记；因年龄原因，傅绍林不再担任中共中央财经大学委员会书记、常委职务。

### （二）中层领导换届

#### 1. 2016年第九轮中层干部聘任

我校制定或修订了中层领导干部选拔任用、竞聘上岗、任职前公示等有关制度，确保选人用人工作的规范性和科学性。干部选拔任用全程做到程序公开、岗位公开、条件公开、资格审查结果公开、拟任人选公开"五公开"，不断扩大教职工的参与度，保证干部选拔任用公开公正。坚持竞争择优原则，部分副职领导干部职位采取竞聘上岗的方式进行选拔，2016年的第九轮中层换届中，共有91人竞聘41个职位，举办了16场竞聘演说会，682人次参与推荐，为优秀人才脱颖而出搭建平台，进一步拓宽了选人用人的视野。坚持"五湖四海，任人唯贤""德才兼备，以德为先""注重实绩、群众公认"原则，按照好干部的"二十字"标准，把"人品好、想干事、能干事、干成事"作为选干部、配班子的重要考量，把德才兼备敢担当的干部选拔充实到中层领导班子中来。积极推进干部轮岗交流，第九轮换届学校有57位干部进行了交流转任。纪检监察部门对选拔任用工作进行全程监督，对群众反映的问题，责成有关部门进行调查了解，对实名反映的问题进行反馈，提高干部选任公信度。换届后，学校有中层领导干部203名，组织员9名，纪检员2名，督查专员2名，党委秘书1名，合计217名，其中研究生学历以上人员占比85.71%，具有高级专业技术职务人员占比71.89%，本次换届共有1395名教职工对全校205个职位进行了"全员定向推荐"，653名教职工参与了个别谈话推荐。

#### 2. 2019年第十轮中层干部聘任

2019年6月14日，按照新的机构设置，对中层领导干部职数进行了核定。召开了第十轮中层领导班子换届和中层领导干部选拔任用工作动员部署会议。当前我校发展正处在关键时期，改革、发展、稳定的任务十分繁重，中层领导班子换届和领导干部选任工作是学校的一件大事，对于推动学校健康快速发展、实现学校发展目标意义重大。会议强调，各有关部门和单位要精心组织，周密安排，严格按照时间节点和进度安排，认真细致地做好每一个环节的工作，确保整个工作紧凑、有序地开展。要严格程序，严格落实干部工作主体责任和监督责任，严格按照既定规则，分类推进、分步实施，确保合法合规。

要坚持发扬民主，要把平时组织对干部德才的了解、干部的年度任期考核情况、干部的工作实绩、平常群众的口碑、党风廉政、违纪等情况进行综合考虑。打造一届有战斗力的中层领导班子和一支忠诚干净担当的高素质中层干部队伍。

2019 年 12 月 2 日，中央财经大学第十轮中层领导班子换届和中层干部聘任总结大会在学术会堂 402 报告厅举行。校党委书记何秀超作题为"谱写新篇章　奋斗新征程　建功新时代"的讲话。他代表学校党委向获聘的中层干部表示祝贺，对因年龄和任职年限等原因不再担任领导职务的同志多年来对学校的辛勤付出和做出的贡献表示感谢，希望大家今后在各领域继续发挥优势和作用，为学校发展再立新功。

何秀超介绍了本次选拔任用工作的基本情况。本次选拔任用工作于 6 月启动，历时近半年。学校党委对标对表中央关于干部选拔任用的最新精神，积极回应学校干部工作中出现的一些新情况新问题，修订和完善了校内有关制度，探索出了一些富有成效的对策措施。经过此次调整，全校现有处级机构 56 个，比换届前减少了 4 个。全校共有中层干部 194 名，其中，正处级干部 78 名，副处级干部 116 名；男同志 108 人，女同志 86 人；中共党员 177 人，民主党派 6 人，无党派人士 11 人；具有博士学位的 100 人，具有硕士学位的 74 人，共计 174 人，占 89.7%；具有正高级专业技术职务的 67 人，具有副高级专业技术职务的 69 人，共计 136 人，占 70.1%；50 岁以上的 43 人，40~50 岁的 101 人，30~40 岁的 50 人，年龄最小的 33 岁，平均年龄为 44 岁。与上一轮相比，具有博士学位、硕士学位的比例提高了 3.9 个百分点，年龄在 50 岁以上的下降了 1.04 个百分点。与换届前相比，30~40 岁的中层领导干部比例提高了 9.09%，其中中层正职最小的 37 岁，中层副职最小的 33 岁，中层干部平均年龄降低了 3.86 岁，干部队伍进一步年轻化。本次任用的中层干部中，有 43 位同志是平级转任到了新的工作岗位，有 59 位同志是提任或进一步使用到新的工作岗位，交流和提拔使用的干部超过半数；共计产生提任机会 120 个（其中，正处级 25 个、副处级 47 个、正科级 24 个、副科级 24 个），干部队伍的流动性增强。

学校党委立足于事业发展需要，对内设机构及其职能进行了优化调整，测算调整了中层干部岗位和职数，干部队伍的年龄结构、专业结构和学历结构等得到改善。

回望2016~2019年，中央财经大学继续站在时代前列，清醒认识国际、国内高等教育发展的大趋势，不断增强历史责任感和时代紧迫感，在党和国家的领导下，全校师生员工深入学习贯彻党的十八大、十九大精神和习近平新时代中国特色社会主义思想，认真贯彻党的教育方针，扎根中国大地办大学，坚持立德树人，培养造就德智体美劳全面发展的社会主义建设者和接班人，坚持抢抓机遇，开拓创新，全面推进"四大攻坚"任务和实施"五大发展战略"，学校各项事业继续得到快速发展，顺利进入国家"双一流"高校行列。为我校成为"有特色、多科性、国际化的高水平研究型大学"和具有重要国际影响的"中国特色，世界一流"名校夯实了基础。

# 附　录

## 附录一　教职工情况（1978～2019年）[1]

单位：名

| 年份 | 总计 | 合计 | 专任教师 | | | | | | 教辅人员 | 行政人员 | 工勤人员 | 科研机构人员 | 校办经营实体人员 | 附设机构人员 |
|------|------|------|------|------|------|------|------|------|------|------|------|------|------|------|
| | | | 小计 | 正高级 | 副高级 | 中级 | 初级 | 无职称 | | | | | | |
| 1978 | 138 | 138 | 47 | 2 | 3 | 4 | 21 | 17 | 9 | 57 | 25 | | | |
| 1979 | 362 | 345 | 158 | 2 | 4 | 28 | 42 | 84 | 34 | 88 | 65 | 17 | | |
| 1980 | 436 | 399 | 191 | 2 | 8 | 101 | 35 | 45 | 28 | 91 | 89 | 29 | | 8 |
| 1981 | 458 | 400 | 199 | 2 | 21 | 113 | 5 | 58 | 31 | 93 | 77 | 29 | | 29 |
| 1982 | 555 | 470 | 248 | 2 | 19 | 112 | 48 | 67 | 38 | 98 | 86 | 25 | | 60 |
| 1983 | 613 | 512 | 267 | 2 | 29 | 143 | 84 | 9 | 43 | 120 | 82 | 27 | | 74 |
| 1984 | 686 | 592 | 305 | 2 | 28 | 136 | 133 | 6 | 51 | 143 | 93 | 27 | | 67 |
| 1985 | 764 | 668 | 338 | 2 | 28 | 125 | 176 | 7 | 56 | 194 | 80 | 30 | | 66 |
| 1986 | 884 | 884 | 430 | 2 | 30 | 120 | 251 | 27 | 57 | 215 | 182 | | | |
| 1987 | 1032 | 975 | 497 | 15 | 92 | 62 | 310 | 18 | 68 | 226 | 184 | | 39 | 18 |
| 1988 | 1018 | 935 | 471 | 17 | 127 | 120 | 207 | | 70 | 236 | 158 | 42 | 33 | 8 |
| 1989 | 1024 | 951 | 479 | 17 | 127 | 121 | 214 | | 77 | 234 | 161 | 41 | 32 | |

---

① 本统计表数据来源于1978～2018年高等教育基层统计报表。1978～1986年非教学人员中有正高职人员3名。

| 年份 | 总计 | 合计 | 专任教师 | | | | | | 教辅人员 | 行政人员 | 工勤人员 | 科研机构人员 | 校办经营实体人员 | 附设机构人员 |
|---|---|---|---|---|---|---|---|---|---|---|---|---|---|---|
| | | | 小计 | 正高级 | 副高级 | 中级 | 初级 | 无职称 | | | | | | |
| 1990 | 1006 | 909 | 452 | 17 | 129 | 112 | 131 | 63 | 141 | 237 | 79 | 40 | | 57 |
| 1991 | 929 | 835 | 420 | 15 | 98 | 175 | 67 | 65 | 58 | 203 | 154 | 29 | | 65 |
| 1992 | 928 | 824 | 409 | 17 | 94 | 166 | 65 | 67 | 77 | 230 | 108 | 38 | | 66 |
| 1993 | 890 | 811 | 358 | 29 | 85 | 200 | 33 | 11 | 78 | 180 | 195 | 34 | 13 | 32 |
| 1994 | 881 | 881 | 377 | 47 | 100 | 191 | 31 | 8 | 84 | 268 | 152 | | | |
| 1995 | 867 | 867 | 365 | 42 | 106 | 186 | 24 | 7 | 82 | 279 | 141 | | | |
| 1996 | 828 | 828 | 347 | 42 | 100 | 191 | 31 | 8 | 84 | 268 | 152 | | | |
| 1997 | 833 | 833 | 431 | 43 | 115 | 151 | 26 | 6 | 72 | 270 | 139 | | | |
| 1998 | 842 | 842 | 347 | 48 | 128 | 135 | 28 | 8 | 76 | 289 | 130 | | | |
| 1999 | 986 | 986 | 415 | 58 | 146 | 172 | 29 | 10 | 76 | 320 | 175 | | | |
| 2000 | 965 | 910 | 415 | 49 | 140 | 165 | 55 | 6 | 76 | 246 | 173 | 28 | 0 | 27 |
| 2001 | 937 | 902 | 424 | 53 | 152 | 175 | 30 | 14 | 110 | 192 | 176 | 19 | 0 | 16 |
| 2002 | 926 | 899 | 447 | 50 | 148 | 194 | 26 | 29 | 204 | 144 | 104 | 16 | 0 | 11 |
| 2003 | 953 | 927 | 488 | 51 | 157 | 196 | 46 | 38 | 205 | 132 | 102 | 16 | 0 | 10 |
| 2004 | 1000 | 1000 | 507 | 63 | 166 | 188 | 87 | 3 | 262 | 145 | 86 | 0 | 0 | 0 |
| 2005 | 1044 | 1022 | 558 | 79 | 187 | 246 | 46 | 0 | 239 | 147 | 78 | 22 | 0 | 0 |
| 2006 | 1155 | 1146 | 657 | 100 | 225 | 240 | 49 | 43 | 255 | 163 | 71 | 0 | 4 | 5 |
| 2007 | 1224 | 1184 | 688 | 110 | 240 | 279 | 32 | 27 | 284 | 144 | 68 | 35 | 0 | 5 |
| 2008 | 1275 | 1236 | 742 | 126 | 264 | 297 | 16 | 39 | 290 | 140 | 64 | 33 | 0 | 6 |
| 2009 | 1384 | 1340 | 861 | 147 | 275 | 376 | 16 | 47 | 278 | 143 | 58 | 38 | 0 | 6 |
| 2010 | 1422 | 1386 | 905 | 170 | 292 | 364 | 6 | 73 | 289 | 140 | 52 | 30 | 0 | 6 |
| 2011 | 1454 | 1430 | 960 | 199 | 310 | 346 | 7 | 98 | 267 | 157 | 46 | 18 | 0 | 6 |
| 2012 | 1510 | 1487 | 1016 | 211 | 342 | 334 | 19 | 110 | 284 | 145 | 42 | 0 | 0 | 23 |
| 2013 | 1565 | 1542 | 1064 | 229 | 377 | 346 | 21 | 91 | 297 | 145 | 36 | 0 | 0 | 23 |
| 2014 | 1645 | 1621 | 1112 | 248 | 404 | 343 | 20 | 97 | 342 | 130 | 37 | 0 | 0 | 24 |
| 2015 | 1691 | 1667 | 1146 | 264 | 428 | 294 | 23 | 137 | 358 | 129 | 34 | 0 | 0 | 24 |
| 2016 | 1759 | 1731 | 1176 | 283 | 441 | 343 | 26 | 83 | 374 | 148 | 33 | 0 | 0 | 28 |
| 2017 | 1787 | 1759 | 1178 | 297 | 451 | 357 | 23 | 50 | 403 | 150 | 28 | 0 | 0 | 28 |
| 2018 | 1749 | 1749 | 1213 | 309 | 454 | 354 | 19 | 78 | 365 | 150 | 21 | 0 | 0 | 0 |
| 2019 | 1801 | 1801 | 1230 | 333 | 476 | 349 | 15 | 57 | 150 | 403 | 18 | | | |

# 附录二　招生和毕业生数据统计表（1978～2019 年）①

单位：名

| 年份 | 普通本科生数 | | 硕士研究生数 | | 博士研究生数 | | 普通专科生数 | | 留学生人数 | | 成人教育（函授、夜大） | |
|---|---|---|---|---|---|---|---|---|---|---|---|---|
| | 招生数 | 毕业生数 | 招生数 | 毕业生数 | 招生数 | 毕业生数 | 招生数 | 毕业生数 | 招生数 | 毕业生数 | 招生数 | 毕业生数 |
| 1978 | 184 | | | | | | | | | | | |
| 1979 | 200 | | | | | | | | | | | |
| 1980 | 201 | | | | | | | | | | | |
| 1981 | | | | | | | | | | | | |
| 1982 | 200 | 178 | | | | | | | | | 1200 | |
| 1983 | 240 | 202 | 6 | | | | | | | | 412 | |
| 1984 | 302 | 202 | 23 | | | | 98 | | | | 372 | |
| 1985 | 323 | | 29 | | | | 294 | 60 | | | 1256 | 1224 |
| 1986 | 301 | 193 | 21 | 6 | | | 195 | 231 | | | 1053 | 387 |
| 1987 | 494 | 242 | 31 | 21 | | | 222 | 240 | | | 1380 | 481 |
| 1988 | 664 | 282 | 56 | 31 | | | 47 | 50 | | | 1047 | 1084 |
| 1989 | 535 | 369 | 36 | 15 | | | | | | | 1526 | 1017 |
| 1990 | 693 | 338 | 47 | 30 | | | | | | | 1050 | 1376 |
| 1991 | 722 | 475 | 39 | 53 | | | 50 | | | | 762 | 1047 |
| 1992 | 859 | 680 | 44 | 22 | | | 51 | | | | 1079 | 1526 |
| 1993 | 1085 | 764 | 64 | 45 | | | 95 | | | | 1386 | 953 |
| 1994 | 890 | 712 | 60 | 38 | 4 | | 50 | 50 | 1 | | 1574 | 1012 |

---

① 本统计表数据来源于 1978～2018 年高等教育基层统计报表。

续表

| 年份 | 普通本科生数 | | 硕士研究生数 | | 博士研究生数 | | 普通专科生数 | | 留学生人数 | | 成人教育（函授、夜大） | |
| --- | --- | --- | --- | --- | --- | --- | --- | --- | --- | --- | --- | --- |
| | 招生数 | 毕业生数 | 招生数 | 毕业生数 | 招生数 | 毕业生数 | 招生数 | 毕业生数 | 招生数 | 毕业生数 | 招生数 | 毕业生数 |
| 1995 | 1120 | 717 | 81 | 44 | 4 | | 90 | 51 | 12 | 12 | 1410 | 925 |
| 1996 | 1003 | 807 | 80 | 63 | 6 | | | 95 | 16 | 8 | 1470 | 1232 |
| 1997 | 1013 | 1063 | 95 | 59 | 7 | 4 | 50 | 50 | 19 | 21 | 1480 | 1412 |
| 1998 | 990 | 864 | 103 | 78 | 7 | 3 | 50 | 88 | 13 | 18 | 1388 | 1302 |
| 1999 | 1012 | 1099 | 112 | 80 | 17 | 5 | 48 | | 7 | 22 | 1818 | 1482 |
| 2000 | 1253 | 1019 | 195 | 94 | 26 | 7 | | 50 | 20 | 9 | 2109 | 1835 |
| 2001 | 1254 | 1003 | 256 | 101 | 30 | 8 | 130 | 50 | 16 | 14 | 2400 | 1218 |
| 2002 | 1257 | 967 | 303 | 110 | 41 | 15 | 350 | 48 | 47 | 22 | 2591 | 1617 |
| 2003 | 1250 | 1006 | 318 | 189 | 58 | 25 | | | 55 | 54 | 2876 | 2391 |
| 2004 | 1291 | 1234 | 682 | 254 | 71 | 25 | | 122 | 83 | 23 | 2467 | 2334 |
| 2005 | 1333 | 1275 | 798 | 631 | 79 | 35 | | 259 | 4 | 167 | 2220 | 2071 |
| 2006 | 1612 | 1287 | 947 | 636 | 90 | 46 | | | 201 | 167 | 2149 | 203 |
| 2007 | 1726 | 1229 | 879 | 788 | 119 | 58 | | | 240 | 109 | 2625 | 1926 |
| 2008 | 1838 | 1259 | 971 | 819 | 140 | 64 | | | 320 | 119 | 2977 | 2164 |
| 2009 | 2524 | 1315 | 1257 | 850 | 159 | 88 | | | 240 | 140 | 2891 | 1831 |
| 2010 | 2303 | 1569 | 1470 | 871 | 175 | 100 | | | 228 | 134 | 2686 | 4497 |
| 2011 | 2518 | 1702 | 1535 | 1218 | 172 | 111 | | | 236 | 167 | 2833 | 2615 |
| 2012 | 2519 | 1791 | 1642 | 1362 | 172 | 151 | | | 156 | 145 | 3046 | 2372 |
| 2013 | 2518 | 2470 | 1745 | 1568 | 174 | 150 | | | 258 | 323 | 2634 | 2608 |
| 2014 | 2509 | 2245 | 1733 | 1476 | 139 | 75 | | | 118 | 135 | 2094 | 2771 |
| 2015 | 2502 | 2460 | 1794 | 1716 | 142 | 122 | | | 137 | 157 | 1584 | 2412 |
| 2016 | 2514 | 2454 | 1809 | 2047 | 147 | 152 | | | 167 | 131 | 1310 | 1767 |
| 2017 | 2530 | 2466 | 2068 | 1738 | 148 | 139 | | | 138 | 96 | 1207 | 1467 |
| 2018 | 2523 | 2400 | 2030 | 1690 | 185 | 93 | | | 153 | 105 | 1198 | 1281 |
| 2019 | 2502 | 2424 | 2188 | 1975 | 188 | 127 | | | 324 | 352 | 1392 | 1100 |

# 附录三　1978～2019 年历任党委书记、校长名录

戎子和　中央财政金融学院院长（兼）（1978.6～1983.8）

　　　　中央财政金融学院党委书记（1979.1～1985.11）

姜明远　中央财政金融干部学校校长（1979.6～1982.8）

陈菊铨　中央财政金融学院院长（1983.8～1985.11）

　　　　中央财政管理干部学院院长（兼）（1984.4～1985.11）

　　　　中央财政金融学院党委书记（1985.11～1987.7）

钱中涛　中央财政金融学院副院长（1985.11～1992.9）

　　　　中央财政管理干部学院副院长（兼）（1985.11～1987.7）

刘志华　中央财政金融学院党委书记（1987.8～1991.6）

李保仁　中央财政金融学院党委书记（1991.6～1996.7）

　　　　中央财经大学党委书记（1996.7～2005.2）

王柯敬　中央财政金融学院院长（1992.9～1996.7）

　　　　中央财经大学校长（1996.7～2003.6）

刘长琨　中央财政管理干部学院党委书记（1991.6～1992.8）

李玉书　中央财政管理干部学院党委书记（1994.8～1998.10）

　　　　中央财经大学党委副书记（正校级）（1998.10～2005.2）

景　致　中央财政管理干部学院院长（1994.8～1998.10）

王广谦　中央财经大学校长（2003.6～2017.9）

邱　东　中央财经大学党委书记（2005.2～2009.2）

胡树祥　中央财经大学党委书记（2009.2～2015.1）

傅绍林　中央财经大学党委书记（2015.1～2018.9）

王瑶琪　中央财经大学校长（2017.9～　　）

何秀超　中央财经大学党委书记（2018.9～　　）

# 附录四　专业、学科数量（截至 2019 年）

| 序号 | 专业、学科 | 数量（个） |
|:---:|:---:|:---:|
| 1 | 本科专业 | 55 |
| 2 | 硕士学位授权一级学科点 | 15 |
| 3 | 硕士专业学位点 | 18 |
| 4 | 博士学位授权一级学科点 | 5 |
| 5 | 博士后科研流动站 | 5 |
| 6 | 国家重点学科（一级） | 1 |
| 7 | 国家重点学科（二级） | 1 |
| 8 | 省、部级重点学科（一级） | 2 |
| 9 | 省、部级重点学科（二级） | 5 |
| 10 | 省、部级高精尖学科 | 2 |

# 附录五　重点科研机构一览表

| 序号 | 机构名称 |
|:---:|:---|
| 1 | 教育部人文社会科学重点研究基地——中国精算研究院 |
| 2 | 北京市哲学社会科学研究基地——北京财经研究基地 |
| 3 | 北京市习近平新时代中国特色社会主义思想研究中心中央财经大学基地 |
| 4 | 北京市马克思主义与中国经济发展道路协同创新中心 |
| 5 | 首都互联网经济发展研究基地——中国互联网经济研究院 |
| 6 | 国家"优势学科创新平台"——中国经济与管理研究院、中国公共财政与政策研究院、中国金融发展研究院、人力资本与劳动经济研究中心 |
| 7 | 中央财经大学校级重点研究基地——财经研究院、国防经济与管理研究院、中国财政发展协同创新中心、中国企业研究中心、资产评估研究所、证券期货研究所、财经法律研究所 |

# 附录六　中央财政管理干部学院重要事件

## （1978 年 5 月至 2000 年 3 月）

1978 年 5 月 25 日，学校向财政部报送《中央财政金融学院组织机构人员编制（草案）》［(78) 财院字第 2 号］，其中中央财政金融干部学校教职工编制 72 人，干部和教师 48 人、工勤人员 24 人。

1979 年 6 月 11 日，财政部［(79) 财政字第 13 号］批复：经 1979 年 6 月 5 日部党组会议讨论决定，批准任命姜明远同志兼任中央财政金融干部学校校长。10 月 25 日，财政部［(79) 财政字第 33 号］批复，同意"中央财政金融干部学校"挂牌。

1981 年 3 月 2 日，第三期"全国地、市级财政局长训练班"举行开学典礼，财政部副部长陈如龙出席并讲话，中央财政金融干部学校校长姜明远同志致开学词。

1982 年 8 月 28 日，财政部副部长陈如龙、人事教育司副司长杨春一、处长香德才参加学校处级领导干部会。会上，陈如龙同志传达了 1982 年 8 月 31 日财政部［(82) 财人字第 130 号］文件："经部党组研究，同意姜明远同志不再担任财院党委副书记、委员、副院长以及中央财政金融干部学校校长职务，调部另行安排。"

1983 年 7 月 10 日，时任财政部部长王丙乾正式签发了《关于成立中央财政管理干部学院的决定》，中央财政金融干部学校更名为中央财政管理干部学院。根据国务院批转教育部等部门《关于成立管理干部学院问题的请示的通知》精神，对有关事项规定如下：中央财政管理干部学院是一所培养在职财政管理干部的学院，它的宗旨是为全国财政、税务和建设银行系统培养一支具有高等学校专科毕业文化程度的革命化、年轻化、知识化、专业化的干部队伍。学制为两年。设置财政、税务、会计、基建财务信用四个专业。中财干院由财政部直接领导。培训总规模为 800 人，其中两年制干部专修科 700 人，短训班 100 人。所需办学经费在干部培训费中支付。8 月 9 日，《光明日报》刊登财政部决定成立中央财政管理干部学院的报道。

1984 年 1 月 16 日，财政部〔（84）财人字第 3 号〕批复中央财政金融学院《关于组建中央财政管理干部学院的实施方案的请示报告》：中央财政管理干部学院党委书记、院长由中央财政金融学院的书记、院长分别兼任。并同意另配专职的副书记、副院长各一人。中央财政管理干部学院下设培训处、函授部、办公室三个职能机构（均为处级单位）；同意总编制为 304 人。4 月 19 日，财政部〔（84）财人字第 62 号〕通知中财干院：经部党组讨论决定，陈菊铨同志兼任中央财政管理干部学院院长，王庚舜同志任副院长。

1985 年 1 月 1 日，中央财政管理干部学院印章正式启用。11 月 16 日，财政部〔（85）财教字第 20 号〕通知：经商得北京市委同意，部党组讨论决定，陈菊铨同志任中央财政金融学院党委书记，免去其中央财政金融学院院长兼中央财政管理干部学院院长职务。财政部〔（85）财教字第 21 号〕文件：经商得北京市委同意，部党组讨论决定，王庚舜任中央财政金融学院党委副书记，免去其中央财政管理干部学院副院长兼中央财政金融学院副院长职务；钱中涛、赵春新、王柯敬、景致任中央财政金融学院副院长，兼中央财政管理干部学院副院长。

1986 年 4 月 23 日，以景致为组长的学校购房工作小组经办了购买石景山区福寿岭旅馆房产手续。4 月 30 日，与石景山区石景山人民公社刘娘府大队签订了《房产转让合同书》。8 月 23 日，与石景山区刘娘府大队签订了《房地产转让协议书》。8 月 29 日，与石景山区刘娘府大队签订了《财产转让交接协议》。1986 年 9 月 3 日，中央财政管理干部学院校牌正式挂出。中财干院校址由西直门外四道口中央财政金融学院迁至石景山区福寿岭。10 月 8 日，与石景山区刘娘府大队签订了《房地产有价转让合同书》。

1987 年 4 月 24 日，财政部田一农、陈如龙副部长及教育司张玉泰副司长等同志来院视察工作。5 月 15 日，中财干院院务会议决议，为了和中央财政金融学院区别，今后中央财政管理干部学院简称为"中财干院"。9 月 10 日，为强化行政指挥系统，更好地体现集体领导的原则，院务会议决定成立过渡性的、带有决策性的权力机构：院务会议。王庚舜、景致、陶瑾、蔡钟荣、苑炳山、崔玲、傅延福 7 人为院务会议成员。王庚舜副书记主管全院党务、人事、保卫工作，景致副院长主管全院行政工作。12 月 31 日，财政部批复，原则同意中央财政管理干部学院同中央财政金融学院行政分开。

1988年2月1日，财政部［（88）财人字第6号］通知：经部党组1987年7月7日批准，任命景致为中央财政管理干部学院副院长，免去其中央财政金融学院副院长职务。钱中涛、赵春新、王柯敬不再兼任中央财政管理干部学院副院长职务。6月24日，财政部［（88）财教司字第103号］批复中财干院同意增设下列机构：①行政机构增设人事处、财务处；②教学机构设财政系、会计系、基础课教学部；③党委办事机构设办公室。8月2日，中央财政管理干部学院院务会议决定聘请许毅、闵庆全、吴春澧、李海、杨纪琬、张玉文、胡中流、赵春新、姜维壮、陶省隅、魏振雄11人为兼职教授，聘请尹卫生、王巾英、王廷辅、孙翔刚、李国霞、李爽、庞仁廉、侯遒民、侯荣华、赵家祥、程玉英、董庆铮、惠佩秋、蔺翠牌14人为兼职副教授。8月4日，世界银行经济发展学院副院长德卢西格南先生、世界银行经济发展学院联合国开发计划署中国培训项目协调人李澄梁先生及有关人员来中央财政管理干部学院，了解办学条件、办学形式和办学层次等情况，并表示合作的意愿。9月2日，中央财政管理干部学院举行第一期全国财税系统干部大专专业证书教育试点班开学典礼。参加开学典礼的有中央财政金融学院党委书记刘志华、财政部教育司成教处、税务总局人教处的负责人及教师代表，景致副院长在大会上讲话。参加本期专业证书班的有112人。

1989年8月11日，财政部副部长刘积斌、人事司司长张庆荫、教育司副司长张玉泰等来校，在党委常委会上传达财政部的决定之一：王庚舜同志调回中央财政金融学院工作，原职（党委副书记）不变，北京市石景山区委组织部长刘长琨同志调入中央财政管理干部学院工作，担任党委副书记。8月14日，中央财政管理干部学院举行首届全国财政监察工作研讨班开学典礼。本期研讨班学员来自全国各省、自治区、直辖市和计划单列市的财政监察部门共31人。财政部顾问陈如龙同志、财政监察司司长潘祖颐、副司长夏虢华、监察部驻财政部监察局副局级监察专员张云生等参加了开学典礼，景致副院长讲了话。

1990年2月22日，财政部［（90）财人字第13号］通知：经部党组研究决定：①中央财政管理干部学院实行党委领导下的院长负责制的领导体制，成立临时党委。②临时党委由3人组成，委员为：刘长琨、景致、段晴风；刘长琨任党委副书记。

1991 年 3 月 20 日，北京市副市长张百发、财政部副部长刘积斌、北京市土地局局长陈书栋、市规划局长平永泉等领导来院现场办公，就中央财政管理干部学院征地扩建、校园发展规划等问题进行研究，同意中央财政管理干部学院现址办学，征地 80 亩，并责成有关部门落实。4 月 27 日，经院临时党委会研究，决定成立院党校，党校校长由刘长琨兼任，副校长由景致、岳桂贤兼任。5 月 7～11 日进行第一期培训。6 月 8 日，财政部 [（91）财教字第 37 号] 通知：根据国家教委加强管理干部学院建设的有关规定及部党组关于办好管理干部学院的要求，经研究，确定你院办学规模为 1000 人，按此规模需用地 80 亩，各类建筑面积为 40510 平方米，总投资 2950 万元。目前，你院已有土地 30 亩、建筑面积 9000 平方米，尚需新征土地 50 亩、新建各类房屋 31510 平方米。25 日，财政部党组 [（91）财党字第 19 号] 通知，经部党组研究决定，任命刘长琨为中央财政管理干部学院党委书记。9 月 2 日，中央财政管理干部学院临时党委会议决定，本学期开始，基础部不再由教务处代管，独立为处级单位。9 月 12 日，中央财政管理干部学院办公会议决定，中央财政管理干部学院校训拟题为"团结、勤奋、求实、创新"，广泛听取教职工意见后商定。

1992 年 8 月 27 日，中央财政管理干部学院召开处级以上干部会议，财政部人事司张庆荫司长在会上宣布吴世杰同志任中央财政管理干部学院党委副书记，原党委书记刘长琨同志调财政部机关党委工作。

1993 年 10 月 24 日，财政部批复，同意中央财政管理干部学院单独成立党委，直属财政部机关党委领导。

1994 年 3 月 25 日，中央财政管理干部学院成立院学术委员会。景致为主任委员，吴世杰为副主任委员，蔡钟荣为秘书长，委员：王松涛、肖时庆、岳桂贤、胡中流、段晴风、梁尚敏、雷沙力、欧阳达松。学术委员会的职责是审议教学、年度科研、年度教材出版计划，评审科研成果，评议骨干教师和学科带头人，推荐享受政府特殊津贴人选。5 月，澳大利亚莫纳什大学派代表来中央财政管理干部学院，就两校建立友好院校，开展科研、教学交流及开拓中国注册会计师培训事宜与干院进行了友好磋商。

1994 年 9 月 12 日，财政部党组 [（94）财党字第 19 号] 通知，经 8 月 16 日部党组会议决定，任命李玉书为中央财政管理干部学院党委书记，景致为中央财政管理干部学院院长，袁平建为中央财政管理干部学院副院长。免去吴世杰的中央财政管理干部学院党委副书记职务。12月22~23日，中央财政管理干部学院召开第一次党员大会，参加会议的党员92人（含4名预备党员）。大会通过了李玉书同志代表临时党委所作的题为《从严治党　深化改革　加快发展　努力开创我院工作的新局面》的工作报告；选举产生了中央财政管理干部学院第一届委员会，委员共5名：李玉书、景致、袁平建、岳桂贤、蔡钟荣。经学院党的第一届一次会议选举，李玉书同志当选为党委书记，景致同志当选为党委副书记。经党委会议研究决定，岳桂贤同志主管纪检工作。

1995年1月4日，财政部机关党委〔(95)财党委组字第1号〕批复，同意中央财政管理干部学院第一次党员大会及党委一次会议选举结果。1995年3月9日，中央财政管理干部学院与辽宁省铁岭市政协共同成立了中央财政管理干部学院铁岭教学部。教学部主任赵忠勤，副主任迟玉德、蔡钟荣，教学部办公室主任田艳。铁岭市政协负责教学部的教学设备、学员日常行政管理，中央财政管理干部学院负责教学、教材等工作。10日，北京市人民政府（京政地〔1995〕55号）批复财政部，同意财政部因扩建中央财政管理干部学院，征用石景山区刘娘府农工商联合公司果园地4.7873公顷，非耕地3.8727公顷，共计8.66公顷（其中代征道路用地1.51公顷）。北京市规划局于4月10日颁发建设用地规划许可证。11月10日，中央财政管理干部学院编制了"九五"事业发展及2010年长远发展规划。

1996年6月26~27日，中央财政管理干部学院召开第一届教职工代表大会暨第二次工会会员代表大会，出席大会的正式代表32人，特邀代表9人，列席代表14人，财政部部长助理刘长琨等作为特邀嘉宾参加了大会。大会讨论通过了景致同志作的题为《团结协作　开拓创新　开创我院改革和发展的新局面》的报告及蔡钟荣同志代表上届工会委员会所作的工作报告和工会会费使用情况的报告。讨论通过了《中央财政管理干部学院教职工代表大会暂行条例》《中央财政管理干部学院教职工代表大会提案工作规则》。选举产生了首届教代会执委会委员和第二届工会委员会委员。

1997年5月15日，中央财政管理干部学院党字〔1997〕4号文件：经党委会1月7日研究，决定成立经济信息教学部。20~27日，财政部部属院校成人高等教育评估专家组对中央财政管理干部学院进行检查评估。评估期间，专家组通过听取党委汇报、观看录像、参观展室、听课、召开座谈会、查阅评估资料等对中央财政管理干部学院的成人高等教育情况进行了评估。12 月 8 日，财政部下发《关于对部属院校成人高等教育先进集体、先进个人进行表彰的通报》（财人干字〔1997〕334 号），中央财政管理干部学院被授予"财政部部属成人高等院校评估优良单位"，叶飞、张运堂、蔡钟荣被授予"财政部部属院校成人高等教育先进工作者"称号，申兰珍、石刚、雷沙力、季松乔被授予"财政部部属院校成人高等教育优秀教师"称号。

1998 年 12 月 4 日，财政部（财人字〔1998〕126 号）通知，经 1998 年10 月 29 日部党组会议研究决定，中央财经大学与中央财政管理干部学院合并为中央财经大学，同时保留中央财政管理干部学院的牌子，实行一套班子，两块牌子；经征得中共北京市委教育工委同意，任命：李保仁为中央财经大学党委书记；王柯敬为中央财经大学校长；李玉书为中央财经大学党委副书记（正校级）；徐山辉为中央财经大学党委副书记；王广谦、姚遂、李爽为中央财经大学副校长；岳桂贤为中央财经大学纪委书记（副校级）。免去：李玉书的中央财政管理干部学院党委书记职务；景致的中央财政管理干部学院院长职务；袁平建的中央财政管理干部学院副院长职务。

2000 年 3 月 14 日，中央财经大学校发〔2000〕12 号文件：自 2000 年 2月 28 日起撤销中央财政管理干部学院建制，校内校外不再使用其牌子和印章。中央财经大学西山分部按学校规定正常运行。根据教育部的指示，2000 年仍执行教育部已下达的中央财政管理干部学院招生计划，从 2001 年开始，中央财政管理干部学院停止招生。目前，在西山分部就读的以中央财政管理干部学院名义招收的学生以及 2000 年执行中央财政管理干部学院招生计划招收的学生，毕业时均颁发中央财经大学毕业证书。

# 后　记

为庆祝中央财经大学建校 70 周年，学校决定编写《中央财经大学史》（1978~2019 年）。本书系中央财经大学文化传承与创新系列丛书之一，学校宣传部、新闻中心承担了《中央财经大学史》（1978~2019 年）的编纂组织工作。为了尽可能地确保本书的真实性、客观性、思想性与学术性，编纂人员历时一年多，对复校以来档案馆、校史馆馆藏的史料、图片、数据等进行了广泛的搜集、分类，在此基础上进行筛选、整合，力求以第一手资料全面、准确、客观地反映中央财经大学 40 多年发展历程中每一重要事件的全貌。

《中央财经大学史》（1978~2019 年）的编写过程如下：

2018 年 6 月 5 日，编写组召开了第一次全体会议，会议按照学校要求决定启动组织编写《中央财经大学史》（1978~2019 年），宣传部、新闻中心负责人吕世彦对组建编写组作了说明，明确编写组的目标、任务，并详细梳理了中央财经大学 40 多年来的发展脉络。

2018 年 6 月 20 日，编写组按照第一次全体会议的要求，分别撰写写作提纲。

2018 年 7 月 5 日，编写组召开了第二次全体会议，经讨论将复校以来的校史明确几个阶段撰写，并确定了具体分工。

2019 年 3 月 8 日，编写组召开了第三次全体会议，各阶段执笔人就撰写的情况、遇到的难题及下一步的计划做了汇报。吕世彦就后续的工作要求、目标、步骤做了详细说明。

2019 年 7 月 15~18 日，编写组集中到昌平进行修改、补充。

2019 年 7 月 22~24 日，编写组又到昌平集中进行最后的修改、补充和完善。

2019 年 7 月 24 日，《中央财经大学史》（1978~2019 年）初稿形成，印制送审稿，向学校领导、老领导、老干部和有关部门单位负责人征求意见。结合大家的意见，吕世彦、刘建对全书进行了大量修改、补充和完善。2019年10月19日学校庆祝建校70周年时，内部印刷500册分发教职工和校友。

2019年10~12月，在广泛而充分征询意见的基础上，吕世彦、刘建进一步增补、勘校后定稿。

2009年学校建校60周年时，出版了《中央财经大学六十年史》（上编），内容涵盖从学校初创的1949年11月到恢复办学的1978年3月。《中央财经大学史》（1978~2019年）内容涵盖从1978年3月恢复办学到现在。可以说，本书是《中央财经大学六十年史》（上编）的姊妹篇，两者构成一部完整的中央财经大学史。

编纂《中央财经大学史》（1978~2019年）的分工情况：

本书的具体分工为：李爱民、周湘林第一章，郭德红第二章，武超群、白云真第三章，刘建第四章、第五章和附录部分，吕世彦负责校史编写的组织、明确体例、修改补充、统稿和总纂工作。学校党委副书记陈明对书稿进行了审定。杨怀超负责提供资料和与出版社沟通协调事宜。

本书的编纂得到了各有关部门、工作人员的大力支持和鼎力帮助。学校办公室陈慧猛提供了学校历年的工作总结、年鉴、大事记等材料，发展规划处的钟敬玲提供了大量数据报表，档案馆的刘蕾提供了档案检索服务。

本书付梓之际，编写组全体工作人员向所有为此书的完成付出辛劳的各位领导、各部门、广大校友、离退休人员以及各界人士致以诚挚的谢意！本书还采用了大量已出版、待出版和内部印刷的书籍、文章等，在此表示衷心感谢！

编写组成员为在职的教师和行政人员，他们有繁重的教学科研任务和行政事务，此书均是各位工作人员牺牲大量休息时间完成的。尽管历经周折，遍寻资料，精心雠校，力求将一本好的作品呈现给读者，更是为学校70周年华诞献礼。然而由于本书跨度达40余年，时移境迁，事易人非，有些文献资料与档案不甚完整，数据也有错漏之处，再加之时间紧迫、编写组水平和认识程度的局限性，本书难免出现错讹与疏漏，敬请各位读者批评指正，以便修改完善后正式出版。

《中央财经大学史》编写组

2019年12月